法理三维
——对社会热点问题的法理透析

强昌文 陈晓峰 主编

北京师范大学出版集团
BEIJING NORMAL UNIVERSITY PUBLISHING GROUP
安徽大学出版社

图书在版编目(CIP)数据

法理三维——对社会热点问题的法理透析/强昌文 陈晓峰 主编.
—合肥:安徽大学出版社,2012.2
ISBN 978-7-5664-0382-7

Ⅰ.①法… Ⅱ.①强… ②陈… Ⅲ.①社会问题—法理学—研究—中国 Ⅳ.①D920.0

中国版本图书馆 CIP 数据核字(2012)第 027556 号

本书是法理学精品课程建设项目、法学重点学科建设项目、卓越高层次法律人才培养模式建设课题的成果

法理三维——对社会热点问题的法理透析	强昌文 陈晓峰 主编

出版发行：	北京师范大学出版集团
	安徽大学出版社
	(安徽省合肥市肥西路3号 邮编230039)
	www.bnupg.com.cn
	www.ahupress.com.cn
印　　刷：	中国科学技术大学印刷厂
经　　销：	全国新华书店
开　　本：	170mm×230mm
印　　张：	13
字　　数：	212 千字
版　　次：	2012 年 3 月第 1 版
印　　次：	2012 年 3 月第 1 次印刷
定　　价：	27.00 元
ISBN 978-7-5664-0382-7	

责任编辑：马晓波	装帧设计：王莉娟
特约编辑：谢　彪	责任印制：陈　如

版权所有　侵权必究

反盗版、侵权举报电话：0551—5106311
外埠邮购电话：0551—5107716
本书如有印装质量问题，请与印制管理部联系调换。
印制管理部电话：0551—5106311

目录
CONTENTS

1　法理三维
　　——兼谈法理学如何回应中国的社会转型（代序）/编者

第一编　语境与法理

3　当代中国法理的知识谱系及其缺陷
　　——从"黄碟案"透视 /苏　力

35　高校退学权若干问题的法理探讨
　　——对我国首例大学生因受学校退学处理导致文凭纠纷案的法理
　　　评析 /程雁雷

45　克林顿绯闻案引发的思考 /强昌文

第二编　良法之路

53　DNA 对社会关系的决定力究竟有多大 /陈　甦

58　论法的价值整合
　　——以劳动教养立法存废之争为例 /杨成炬

第三编　案理新说

73　处理隐私权与知情权冲突的敲门规则
　　　　——由"来电显示"是否侵犯隐私权谈起 /陈　甦

77　新陕北故事
　　　　——P村女客和男户土地征用补偿款纠纷之法社会学
　　　　分析 /陈晓峰

第四编　哲理沉思

91　信仰：法治的精神意蕴 /姚建宗

109　道德品质与权利保障 /强昌文

第五编　守望正义

131　法官人格的重塑
　　　　——从一起民事执行案谈起 /强昌文

144　论实质法律推理在司法过程中的运用
　　　　——从许霆案谈起 /强昌文　黄祖旺

181　后　记

法理三维
——兼谈法理学如何回应中国的社会转型
（代序）

法理学是研究什么的？法理学有什么用？

虽然教育部和司法部对法学教育的课程结构和内容作过几次较大的调整，并一直还在调整之中，但法理学（以前曾名为"法学基础理论"）一直到目前仍是法学教育中的一门主干课程和必修课程，它不仅在司法考试中一直占有一席之地，而且作为法学一级学科之下的二级学科，国内现在已有数百个法理学硕士点和数十个博士点。但有个疑问一直困扰着法科学生，包括法理学专业的硕士生或博士生——法理学是研究什么的？法理学有什么用？

一、从法理学现状谈起

其实不光是学生，法学教育界许多人对这个问题也存在很多困惑。有两种不同的倾向：一种倾向是无限拔高法理学，认为法理学不但在法学研究中最重要，是最基础的理论，而且还为所有的部门法学提供指导；不仅能为学习法学学科奠定基础，还能培养人们的法律思维方式；不仅是提高法律理论修养的需要，还是培养实际工作能力的需要。[①] 谢晖等法理学者曾说过，法官的判决是写给老百姓看的，部门法学家写文章是给法官看的，法理学家写文章是给部门法学家看的。这个说法即使不被理解为充满了法理学者的知识优越感，至少也让人觉得法理学在知识分工的格局中处于相当重要的位置。但这个说法可能并不为部门法学家所认同，很多从事部门法教学和研究的学

[①] 参见张文显主编《法理学》（第3版），高等教育出版社、北京大学出版社2007年版，第70—71页。需要说明的是，该教材一直是国内使用范围最广的教材，自1999年第1版发行以来，一直是"十五"、"十一五"国家级规划教材。国内众多其他版本的法理学教材深受该教材影响，在内容、结构上多与该教材大同小异。

者就对这种说法不以为然。我有一从事刑法学教学与研究的同事就曾对我坦言相告：不知道法理学这个东西究竟有什么用。我注意到，他的口气是一个接近于感叹句的陈述判断，而不是请教或研讨的疑问句。

另一种倾向则恰恰相反，认为法理学空洞无物，不如干脆取消这门课程，因为法理学中所讲的一些基本概念可以分解到各个部门法中去。比如，权利、义务、责任等基础概念，在宪法学、民法学、行政法学、刑法学等科目中都有较系统的内容，法治、人权、平等、立法、执法、司法等概念在宪法学中讲就可以了。比如民法学者徐国栋就认为，法理学根本就没有成为成熟的学科，尤其在中国，法理学只可以用两个词来评价：支离破碎和惨不忍睹。因此，学习法理学没有意义，法学院里最优秀的头脑应该去学习民法。①

目前，法理学研究呈现出弥散化的状态，有的研究宪政、法治、人权；有的研究法律方法论和法学方法论；有的研究论语、孟子或者新儒学；有的研究柏拉图、黑格尔、卢梭、马克思；有的研究古希腊悲剧；有的研究欧洲宗教史、圣经；有的研究民族志和少数民族地方习惯法；有的研究伽达默尔、海德格尔或福柯，等等，不一而足。而这种研究的风气在有的法学院已经进入课堂，要求学生阅读相关的原著或在课堂内将相关的主题作为讨论的内容。这让学生很疑惑和迷茫——这些内容太杂太乱，和现实中实实在在的法律有什么联系？这个学科的任务是什么？法理学有自己的基本问题或核心问题吗？法理学界已有学者提出批评，比如中国政法大学的舒国滢教授就讽刺说："现在很多法理学已经不是法学家的法理学，而是哲学家的法理学，法理学已经超脱了实在法的肉身，飘逸而去。"②

每个部门法学都有自己特定的研究对象和基本问题，这些研究对象和基本问题是可以明确予以概括的。比如，宪法学的研究对象就是国家和公民关系，民法学的研究对象是平等主体之间的人身关系和财产关系，刑法学的研究对象是罪与刑，经济法的研究对象是市场与政府关系，等等，并且这些学科都有自己的一套规则、概念体系，作为学习和研究的基础。因此，从学科内容的层次上来说，部门法学分为三个层次，即作为法律文本存在的概念、规则体系、作为对文本理解的知识体系及作为思考和反思的思想体系。第一个层次

---

① 参见徐国栋在中国人民大学法学院"法理论坛"第19讲《困境与出路——对中国法理学的遐想》，中国法理网 2006 年 6 月 21 日。
② 参见舒国滢《在历史丛林里穿行的中国法理学》，《政法论坛》2005 年第 1 期。

即法律,第二、三层次即法学。

　　法理学没有特定的研究对象,也没有特定的法律文本即规则体系作为学习和研究的载体,因此,法理学在学科上只包括知识体系和思想体系。其知识体系即从所有的法现象中抽象出来的一些共用的概念,如权利、义务、责任、立法、司法、执法等;而其中的思想体系,一般被称为"法哲学",即对法现象抽象的一般思考。

　　关于法理学的学科性质及其在法学体系中的地位和作用,我们的法理学教材说"它是法学的一般理论和方法论",这种说法没有错,但是却失之空泛。一般理论包括哪些问题?多数法理学教材列举:法是什么?法是如何产生的?如何发展的?法有什么价值和作用?我认为这些问题固然是法理学问题,但不是核心问题,或者说这些问题曾经是历史上分析实证法学和自然法学之间争论的主要问题,这些问题带有一种本质主义的色彩。我们如今的法学研究并不围绕这些问题展开,比如学者们研究部门法的时候,关于法的本质是什么,法的作用或功能是什么,法是如何产生的、如何发展的,等等,这些问题根本不在考虑之列。实践中的法律实践活动也不会考虑这些法理学问题,难道在立法、执法和司法的时候,立法者、执法者和司法人员会追问这些问题?当然不会!可见,上述教材所宣称的法学的共同的一般问题并不成立,起码部门法学和法律实务界并不认可,对这些问题的讨论根本不能给法学研究和法律实践提供什么理论支持。

　　那么,法理学有自己的核心问题吗?从上述法理学研究的高度弥散现状来看,似乎它已经没有自己的基本问题。因此,也就有了学习法理学的迷惑,法理学究竟研究什么?法理学可以用来做什么?

二、法理三维——法理学的三个核心问题

　　我认为,法理学的核心问题有三个——"法的合法性问题"、"法的确定性问题"和"法的实效性问题"。概括而言,我认为所有的法理学知识和思考都是围绕这三个核心问题展开的。围绕这三个核心问题,数个世纪的法理学说

和理论之间相互竞争,形成交替演化、交融并存的格局。①

所谓"法的合法性",包含形式合法性与实质合法性两种含义,分别对应英语中的 legality 和 legitimacy。② 法的形式合法性(legality)中的"法"是狭义的法,即国家制定的实在法。因此,它实际有以下几层意思,即指特定机关的立法权取得是否合法,立法权的行使及程序是否合法,或者所立之法在内容上不能与已有的效力位阶高于它的法律相抵触,否则被视为无效。法的实质合法性(正当性)(legitimacy)中的"法"指的是广义的法,除了狭义的法,还包括事物的法则、原理或者人们的精神信仰。当然,这种广义的"法"的观念是历史的和具体的,不同的时代有不同的含义。历史悠久的自然法思想所关注的就是法的实质合法性,从古代朴素的自然法崇尚"自然法则"到中世纪神学自然法崇尚"神的理性",再到近现代自然法强调的"公平正义",虽然各个阶段的自然法思想判断"良法"的标准不同,却都无一例外宣称"恶法非法"。在法的合法性问题上,除了自然法学和分析实证法学之间的分歧之外,韦伯与哈贝马斯关于合法性的论述、现当代欧美的现实主义法学、欧洲马克思主义法学、美国的批判法学以及女权主义法学等,都有自己鲜明的观点。此外,以波普尔、阿伦特等为代表的自由主义学者从政治的角度,以哈耶克为代表的新经济自由主义从经济与法律的角度,诺齐克、贝尔等从社会或文化的角度的论著,也间接关涉法的合法性问题。

所谓"法的确定性",也有两层含义——静态意义上的确定性和动态意义上的确定性。"法的确定性"主要是指法律的可预测性、可计算性。由于法的可预测性与法律规则的一致性、完备性、稳定性、清晰性以及法律适用过程的客观性密不可分,因此,法律一致性、客观性等特性的获得也往往即意味着法

---

① 一般认为,法理学的核心问题为"法律是什么?(What is law?)",而回答这个问题的所有理论可以分为两个大的类别,即"法律实际上是什么?(What the law is?)"和"法律应该是什么?(What the law ought to be?)"。从本质上界定"法律是什么"固然是一个认识法律现象的好的思想方法,但显然,这种定于一的本质主义思维方式限制了对纷繁复杂的法律现象的科学认识,反而无助于揭示法真正的"本质"。各种法律思想分野的事实证明,从本质上回答"法律是什么"几乎是不可能的事。并且,现代哲学和法律的现实已经揭示,"应然"和"实然"无法真正剥离。将法的合法性、确定性和有效性作为法理学的核心问题有助于我们较为明确地把握法律的现实性状。

② 参见严存生《法的合法性问题研究》,《中国法理学精粹》(2003 年卷),机械工业出版社 2004 年版,第 63 页。原文发表于《法律科学》2002 年第 3 期。

的确定性的实现,它们可以在相近的意义上使用。与此同时,"法律的一致性、客观性等优良特性的获得又是法律规则系统化、科学化以及法律制度和适用过程形式化的自然结果,因此法的形式理性与法的确定性具有正的相关性,越是具有形式理性的法律也就越具有确定性"。① 静态意义上的法的确定性指的是以文字形态存在和表现出来的确定性,这种确定性要求法律在构成内容上完备、文字表达上明确、逻辑上内涵外延严密、体系上下前后一致。动态意义上的法的确定性是指法在实施过程中的高度可预测性,强调逻辑推演的自洽性和客观性,在司法上试图实现法律适用的机械主义和形式主义。近代以来,自然法的高度抽象性和不确定性受到批评,分析实证法学之所以只关注法的形式合法性,根本的目的在于强调法的确定性。法的确定性表现在立法上,强调"通过逻辑手段来进行汇集和理性化,使得具有法律效力的一些规则成为内在一致的抽象法律命题"。② 追求法的确定性,源于人们对法律"这种精确性会使法律结果的正确预测最大化"③的需要。按照马克斯·韦伯对法律形式理性的理解,其特征有以下几个方面:(1)任何具体的法律决定都是抽象的法律命题对具体的"事实情势"的适用;(2)在每一个案件中都必须能够通过法律逻辑的方法从抽象的法律命题中推演出具体的裁决;(3)法律必须是"完美无缺"的法律命题体系,或者假设如此;(4)不能从法律上构建的问题,没有法律意义,即法律只处理法律规定的事实;(5)人们的每一种社会行为都只是对法律的"适用"或"执行"或"侵权"。④ 除了上述思想外,晚近兴起的法律解释学、法律方法论以及法律语言学等也主要关注法律的确定性。

所谓"法的实效性",也有两层含义——包括法的实效与法律效果。法律实效指人们实际上按照法律规定的行为模式去行为,法律被人们实际遵守、执行或适用的程度。如果某一部法律在现实中被人们普遍遵守,并且绝大多

---

① 黄金荣:《法的形式理性论——以法之确定性问题为中心》,《比较法研究》2000年第3期。
② 马克斯·韦伯:《论经济与社会中的法律》,张乃根译,中国大百科全书出版社1998年版,第62页。
③ 马克斯·韦伯:《论经济与社会中的法律》,张乃根译,中国大百科全书出版社1998年版,第226页。
④ 马克斯·韦伯:《论经济与社会中的法律》,张乃根译,中国大百科全书出版社1998年版,第62—63页。

数违反该法的行为都被依法制裁,说明该法具有很强的实效性。反之,则说明该法没有什么实效,成为一纸空文。法律效果是指法律的社会目的、价值或社会功能的实现以及实现的程度。① 法的实效性关乎立法目的能否达到,法律的功能能否实现。"仅仅研究条文是不够的,我们也应注意法律的实效问题。条文的规定是一回事,法律的实施又是一回事。某一法律不一定能执行,成为具文。社会现实与法律条文之间,往往存在着一定的差距。如果只注重条文,而不注意实施情况,只能说是条文的、形式的、表面的研究,而不是活动的、功能的研究。我们应该知道法律在社会上的实施情况,是否有效,推行的程度如何,对人民的生活有什么影响等等。"②研究法律的实际运行效果,则必须将视野扩展到社会生活的各个方面,探究法律与特定社会之间千丝万缕的内在联系。于是,法社会学、法文化学以及法经济学等思想流派应运而生。虽然这些学派分别有自己的研究重点和理论主张,但无疑都包含着什么样的法才是运行有效的法这样一个命题。

当我们的法律具有价值上的正当性,获得人们的价值认可,并且体系完备、前后一致、表达明确、逻辑严密,具有很好的可适用性和可预测性,能够成为人们的行为规范和裁判规范,在现实中得到很好的遵守和适用,实现了法的目的和功能,那么这就是我们所期望的"良法",而我们也就获得了"良法之治"。③

三、法理学核心问题和知识与方法的分工

从前述的法理学研究所呈现出的高度弥散化状态,可以看出法理学的知识范围是相当广泛的。但有一个问题,即高度的弥散化状态之所以令人不满,主要是因为某些发散出去的法理学研究脱离了法理学核心问题的"万有引力",忘记了法理学归根到底是实践性很强的法学的基础理论,最终还是要

---

① 沈宗灵:《法理学》,北京大学出版社2001年版,第318—320页;公丕祥:《法律效益的概念分析》,《南京社会科学》1993年第2期;李晓安、曾敬:《法律效益探悉》,《中国法学》1994年第6期。
② 瞿同祖:《中国法律与中国社会》,中华书局1981年版,第2页。
③ 亚里士多德:《政治学》,转引自颜一、秦华典译《亚里士多德选集——政治学卷》,中国人民大学出版社1999年版,第138—139页。

回到法学自身的领域里来,回到法学应有的社会使命的立场上来。

以法的合法性、确定性和实效性为核心的法理学代表着法律研究的三个维度,分别构成研究法律制度的三种不同的视角。

第一种是平视的视角,也是一种内在的视角。这种视角仅仅将目光限定于法律制度之内,关注法律制度表达的明确性、准确性及其运用的一致性和客观性。在这一视野内,法律制度是一种自洽的客观存在。在静态意义上,按照一定的逻辑关系而组合成一定的概念、规则、原则,以此为材料形成一定的完整文本体系,并进而形成以不同调整对象为分类标准的不同法律构成的横向关系体系(法部门)和以立法权、行政权、司法权层级关系为分类标准的纵向体系(立法体制和执法、司法体制);在动态意义上,这种平视的视角关注法律运行逻辑的形式性和客观性,注重逻辑推演的可预测性。

第二种是仰视的视角,也是一种外在的视角。这种视角将目光从法律制度的文字表达移向一些崇高而神圣的人类社会的理想,关注法律制度是否表达了人类社会普遍的价值追求,是否代表了一种善的正义和权利观念,并以此作为评价法律制度优劣的标准,作出法律规定是否正当的评价。

第三种是俯视的视角,也是一种外在的视角。这种视角将目光从法律制度的文字表述和具体的逻辑推演移向法律和一系列社会因素的关系中,或是关注法律的社会制约及其缘由,或是关注法律的社会效果。

这三种维度因其视角不同、宗旨不同,因此其知识和思想资源也存在差异,而其研究方法也有重要分别。法的实质合法性关注法的正当性,即法的应有价值,而法的价值带有较为强烈的人的主观价值需求的色彩,因而在法的合法性层面,体现的是法律的伦理性,指向的是"法律应该是什么样的",解决的是"何为良法"的问题。因此,研究法的价值,其方法必然带有强烈的哲学和伦理学的思辨色彩,逻辑实证分析和社会实证分析方法无法从"是"推出"应当"。相比较而言,研究法的确定性问题,强调的是法律概念、规则、原则等一系列要素的确切含义及其解释和运用的一致性,不得不主要依靠逻辑实证的方法,对社会生活中发生的案件的"事实"进行认定。然后对照相应的法律概念、规则等进行推理、类比,在拟制的"封闭的"规则体系内部寻求妥当的解决方案。因此,用较为宏观和主观的价值分析方法往往无助于明确法律文本的确切含义。相反,在价值诉求冲突的场合,价值分析方法往往导致法律解释的分歧扩大。而研究法的实效性则关注法律究竟在何种程度上被实现以及法律究竟在何种程度上促进或制约了社会的发展,就不得不将研究的目光从"封闭"的规则体系内部转向法律与社会的互动关系中。法律运行一系列结果的"事实"就成为法学研究必然的经验性材料进行法社会学的研究。这种研究只能关注相应的"事实",通过社会实证的方法,对所取得的"事实"进行分析和概括,以发现法律的实效和社会效果。因此,法社会学研究在方法上既排斥主观的价值分析,也排斥纯粹的逻辑推演,而是通过调查、统计、分析的方法,试图得出法律是否需要改进以更好适应社会发展的需求的结论。这种法学研究视角与方法的转换,恐怕也是19世纪末法社会学兴起并成为主流法学流派之一的主要原因。

关于上述法理学核心问题与相关思想资源及其研究方法之间的关系,可以试概括如下:

核心问题	含 义	对应教材各部分内容	对应法学各流派	视角与方法	相关的理论思想资源
法的合法性	区分形式合法性(legality)和实质合法性(legitimacy)	法的价值(秩序和正义)	自然法学(自然法的各个发展阶段)	外在的视角、形而上的/思辨的、价值分析方法	哲学(宗教)、政治意识形态、伦理学
法的确定性	静态意义上:体系完备、前后一致、表达明确、逻辑严密;动态意义上:形式性与客观性	法的本体(要素、效力、权利义务责任、行为、关系、责任等概念);法的运行(法律解释、推理)	分析实证法学(分析法学、法律解释学、法律语言学、法律方法论)	内在的视角/语义分析、逻辑推理的方法	语义学、解释学、法律方法论
法的实效性	法律实效、法律效果	法与社会(法与政治、法与文化、法与经济等)	法社会学(法社会学、法文化学、法经济学等)	外在的视角、形而下的/经验的、实证分析	社会学、制度经济学、博弈论、文化学、人类学、心理学等

这三种视角各有其存在的意义,不能相互替代,这也是三大法学流派形成较为稳固的并存格局的主要原因。因为,法的合法性代表人类社会的价值理性,凝结着人的价值追求,即人类社会究竟应该拥有什么样的社会秩序,人应该生活在怎样的社会中,人应该被如何对待。自从上帝被从人类认识论中

祛魅以来,人类就开始对"法律帝国"的意义进行追问。法的实效性包含着人类社会的目的理性。作为实现功利追求的工具,法律对社会生活的影响究竟如何才能实现,这是法在实践中获得权威和生命力的保证,也是规范人的行为的法的确定性。

四、法理学三个核心问题的概括对教学和研究的可能意义

为什么要对法理学核心问题进行重新概括和解释,现进一步从以下几个方面阐述我的理由:

1. 这三个核心问题可以很好地整合法理学教材的各部分内容

学习法理学的人往往认为法理学的内容过于分散,各部分互不相关,而通过这三个核心问题,可以把看上去零散的法理学知识整合进一个互有联系的知识体系中。

法理学的这三个核心问题之间并非毫无关联,而只具有相对独立性。法的正当性往往决定着法的有效性。按照哈特的"内在观点"和"外在观点"之分,[①]一部合法性广受质疑、不具备价值正当性的法律,在实施的过程中其有效性是不稳定的,不能得到充分保障;而法的确定性和法的有效性之间也是密切关联的,如果法规范的内容粗疏、含糊或者相互抵触,或者欠缺上述富勒的法的"外在道德"的八条标准,法就不可能得到很好的遵守和适用,从而减损其有效性,其正当性评价也会受到影响。有一种说法是"从事实推不出价值",但事实和价值判断往往又是很难真正分离的。一部法律,无论在道德上多么正确,如果不能取得实际效果,或者引起了更加不利的后果,比如数年来我国推行多年的殡葬改革、政府机关的公车改革以及春运期间的超载管制等,效果总是差强人意,法的正当性评价就会减损。

这三个核心问题相互之间不可替代,而是组合交叉在一起共同构成法理学完整的框架。正如博登海默所言:"法律是一个带有许多大厅、房间、凹角、拐角的大厦,在同一时间里想用一盏探照灯照亮每一间房间、凹角和拐角是极为困难的,尤其当技术知识和经验受到局限的情况下,照明系统不适当或

---

① 详见哈特《法律的概念》,张文显、郑成良等译,中国大百科全书出版社1996年版,第90—92页。

至少不完备时,情形就更是如此了……这些学说最为重要的意义在于它们组成了整个法理学大厦的极为珍贵的建筑之石……"①这也可以解释为什么在众多的法学流派中,自然法学、实证主义法学和法社会学能形成最为核心、最为稳固的"三足鼎立"局面。尽管各自经历了不同的发展阶段,其影响力也存在此消彼长的竞争,但三个学派始终无法实现统一,其内在的原因在于它们分别回答着法学的三个相对独立的核心命题,其功能和使命不同,当然也就无法相互取代。在知识分工上,自然法学始终张扬价值理性,引导着法律扮演人类良知和正义的守护神角色;实证主义法学强调,法律作为一个内在和谐的统一体,为社会生活提供确定的行为规则;而法社会学则强调法律与社会的互动和谐,与特定人类群体的物质生活方式、思维方式、风俗信仰及其变迁之间的契合。法理学正是围绕这三个核心问题解释法的现象,在目的理性和价值理性之间,试图为发现和构建人类社会的规则提供智识支持。法理学作为一种学问,其存在的价值不只是解释既有的法律,更在于促进和完善既有的法律。

理解了这三个基本问题之间的关系,就能为各部分法理学知识在学科知识体系中找到相应的位置,并建立起直接或间接的联系。

2.这三个核心问题也是法律实践活动的基本问题

法学是一门实践性很强的学科,如果我们坚持"法学家的法理学"而不是"哲学家"或者其他什么家的法理学,我们的法理学研究就应该围绕真实世界中的法律探究法的现象和法的问题,而不是超脱于现实生活和实在法去做哲学思考。而法律实践活动也是围绕这三个基本问题展开的,并且,不同的实践活动围绕这三个基本问题的思维方式是不同的。

就立法实践而言,立法活动总是在一定的价值指导下进行的。为了适应社会的需要,法律应该具备什么样的价值准则?如何配置权利、分配利益在价值上才是正当的?在一定的价值观念指引下,立法者会对法律草案的有效性进行预判,法律草案如果成为法律,实施的社会效果会如何?能不能实现预期的功能?能否得到很好的遵守和执行?在考虑这些问题的基础上,再从立法技术的角度,处理法律文本之间的衔接、和谐,处理法律语言的表达,使

---

① [美]E.博登海默:《法理学——法律哲学与法律方法》,邓正来译,中国政法大学出版社1999年版,第198页。

之准确、明确、一致等。这个思维过程是从确认法的正当性出发,经过有效性预判,然后到追求法的确定性。

司法裁判活动的思维过程则不同。一般而言,对于生活中大量发生的一般案件,处于良法的覆盖范围之内,法官只需准确认定事实,准确解释法律、适用法律即可,即采取法律的内部视角,根据事实与法律作出判决,判决的正当性、有效性就可以得到保障,即法律论证理论所说的"内部证成"即可。而当法官遇到重大、疑难案件,或者因为法律并没有明确的规定,或者因为社会的发展,适用原有法律已经明显不合时宜的时候,或所谓的"内部证成"已经不能充分满足判决的正当性要求的时候,法官就可能到法律之外寻求判决的依据,向上寻找正当性的理由,比如有时候要考虑党和国家的政策,有时候要考虑普遍的道德标准;向下寻找有效性的支持,有时候要考虑判决能否得到执行,或者考虑判决的社会影响和社会效果。[①] 这个思维过程是从追求法的确定性出发,寻求法(司法判决)的正当性或有效性。

3. 有助于我们更好地理解法理学与部门法学之间的关系

如果法理学仍然埋头在法的起源、法的本质等问题上,或者仅仅停留在讨论一些宏大的法治、人权的话题上,我们便无法和其他法学研究有多少可交流的余地。法的正当性、确定性、有效性不仅是法理学的基本问题,也是各个部门法研究无法回避的重要问题。一般而言,法学学者与律师的不同就在于,学者不能总是在一个封闭的法律规则体系内部,用一个条文去注解另一个条文的办法解释法律。相反,学者往往要走出法律规则内部,置身于社会和法律之间,目光往返于人类的社会生活和法律规则之间,研判法律的合法性、确定性和有效性并探究其根源。

因此,我认为法理学之所以是一门基础课程,问题不在于它解释法的本质和起源这样的古老问题,而在于它致力于法学学科共同问题的一般解答。它不具体担负某一部特定法律规则的理解,它关注的是作为总体的法律如何具有正当性、确定性和有效性等基本问题及其方法。从这个意义上说,法理学和部门法学是一般与特殊的关系。它为部门法的研究提供的是研究的基础材料,是服务者,而不是指导者。

---

① 关于内部证成与外部证成,参见阿列克西《法律论证理论》,舒国滢译,中国法制出版社2002年版,第263—274页。

4. 有助于理解法理学知识理论资源之间的关系

从上文的表格可以看出,法理学的知识范围相当广泛,这可能也是法理学研究弥散化的一个原因。但这种弥散化也可能源于没有理解法理学本身与知识理论资源之间的关系。研究哲学、政治学、伦理学、社会学、经济学、语义学、阐释学、心理学、文化学等这些外在于法律的知识对于法学来说,其意义何在?我认为最终还是要用于解释法律现象,解释和评价法的正当性、确定性、实效性。这些知识和思想资源是法学的理论资源,并且是重要的、必要的理论资源(有人说法学是一门"非自治的学科",这个判断,应该就是这种意思)。但这些理论资源本身不是法学,法学和它们之间的关系是目的和手段的关系。对它们的理解与研究最终要回到法学的立场上来,言说关于法律的问题,实现知识和理论在方向上的回归,而不是挣脱实在的法律的约束和法学的立场,朝着各个方向弥散。也只有这样,法理学才能成为"知识共同体",也才能和其他法学研究进行比较好的对话和交流。

如今法学的学生处于一个既幸运又不幸的时代。说幸运即我们的文化环境更宽松,学术队伍在壮大,学术资源空前丰富。每年都有很多外国的新译著被翻译和介绍进来,外文原著也有很多影印本可供阅读,不出国就可以读到。然而一些知识上的不幸也来源于此,因为太多的书籍和学派对于学生来说,不光是时间不够用,而且在众多的书籍中可能会迷失自己,找不到这些理论真正的意义所在。刘星教授就发现一个普遍现象:一方面,中国自身法学理论是可解释的,从而也是可以理解的,进而是可展开争论的,中国法学学者在中国自身理论的语境中可以畅通无阻地交流争辩;另一方面,西方的法学理论尽管是可阅读的,然而却是难以解释的,从而也是难以理解的,进而也是无法争论的。在很多情形中,中国读者可以知道西方学者说过什么,但是无法理解西方学者何以这样说。① 为什么会这样?除了西方理论翻译的语言表达、论证风格以及社会背景的原因,我认为还有一个原因,即没有真正理解这些书籍中其他社会科学理论资源的运用和法学研究之间的关系,运用这些理论资源的宗旨是什么,即这些看上去林林总总、纷繁复杂的理论讨论的核心问题是什么?以美国的波斯纳的总结性学术论著《超越法律》为例,读过

---

① 刘星:《西方法学理论的"中国表达"——从1980年代以后的"西方评介"看》,《政法论坛》2005年第1期。

该书的人都知道,波斯纳谈了中世纪的卡特尔、希特勒时代的德国法官、同性恋问题、私隐权问题、科斯的方法论、美国宪法理论、文学批评、古希腊的修辞、女权主义,等等,波斯纳为什么要讨论这些问题?其目的何在?并且他本人宣称他的学术思想是实用主义的、经济学和古典自由主义的,这又是什么意思?① 其实,波斯纳谈论的所有问题,就是在批评那种"整全式的"(comprehensive doctrine)道德理论所主宰的合法性理论,批评那种机械的逻辑推理的法的确定性理论,从而主张自己的实用主义的法的合法性、确定性和有效性理论。所谓"超越法律",也就是超越先前的关于法律的认识。我认为波斯纳这本书写得好,不仅在于他的结论很精彩,还在于他作为一个精通法律推理的法官、法学家,对实用主义哲学、自由主义哲学以及经济学等理论资源的合理使用。

5. 有助于学生理解问题与方法之间的关系

法理学三个核心问题是与法学方法紧密联系的。教科书列举了很多法学研究的方法,如阶级分析的方法、价值分析的方法、社会调查的方法、历史考察的方法、比较的方法、逻辑分析的方法、语义分析的方法,等等。对于法学的初学者而言,方法如果不能与问题相联系,则即使知道这些方法,也无从领会和运用。而在学习其他法学知识的时候,如果不能比较清晰地意识到方法与问题的联系,则既不能更好地理解问题,也不能更好地运用方法。通过上述法理学核心问题的概括,可以大致明白各种研究方法相应的适用范围,尽管这些方法与问题之间的联系并不是绝对的(比如现代的跨学科研究中,一些原本通过价值思辨的问题,如道德起源问题,很多经济学家通过博弈论也作了很好的解释,即使如罗尔斯的正义原则,在论证中也采取了很多其他学科的知识。在美国的法社会学思潮中,有法律"非法律化"的现象,即许多疑难判决正当性的论证引入了大量社会学、心理学的内容)。但对于初学者而言,可以使问题清晰化为可理解的内容,而不是书本上一堆罗列的、需要死记硬背的概念。

总之,把法理学的基本问题概括为法的合法性、确定性和有效性,有助于我们更好地把握这门学科的性质和作用。这种概括并非仅仅是我个人的主观臆断,有学者在论及法律的研究方法时已有所涉及,比如,德国学者康托洛维奇

---

① 参见波斯纳《超越法律》,苏力译,中国政法大学出版社2001年版,引论第1—26页。

曾提出,不同学科研究法律的"认识论上的三元论"。他认为,第一是关心何为正确之法,侧重于对法的理念、价值分析;第二,把法看作一套由国家专有的逻辑命题体系,侧重于规范逻辑分析;第三,把法看作实然的法文化现象,具体的社会事实,并非国家所有,侧重于事实性研究。① 这种"认识论上的三元论"其实可以看成围绕法理学核心问题而形成的认识论和方法论上的分类。

另外,罗伯特·阿列克西(Robert Alexy)认为,有效性具有三种理解维度:伦理学的、社会学的、法律教义学的。其中,伦理学的有效性强调规范内容的正确性,如果一个规范在道德上是公正的,那么它就具有伦理学的有效性,反之就是无效的。社会学有效性又分为行为有效和制裁有效,前者是指法被规范义务人自愿地实际遵守,后者指如果行为违反规范,则法的有效性便通过制裁得以实现。法律教义学的有效性,又称"法的逻辑有效性",即一个规范只要是由一个合法的权力机关、按照规定的程序创立出来,并且与整个法律体系和谐一致,就是有效的。② 中国学者郑永流即采取此种有效性概念分析中国民间法、自然法、国家法的有效性。③ 在我看来,其实阿列克西的"有效性"概念是广义上的,三种有效性区分其实正对应法理学的三个核心问题,即伦理有效性大致对应法的合法性、社会学有效性大致对应着法的实效性、法律教义学有效性大致对应法的确定性。

五、法理学如何回应社会转型的法治建设

法理学界在国家依法治国方略的确定进程中做出过自己的智识贡献,在法治理念的普及和启蒙过程中也做出了自己应有的贡献,应该公允地评价。在市场经济和法治建设的社会转型发轫之际,法理学一直积极参与和推动这一社会转型。④ 但仅有法治、权利、人权等宏大话语是不够的,法理学在时代

---

① 转引自王夏昊《中国法理学的研究路径》,《现代法学》2004 年第 2 期。
② 参见张文显《当代西方法学思潮》,辽宁人民出版社 1989 年版,第 393—446 页。
③ 参见郑永流《法治四章》,中国政法大学出版社 2002 年版,第 226—256 页。
④ 以中国法理学会为代表,众多学者多年来围绕法制与市场经济、法制与民主、法治与人治、权利本位等主题开展了较多的讨论,其成果对法律发展、权利意识和法治观念的形成以及法学学术的转向具有相当的贡献。尤其是 1996 年前后,以王家福研究员为代表的一批法学家到中南海大讲堂为中央高层领导作了一系列的专题讲座,对依法治国、建设法治国家方略的形成具有一定的知识贡献。

转折的关头适应政治需要,关于是人治还是法治、权利本位和人权保障等启蒙性质的学术贡献不足以成为法理学学术的全部内容。或者说,上述宏大主题的研究,仅仅是特定历史阶段法学重建时期的历史性、阶段性的主流话题。时过境迁,法治、人权等宏大主题的研究固然还有必要,但法理学应该和法学的整体研究一起与时俱进,回到法治建设更为日常的核心问题上来,回应社会生活中法律实践所遇到的具体而繁复的事件中所蕴含的现实理论问题。

法理学如何回应当前中国社会的变迁?中国目前处于一个空前的变革时代,苏力教授认为,"当代中国已经为中国法学人的创造性实践和研究提供了具有高度张力的历史性机会和条件……中国社会转型的空前规模,时空的变更,路径依赖以及资源的限制,都使得任何前人的经验表述——即使是正确的——也不足以充分回答当代中国社会转型和法治建设的许多具体因此是特别的问题"。[①]因此,无论是强调法律的全球化、国际化,还是强调法治的"本土资源";无论是强调普世价值,还是强调中国特色;无论是强调建构理性的跨越式发展,还是强调"自生自发秩序"的渐进演化,法学都必须面对中国法治实践的现实,发现中国法治发展的最优道路。从而,我们可以说,活生生的法理学不仅关注并能说明马克思、韦伯、哈贝马斯等人构造的宏大理论体系的内涵和理论意蕴,还需要我们能熟练叙述欧陆法学和英美法学的各种理路,更重要的是我们能在自己的法治实践中寻找到适合解决自己问题的理论进路。

中国改革开放的30年是飞速发展的30年,是综合国力急剧提升的30年,是法律发展从重建到基本形成完整法律体系的30年。经济的迅速发展和法律制度的建立健全如车之双轮、鸟之两翼相辅相成,促进了改革总体上在健康的轨道上发展。然而,也应该看到,总体上的健康发展并不能屏蔽发展中积累的诸多社会问题。经济发展方式亟须转变自不待言,法治的完善仍然任重而道远。面对利益格局失衡、社会群体强弱分化、城乡鸿沟加深的现实,法理学需要仰望星空,在哲学和制度的层面思考以人为本的价值关怀,关注人的生存权、发展权等权利的公平保障,关注人的平等、自由和尊严的和谐发展,关注法的合法性;面对司法权、行政权的失范,权力运行的不公和腐败,面对权利救济的重重困难,法理学需要关注法律如何获得真正的权威,如何

---

① 苏力:《道路通向城市——转型中国的法治》,法律出版社2004年版,第307页。

具有准确的预期,如何成为人的行动准则和指南,如何真正成为权力拥有者的缰绳。法理学需要关注法的确定性和实效性。面对形式正义和实质正义的龃龉,面对法律精英与普罗大众的法律意识抵牾,面对效率与公平的冲突,面对理想和现实的落差,我们更需要关注的是在当前中国的社会条件下,法律如何发挥其消弭冲突、平息纠纷、凝聚社会共识的功能,如何整合社会需求和推动社会和谐发展。

回应社会转型的需求,法理学不必期望毕其功于一役,不必期望寻找到一剂包治百病的灵丹妙药。事实证明,社会的变迁和历史的发展,没有所谓的铁定的规律,无法通过人为的计划予以构建。无数先贤殚精竭虑构建的宏大理论体系,其深刻的内涵和看上去严密的逻辑推演,往往经不起历史发展的实践考验。正如高鸿钧教授对哈贝马斯的交往理性理论所作的反思:"通常情况下,理论体系越是宏大和复杂就越脆弱,就像庞大的帝国和硕大的恐龙一样,只要一个环节出现了故障,其整体就可能坍塌。"[1]内部构成复杂的机器体系或生物体系,往往会因一个脆弱的部件或器官导致整部机器的失灵和机体的瘫痪。貌似庞大宏伟的理论体系,往往就像建在沙滩上的高楼,某个局部的缺陷就会使宏伟的高楼坍塌于地。

因此,同其他社会科学一样,法理学也不存在放之四海而皆准的终极真理。法的正当性、确定性和实效性也是在社会发展的动态中,时时变换着它们的内涵和评价标准。即使在法理学的每个维度内部,也都有着时空转换而引发的选择难题,比如在法的合法性这一法律价值维度,自由与平等、公平与效率、自由与安全、安全与效率都存在矛盾的可能,在某一个阶段,可能安全是我们最重要的价值需求,有时候自由又是最可贵的追求,而有时候平等又是我们宁愿牺牲也要达到的彼岸。

在法的确定性这一维度,就静态的确定性而言,人类永远无法织出没有缝隙的法律之网,制定出包罗万象、没有漏洞并且永远不会过时的法典。迄今为止的人类法律史证明,万能法典是一个海市蜃楼般的幻象,法律的确定性一直有着难以躲避的模糊地带和空白点。就动态的法律确定性而言,法律的运行需要法律解释,而在解释法律的时候,我们不可避免地会在形式合理

---

[1] 高鸿钧:《通过民主和法治获得解放——读〈在事实与规范之间〉》,《政法论坛》2007年第2期。

性和实质合理性之间挣扎,在各种方法和立场之间做出艰难的取舍和抉择。法律实践证明,在法律解释的各种方法之间,我们甚至无法在文义解释、体系解释、历史解释和目的解释等各种解释方法之间进行辞典式的先后排序。有时,我们还会纠结于是站在立法者意愿的立场进行解释,或是站在忠实于法律文本的文字立场进行解释,还是我们可以抛开立法者和文字的束缚,依照解决特定纠纷的需要,站在司法者主导的立场进行解释。因此,法律解释的最终目的,既不是发现对法律文本的正确理解,也不是探求对法律意旨的准确把握,而是为某种判决方案提出有根据的且有说服力的法律理由。① "各种法律解释的方法的选择不是智识性的,而是策略性的"。② 既然法律解释在很大程度上并非来自法律内部的逻辑命令,其确定性也就始终处于不确定的状态。这一点,简单联想新近发生的"许霆案"、"药家鑫案"和"李昌奎案"的二审改判就可以明白。并且,由于社会发展而引发的法律变迁,更给法律的确定性带来极大的影响,"法律必须稳定,但又不能静止不变",③在稳定性、确定性和法律的适应性之间,社会转型期二者的矛盾尤为突出。近20年来,我国法律无论是民法、刑法、经济法还是婚姻家庭法,都经历了频繁的修改。④ 就法的实效性而言,追求法的实效和社会效果之间也并非没有矛盾,改革开放之初的许多做法实际上是违背当时的法律规定的,而这些突破当时法律的做法在现实中取得了很好的成效,也就有了后来令学界热议的"良性违法(宪)"话题。新近的一个典型的例子是,2008年末金融危机中关于要不要暂缓执行《劳动合同法》曾引起极大的争议。这一争议凸显了严格执行和

---

① 参见苏力《解释的难题:对几种法律解释方法的追问》,载梁治平主编《法律解释问题》,法律出版社1998年版。
② 桑本谦:《法律解释的困境》,《法学研究》2004年第5期。
③ 罗斯科·庞德:《法律史解释》,邓正来译,中国法制出版社2002年版,第2页。
④ 其中典型者,在民法领域,合同法经历了由一分为三(经济合同法、技术合同法和涉外经济合同法)到合三为一的过程,而1999年《合同法》与至今仍然有效的《民法通则》有诸多差异;经济法领域如《证券法》自1998年颁布以来,至2005年第二次修订,中间仅仅7年的时间;刑事法领域1997年新《刑法》对1979年《刑法》作了全面修改后,颁布施行14年来,已经前后有了8个修正案,其中既有罪名的修改,又有刑罚标准的修改,我国法律变化之频繁可见一斑。另外,最高人民法院和最高人民检察院的司法解释对法律的隐性修改也不容忽视。

适用法律与稳定经济形势的社会效果之间的冲突。① 最终人力资源社会保障部、财政部和税务总局联合发出通知,采取缓缴社会保险费等五大举措以减轻企业负担、稳定就业局势。这一通知实际上变相折中调和了法律的效力和社会效果之间的矛盾。

"鱼我所欲也,熊掌亦我所欲也,二者不可得兼,舍鱼而取熊掌者也。"只要人类的欲求是多元的,作为体现人类工具理性和价值理性的法律制度就必须面对选择。在社会转型的中国,这种选择的艰难性会尤为明显。各种立法价值之间会有竞争,法律的价值选择也会有偏差,法律的合法性会经受考验;转型时期面对急剧变化的经济社会条件,"粗线条"式的立法和实验性立法不可避免,在传统执法和司法的固有观念等因素共同作用下,法的确定性选择也会面临适应性的挑战;在各种传统的、现代的、后现代的社会观念和社会思潮并存的文化环境下,由于受制于经济文化发展的严重不平衡等因素,法律实施的实效和效果也存在明显差异。

我们如何进行选择?法理学如何妥帖地回应社会转型?法律如何才能具有社会变迁的"反应装置"同时又具有社会发展的"推进装置"的双重功能?既然我们不能寄希望于一种彻底的一次性解决模式,不能希冀拥有一种"整全式(comprehensive doctrine)"的真理性理论的指引,我们所能寄予希望的应该是一种"汇小溪以成江河,集跬步以至千里"的积累性工作,即将视野从书斋投向社会实践,在活生生的法律从纸面到现实的过程中把握法律运行的脉搏。依循散点透视的方法,从法的合法性、确定性和实效性的三个维度,聚焦并围绕各个问题进行研究,那么,无论是描述性、解释性还是批判性的理论都有深厚的现实依据,并因此而具有鲜活灵动的时代气息和实践意义,为中国的法学理论注入一股股新鲜的活力,为中国的法治之路增添一块块坚实的路石。

---

① 在要不要暂缓施行《劳动合同法》的争议中,包括张维迎教授在内的一大批学者和企业界人士认为,应当果断停止该法的实施;而以全国人大常委会法制工作委员会行政法室副主任张世诚为代表的反对者则认为,应严格执行国家法律,暂停该法实施的提议十分荒谬。具体参见《张立伟:建议暂缓执行严格的〈劳动法〉》、《共渡时艰更要严格执行劳动合同法》、《张世诚:劳动合同法暂缓实施?十分荒谬!》等文。分别见http://news.163.com/08/1108/07/4Q7AG3O500012Q9L.html,2008—11—08;http://forum.china.com.cn/thread—432538—1—1.htm2008—12—4;http://www.ycwb.com/news/2009—03/05/content_2079667.htm 2009—03—05。

本书所选取的文章来自近年来部分学者发表的论文,其中多数论文都是就某一具体案例展开理论叙述的。作者中,既有领法理学界风骚的知名学者,有其他领域如民法学、行政法学界的明星学者,也有名不见经传的中青年学者。这些文章的共同特点是关注现实中的法,关注中国法治进程中法的现实运行。不同的是,他们有的关注在立法上如何实现良法之治,关注社会转型期法的合法性,有的关注如何确定法律的妥当解释,如何正确理解和适用法律,有的则关注法律在现实运行中为何失效以及如何提高法律的实效性。由于时间和篇幅所限,所选取的文章和案例可能并不是最具代表性,其理论分析也可能有所偏颇,但编者希望通过这种努力,展示法理学如何围绕核心问题,在关注现实生活的基础上回归法学研究的"大家庭"和"大本营",而不是演变成自说自话的玄想冥思;如何以实在法作为基本的言说对象进行理论思考,而不是"超脱了实在法的肉身,飘逸而去";如何回应社会转型的现实需要,而不是书斋中的孤芳自赏。读者如偶有一得之悟,编者幸甚!

编者

2011 年 8 月

第一编

语境与法理

当代中国法理的知识谱系及其缺陷
——从"黄碟案"透视

苏 力

> 该论文解决了它本身提出的问题,令人钦佩。不幸的是,它提出的是一个错误的问题。
>
> ——斯蒂格勒①

一、问题和进路

20多年的改革开放已经令当代中国法理分析的主流话语发生了很大变化。但是如何在经验上予以考察、确认,使之不陷入一大堆"我认为"的无休止争论,则是一个很难的问题。

20年前,基本上没有可以构成社会热点的法律事件或司法案件。由于当时的社会结构和政治结构,社会上很少有重大的或公众知情的法律事件。当然这并不是说当时没有重大事件,而是说这些即使涉及法律或司法的事件也都主要是作为政治事件或社会事件处理的。即使有司法的介入,普通人也都习惯于从政治角度切入,例如1980年底的"四人帮"审判②;或者是从道德

---

① 斯蒂格勒:《知识分子与市场》,何宝玉译,首都经济贸易大学出版社2001年版,第40页,译文有所改动。
② 1980年11月到1981年1月,最高人民法院特别法庭对"文革"时期的中共高级领导人王洪文、张春桥、江青和姚文元等人的"反革命集团"进行了审判。1981年1月23日,最高人民法院特别法庭判决:判处江青死刑,缓期2年执行,剥夺政治权利终身;判处张春桥死刑,缓期2年执行,剥夺政治权利终身;判处姚文元有期徒刑20年,剥夺政治权利5年;判处王洪文无期徒刑,剥夺政治权利终身。

或道义角度切入,例如1979年的"蒋爱珍杀人案"。① 职业法律人的近乎不存在、法学教育研究的弱小和泛政治化也都不可能支撑起一个广泛的强有力的法理话语。当时的法理话语基本尚停留在书本上,并且主要是一种政治话语,最多也就是一种政法话语或道德话语。② 只要考察一下中国的法学著作或教科书,就可以大致了解当时中国法理的基本轮廓。

随着中国社会和政治的发展,法治实践的发展,诸多国外法律理论的引介,20世纪80年代中期之后,各部门法有了很大发展,特别是90年代以来中国法律职业的发展,法理话语已经更多地从书本走向了法律人的社会实践,并且日益弥散进入社会,常常构成中国当代社会热点问题公共话语的一部分。但任何社会变迁都会带来词与物之分离,③在社会和文化快速转型时期,这一现象甚至且一定格外突出。不仅因为文字符号对于社会的表现一般都是迟滞的,而且在当代中国,在法学中,这种迟滞会更为突出——因为法学本身就要求具有某种保守性,法学话语与政治话语的关系也一直比较紧密,话语本身也总是会构成一种可言说和不可言说的制度。甚至,由于人并不是理论的动物,以及各种策略考量,法律人不必要甚至无需按照其公开宣称的法理行动。学术话语与法理实践话语之间的关系目前已经变得越来越含混不清,甚至严重脱离。一方面,法学理论著作不断出版,而另一方面,各部门法学者对教科书法理的关注日益弱化,甚至不加理会。尽管法学理论研究者作出了种种努力,在一些重大的国家政治性决策上也产生了一定的影响,但对部门法的发展几乎看不出什么影响。事实上,如何沟通理论与法治实践的问题,确实是当代中国法理研究者面临的一个尴尬。

因此,要勾勒当代中国法理之轮廓,辨识其知识谱系,对法学理论文章和著作进行一般的文本分析显然已经不够。必须考察"行动的法",从法律人——无论他们是律师还是学者,也无论他们的专业领域——对实际问题的分析和讨论中,辨析其实际运用或隐含的法理,而不是关注法律人声称自己

---

① 1978年9月29日,因为派系争斗被诬有奸情且无处申冤的新疆建设兵团石河子144团女护士蒋爱珍,枪杀了3个参与造谣的人。1979年10月《人民日报》刊载了题为《蒋爱珍为什么杀人?》的调查报告,在读者中引发了一场大讨论。读者普遍对蒋爱珍寄予了相当的同情,希望饶她不死。最后蒋爱珍被判15年有期徒刑。
② 苏力:《也许正在发生》,《比较法研究》2001年第3期。
③ 有关这一点,参见福柯《词与物:人文科学考古学》,特别是第一编,莫伟民译,上海三联书店2002年版。

赞同或主张的是什么理论。事实上,近年来在几乎所有的重大法律事件或案件的社会讨论中,都隐含着一些法理的脉络。例如,2001年婚姻法的修改(特别是有关离婚条件和对"包二奶"问题的法律规定)①;如今正在讨论的关于宪法中私有产权的修改;2001年底的"二奶继承案"②;2002年底发生但至今尚未完结的在校大学生怀孕被开除引发的诉讼纠纷③等等,其中都隐含了重大的法理争论,反映了实践中的法理变化和调整。

借助一个具体的法律事件——即所谓的"黄碟案"——和围绕这一事件的法律话语,本文试图梳理一下部门法学者在思考和分析这一具体法律事件时实际运用的或隐含的法理脉络和谱系。梳理的结果是,我认为,当代中国的主流法理话语大致是学术意义上的自由主义传统,即日益强调保护公民生命、自由和财产,包括个人的私隐和价值偏好。但是,我通过研究也发现,这种自由主义是相当不完整的。不仅理论视野过于狭窄,过分强调一些自由主义的关键词,而且缺乏对法律事件的细致分析和勾连,缺乏对事实的关注,对司法和执法语境也缺少足够的关注和理解,表现了很强的教义倾向。

这一分析进路是有很大风险的,不仅容易被人指责为以偏概全,而且确实就是以偏概全。但是任何人都只能从一个方向进入,而且作出一般的判断也只能从具体问题入手。判断可能是错的,但只要愿意承认这一点,不是试图终结讨论,而是引发讨论和反省,并努力去完善中国法理,更重要的是完善我们的法治实践,就行了。

---

① 相关报道和争论,可参见"中国人大新闻网站""立法聚焦""关注'婚姻法'修改"的专题,http://zgrdxw.peopledaily.com.cn/gb/special/class000000007/index.htm,最后访问2003/4/12。

② 有关报道,可参见《全国首例"二奶"持遗嘱争夺遗产案纪实》,《法制日报》2001年11月5日;《"社会公德"首成判案依据,"第三者"为何不能继承遗产》,《南方周末》2001年11月2日。

③ 参见《偷尝禁果引来麻烦》,《北京青年报》2002年11月20日;《女大学生怀孕被开除(续):学生状告母校索赔百万》,《北京青年报》2003年1月10日;网上以及其他媒体对这一事件的评论很多,可参看"大学生怀孕案"的判词旁语》,《法制日报》2002年12月5日;李家军:《校规的合法性危机——关于"大学生同居怀孕被开除事件"的反思》;何兵:《禁欲主义的黄昏——评"女大学生怀孕被开除案"》,均见于 http://chinalawinfo.com/fzdt/jdft.asp?code=254,最后访问 2003/4/5。

二、"黄碟案"及其争点

2002年8月18日晚11时许,延安市宝塔公安分局万花派出所民警接到群众电话举报,称张某夫妇在位于宝塔区万花山乡毗屹堵村的一处诊所后屋(诊所面对该村的一条大道,紧邻的一排房屋是商业门面。诊所由两个通透的商业门面用房构成,其中设有一床)中播放黄碟。4名身着警服但据称因尚未授警衔所以未佩带警号的民警遂前去调查。民警从后面的窗子看到里面确实有人在放黄碟,就敲门进去,在查处过程中因试图扣押收缴黄碟和VCD机、电视机,与张某夫妇发生冲突。张某阻挡,并抢起一根木棍砸向一名民警,致使该民警手被打肿,另两民警受伤。民警以妨碍警方执行公务为由,将作为播放淫秽录像的证据——从现场搜到的3张淫秽光碟连同电视机、VCD机,一起带回派出所并留置到第二天。张某在向派出所交了1000元暂扣款后被放回。①

8月20日《华商报》第一次报道了这一事件,②立即引起媒体和群众的广泛关注。③ 经过了种种曲折,在从中央到地方政府、④从媒体到学界的巨大压力下,尽管宝塔公安分局警方试图以各种方式抵抗,⑤但最终以其全面失败而告终。2002年的最后一天,此事件有了最终结果。当事人与当地警方及有关部门达成协议:警方向当事人赔礼道歉;有关部门一次性补偿当事人29137元(医疗费、误工费等),并对本事件有关责任人作出了相应的处理(万花派出所所长贺宏亮及警长尚继斌待岗察看;警察任杰被清退出公安队伍)。⑥

在媒体与学界的合谋下,这个事件从一开始就被界定为公权力与个人私

---

① 这里的描述基于对相关报道的综合,排除了各方不一致的报道。
② 《家中看黄碟民警上门查》,《华商报》2002年8月20日。
③ 《夫妻家中看黄碟犯法吗?》,《华商报》2002年8月21日。
④ 此案讨论期间,正是中国共产党第十六次全国代表大会召开之前。
⑤ 最突出的一点是警方在两个月后以涉嫌"妨碍公务"刑事拘留了张某。参见《"家中看黄碟"又起波澜,事隔两月当事人张某被刑拘,其妻对此想不通拒绝在"通知"上签字》,《华商报》2002年10月23日。
⑥ 《延安"夫妻看黄碟"案在2002年最后一天划上句号》,中新网2003年1月1日。

隐的冲突。① 此后,这一事件也基本上是按照这一路子走下来了。观点——至少就各类媒体上所能见到的——是一边倒的,大致说来,用一句话来概括,就是"政府无权干预诸如夫妻在自己家里看'黄碟'这种并不损害他人的事"。

我完全同意这一原则。鉴于中国社会中长期流行的政府管得过多过宽的现象,提出这一原则,并且予以某种程度的宣传也是很有针对性的,对于中国社会的制度转型甚至可能是必要的。但这毕竟又是一个具体的法律事件(还不构成一个法律意义上的案件),因此,任何严肃的讨论都必须基于对事件的认真梳理、分析和总结,而不应当脱离事件一般地讨论一些正确的法律原则,从而停留于一种粗糙的法治宣传。直到目前为止,我们对这一事件的真实情况并不十分清楚,因此很难系统讨论。例如,此事件涉及执法过程的事实从目前报道的情况来看,就很有争议,其中许多细节问题都具有重要的法律实践意义和行政法学上的学术意义。又比如,当公民感到执法不公甚至违法之际,究竟公民是应当当即反抗执法还是事后寻求司法救济,这对于中国的法治建设也是一个重要的理论和实践问题。

在我看来,有关此事件涉及了两个基本法律争点。第一,基于目前基本未有争议的一些"事实",警方在当时的条件下是否有正当的权力甚或是义务,干预这一事件中张氏夫妇看黄碟的行为?② 如果无权,讨论就可以结束了。但是如果是"有",并且我将论证"有"。那么,第二个争点是,这种干预的方式是否适当,是否违反了法定程序? 一旦干预的手段不适当,或违反了法定的程序或人之常情,那么即使是有正当理由的警方干预,也仍然会而且应当归于无效或非法。

现有的有关这一法律事件的讨论实际上只讨论了第一个争点。基于事后了解的信息以及对后果的判断,发言人首先从原则上声称警察无权干预个人私隐,但没有给出什么有力的理由,最多只是强调公私权力有界限;偶尔涉及警方的行为和程序,也只是用来强化第一个争点上的主张。但恰恰是在这一争点上,最充分地展现了中国当代法律人实际主张和运用的法学理论和思

---

① 9月3日,《北京青年报》组织在京的一些专家学者对此问题进行了讨论,就这样定了调子。相关的讨论,请看贾桂茹、马国颖《夫妻家中看黄碟,警方闻讯入室,扫黄能否进家?》。

② 必须对这一强调作一说明,这些事实在目前的各种报道中未有很大的争议,尽管这并不意味着其中没有可争议的地方,事实上,在本文最后,我会指出这些事实也许是很可以争议的。

路,因此,有可能对之进行一个个案剖析和研究,展示其知识谱系和不足。因此,本文并不是对黄碟案的全面的法律分析。这种分析需要对此案事实的更多了解和把握,而至少就目前的报道来看,有关警方干预之过程的事实还不清楚或有争议。

我坚持一贯的多视角的分析,力求把诸多法理流派之观点和思路同这个事件的分析联系起来,并予以融贯的讨论。这一努力并不是为了展示自己的学术羽毛,而是因为只有以这种方式,才有可能使我们法律人更加清楚我们在进行这类法律分析时实际所依赖的理论及其学术渊源,消除法理的学术话语是一种纯粹的普适的专业技术知识这种幻觉和神话,并且看出目前的主流法理分析和思路之不足。当然,我的另一个附带的目的也在于促进这些法理流派同中国当代具体法律实践问题的结合,改变近年来引进的多种法理学术话语同司法执法实践问题长期存在的疏离状态,促成法律人在一个更广阔的学术视野中理解相关的问题。

三、自由主义(或个体主义)的法理分析

在以下三节文字,我将首先分析证明,在黄碟案上,这些主流的法理分析基本上是一种思路的法理分析,一种不那么完整的自由主义的或个人主义的法理分析。①

这种分析认定的此事件基本事实是,一方是个人(夫妻两人在此都作为个人,并且由于他们之间的特殊关系,也确实可以是利益上的一个个体),而另一方是国家。按照自由主义或个体主义的理论,在这种情况下,个人的生命、自由和财产权至高无上,国家的任务就是保护这种产权,当然前提是这种个体的产权行使不侵犯他人行使同样的产权。② 当然,至少古典的自由主义以及他们的某些当代传人其实在诸如涉及性这样的问题上并不像近现代的

---

① 在本文中,我是将自由主义同个人主义作为可替换的关键词使用的,尽管两者强调的着重点略有不同,也尽管自由主义在当代西方一些学者看来有点变味了。关于自由主义,可参见波斯纳《超越法律》,苏力译,中国政法大学出版社2001年版,特别是"引论";关于个人主义,可参见哈耶克《个人主义与经济秩序》,邓正来译,三联书店2003年版。

② 洛克:《政府论》(下篇),叶启芳、瞿菊农译,商务印书馆1964年版;康德:《法的形而上学原理》,沈叔平译,商务印书馆1991年版;密尔:《论自由》,程崇华译,商务印书馆1982年版;边沁:《道德与立法原理导论》,时殷弘译,商务印书馆2000年版。

从密尔开始的自由主义那么开放,①因此,在分析此事件时,学者们(注意,我没有使用限制词"一些"或"多数",因为就我看到而言,全都是一个类型)的思路更多是吸收了美国当代自由派的观点,把有关个人的性、私隐或阅读色情作品的偏好加入了古典自由主义的"自由"之中,②因此,才有了对以警方为代表的国家不得干预其在自己家中自由的要求。

按这种观点,此事件中警方搜查黄碟的行为至少侵犯了以下几种利益:(1)个人(夫妻)观看黄碟的偏好;(2)私人住宅不受非法侵犯的权利,这是传统的财产权;(3)与此相关的个人的私隐权。但如果情况只是如此,问题就很简单了,哪怕观看黄碟确实品位不高,甚至道德低下,但只要不损害他人,就不是国家或社会该管的事;否则,个人的自由必定会受损。因此,我赞同密尔说的,"在仅仅涉及本人的那部分行为,一个人的独立性在权利上是绝对的"。③ 由此可见,我先前指出的,中国当代法律的意识形态实际已经是自由主义的,这一命题并非言过其实。④ 中国学者所谓的"法理"分析,实际上都是建立在这种自由主义的基础之上的,尽管他们未必清醒地意识到。

但是我也已经提到,这些法律人的分析——由于后面将分析的种种原因——却是一种不完整的个人主义。因为,哪怕是最自由主义的自由主义者也从来没有认为这些权利是绝对的,相反,总是有一条限制,那就是康德说

---

① 例如,康德对非婚生子女的态度:"一个非婚生的孩子是法律之外的孩子……因此他也就不受法律保护。这个孩子偷偷摸摸地钻进了这个共同体(与禁止性物品很相似),因此,其存在及其毁灭都可以忽略(因为按理说,他就不应当以这种方式形成)……" The Metaphysical Elements of Justice 106(John Ladd trans. 1965). 转引自波斯纳《法理学问题》,苏力译,中国政法大学出版社 2001 年版,第 13 章注〈36〉。

② 这一运动始自 1965 年的《格里斯沃德诉康涅狄格州案》(Griswold v. Connecticut, 381 U. S. 479, 480);最终的确认是在凯西案(Planned Parenthood v. Casey, 112 S. Ct. 2791 (1992)),在此案中,最高法院将人工流产的权利界定为一种自由权。但是这一私隐权的界定因过于牵强,受到了许多包括古典自由主义学者的批评,例如,波斯纳:《正义/司法的经济学》,苏力译,中国政法大学出版社 2002 年版,第 3 编;《超越法律》,苏力译,中国政法大学出版社 2001 年版,第 5 章特别是第 2 节。

③ 密尔:《论自由》,第 10 页。引文根据英文版作了调整。

④ 苏力:《现代法治的合理性和局限性——秋菊的迷惑和山杠爷的悲剧》,《东方》1996 年第 4 期。

的,"普遍立法"原则;①或者波斯纳概括的密尔的表述:"你的权利止于我的鼻尖";②或者说权利具有相互性。③ 因此,自由主义强调的个人自由是以不损害他人的同样的自由为前提的。事实上,密尔在《论自由》中一开始就称,该书"要讨论的乃是公民自由或社会自由,也就是要探讨社会所能合法施用于个人的权利之性质和限度",④因此,讨论自由也就是讨论自由的限度。而边沁就认为乞丐没有乞讨的自由,或者说应当受到限制;因为乞丐的出现有碍观瞻,令人不快,并且乞丐的乞讨行为也对行人或游人构成了骚扰,因此,他建议把所有的乞丐都关进监狱,从事某种契约性的苦役,直到他们向监狱还清了关押他们的费用。⑤ 因此,即使是自由主义者,他们对一切、哪怕是像有碍观瞻这样侵犯其他人微小利益的自由,原则上也是要予以考虑的,而不是简单地予以拒绝。这一点在科斯那里得到了更系统、更严密的分析和阐述。⑥ 此外,在分析自由时,自由主义者也总是坚持要考虑其他一些因素,而不是将之作为一种不加分析的意识形态。例如,密尔就强调,他的这一自由教义"只适用于能力已达成熟的人类……对于尚处在需要他人加以照管的状态的人们(指未成年人),对他们自己的行为也须加以防御,正如对外来的伤害须加以防御一样",他甚至说"自由,作为一条原则来说,在人类还未达到能够借自由的和对等的讨论而获得改善的阶段以前的任何状态中,是无所适用的"。⑦

就黄碟案而言,也许我们不必走得那么远,乃至假定当事人不成熟或其他;但至少我们应当考虑一点,即这对夫妻看黄碟的行为是否有碍其他人的

---

① 这是李泽厚的概括,见李泽厚《批判哲学的批判》再修订本,安徽文艺出版社1994年版,第8章。据沈叔平的译文,这一原则的表述为:"任何一个行为,如果它本身是正确的,或者它依据的准则是正确的,那么,这个行为根据一条普遍法则,能够在行为上和每一个人的意志同时并存。"《法的形而上学原理》,第40页。

② 波斯纳:《超越法律》,苏力译,中国政法大学出版社2001年版,第34页。

③ 科斯:《社会成本问题》,见《论生产的制度结构》,盛洪、陈郁译校,上海三联书店1994年版,第142页。

④ 密尔:《论自由》,程崇华译,商务印书馆1982年版,第1页。

⑤ Jeremy Bentham,Tracts on Poor Law and Pauper Management,转引自波斯纳《正义/司法的经济学》,苏力译,中国政法大学出版社2002年版,第1章。

⑥ 科斯:《社会成本问题》,见《论生产的制度结构》,盛洪、陈郁译校,上海三联书店1994年版,第142页。

⑦ 密尔:《论自由》,程崇华译,商务印书馆1982年版,第10、11页。

利益?

几乎所有的法律人都断然说没有,或至少从未提起。但是,所有的学术法律人和实务法律人都有意忽视了一个明明白白地摆在这里的、也无人争议的、对于分析此事件至关重要的细节:"民警接到了群众的电话举报。"我并不认为这一点(只是一点点)事实就正当化了警察的干预,更不能正当化警察的其他可能过分或违反程序的行为,甚至我在后面的分析可能会质疑这一细节的真实性;但是,如果这一点为真,那么一个彻底的自由主义者,或者从保持自由主义法律哲学的一贯性来看,你就不能否定,至少是有人认为张氏夫妇看黄碟侵犯了自己的利益——尽管这是否构成法律上可以或应当保护的利益则是另一个问题。用在政治哲学上继承了自由主义传统的经济学或法律经济学的话语说,有人抱怨表明存在着一种外在性,是应当予以内化的。在自由主义者看来,这种内在化最好是通过相关者以合约方式解决,[①] 只有当无法以合约解决时(因交易费用过高),才应当由政府来干预;而这就是法律的作用,用法律来界定产权。[②]

举报的出现表明了冲突的存在。尽管这对夫妇是在屋内看的,本来也未必想张扬出去,但显然他们未能将图像或声音保持在室内,由此引发了他人的强烈反感;并且由于可以想见的交易费用太高(如果是邻居,就要拉下面子,而且未必有效),因此受到影响的他人诉求于警察,要求政府来明晰这里的"产权"。在这种情况下,警方支持这一请求而予以某种干预是有理由的,剩下的只是干预的手段和程度的问题。事实上,至少在美国留过学的许多朋友都有过这样的经验,哪怕你是在自己的公寓内放音乐、看电视或朋友聚会时说笑声大了一点,你的邻居就会请来警察干预,要求你尊重他的那些在许多中国人看来也许实在是微不足道的权利。但这就是权利,权利是在细微处界定的。

许多学术法律人和实务法律人会说,那是声音干扰了别人,是应当或可以干预的,而这种看黄碟的事是"食色性也",则不应当干预。其实我们很难区分"溢出边界"的声音和图像,哪个构成了干扰,哪个不构成干扰(而且看黄碟时也未必没有声音)。而且,从自由主义的立场来看,我们也无法预先认

[①] 科斯:《社会成本问题》,见《论生产的制度结构》,盛洪、陈郁译校,上海三联书店1994年版,第142页。

[②] 参见盛洪《公共选择与法官裁决》,《中国社会科学季刊》,1996年春,第80页。

定,在屋内看黄碟是一种更高的权利。否则,这一预定的本身就已经违背了自由主义了,因为这是把另一种意识形态化的、本质化的自由主义,强加于一个反对看黄碟的人身上,并在这一点上剥夺了他人的不看黄碟的"自由"。事实上,自由主义并不预先坚持某个人的偏好或某种自由更高。例如,自由主义的第一位系统阐述者边沁就认为,儿童的游戏和哲学具有同样的价值,无论高下。他主张任何一种偏好都应当得到尊重,他甚至认为动物也有感知痛苦的能力,因此主张将动物的福利也纳入人类的效用计算中。① 因此,从自由主义的立场来看,如果我们不能说厌恶看黄碟的人的偏好比喜欢看黄碟的人的偏好更高的话,那么我们也就无法说后一种偏好比前一种偏好更高。事实上,自由主义之所以成为现代的价值、偏好多元化的工商社会的最可用的主义,就是因为它的这种对各种偏好的宽容,它是最能兼容各种偏好并将之组合成一个社会的"主义",它可能是我们比较好的一种选择。当然,这一点也恰恰是自由主义最易受抨击的软肋。②

因此,学术法律人和实务法律人关于政府对夫妻在家看黄碟完全没有理由干预的论断显然下得过于匆忙了,是没有根据的。

四、社群主义的法理分析

自由主义可能是价值和偏好都已多元化的现代工商社会中最可用的主义,这并不是偶然的。因为自由主义并不只是一套理论话语,不是说几声自由、宽容、自给自足、独立就行了,它更是一种社会实践,而且是与现代工商社会相联系的一种社会实践。③ 但是,我们必须注意,发生这起事件的地方毕竟还不是现代的工商社会。这是中国西部一个并不很发达的城市郊区。我没有到过这个地方,我不知道那里的具体情况,但是可以预见的是,这里显然

---

① 边沁:《道德与立法原理导论》,时殷弘译,商务印书馆2000年版。
② 有关自由主义必定会导致相对主义、虚无主义的批评,可参看列奥·施特劳斯《自然权利与历史》,彭刚译,三联书店2003年版。有关自由主义学者对这类批评的概括和反驳,可参看霍尔姆斯《反自由主义剖析》,曦中、陈兴玛、彭俊军译,中国社会科学出版社2002年版。
③ 可参看马克思、恩格斯《共产党宣言》,第3版,中共中央马克思恩格斯列宁斯大林著作编译局译,人民出版社1997年版;托克维尔:《论美国的民主》,董果良译,商务印书馆1988年版。

与中国东部现代工商社会、都市社会的环境有相当大的差距。在这样一个环境中,社区的情感肯定有一定的强度,价值或偏好可能都不那么多元化。无论我们认为这里的社群情感是好是坏,可欲与否,它却都是一个长期居住在此的人无法忽视甚至必须予以尊重的生活条件之一。

为什么必须予以尊重?为了说明这一点,我们可以设想这样一个乡村社区的生活环境,大家相互交往比较多,属于一个关系比较密切的群体,各家各户都不是单门独院的公寓套房,因此当你在家观看黄碟时很容易为邻居看到。尤其是在夏天,在家中没有空调因此只能开着门窗的情况下,有邻居可能由于社区生活的习俗对你的此种偏好相当反感;或者即使他自己并不真的非常反感,但由于家中有正处于发育期或青春期的、正准备考大学或中学的男孩或女孩,并且这里的绝大多数邻居都认为(事实上却不一定)观看黄碟有可能"腐败"他们的孩子或使孩子"分心",或至少不希望他们的孩子过早了解这些东西,或希望自己的孩子能够集中精力学习,考上高中或大学,因此他们"厌恶"这位邻居看黄碟,或者厌恶邻居以目前这种方式在家中看"黄碟"。如果扪心自问的话,我们能说这种反感、这种社区的观点和要求就一点道理也没有,一点正当性都没有吗?我并不是说邻居的看法就是对的,我甚至愿意退一步说他们的判断也许是错的,但是如果他们都这样认为,我们就必须将其作为一个法律必须予以适当考虑的"社会事实"。

事实上,在这样的人际关系相当紧密的社区中,自由主义或个人主义是很难有很深的根基的,而势必是社群主义占据了主导(尽管生活在这样的社区中的人并不了解自由主义和社群主义这两个词,也不懂如何予以界定)。在这种生活环境中,人们势必更多地强调而且必须分享这个社区的集体良知,强调相互妥协忍让,相互照顾迁就,不随心所欲。而如果谁违反了社区的规则,总是我行我素,那么他就一定会受到某种程度的社会压力,也会受到各种形式的社会制裁,例如背后的议论、无缘无故的作梗、直接或间接的轻度报复,以及在适当并可行的时候诉诸国家的正式制度予以制裁。我并不喜欢这种生活环境,我也相信绝大多数现代都市人尤其是知识分子都不喜欢这种生活境况,而且我还相信中国社会市场经济的发展最终也许会改变这里的生活环境。但即使如此,我们却绝不能简单地称这种状况是"落后"的。因为各种社会学和人类学的研究成果都指出,在一个社会公共物品即正式制度供给不足的社区中,这种社群观念和情感是维系社群内部之秩序的一个不可缺少的因素。① 事实上,有些思想家和法学家,在面对个人主义盛行、社会共识碎裂而带来的诸多社会问题时,追求建立一个以社群主义为基础的有社区共识的社会。②

我曾在其他地方批评过这种社群主义的法律追求。③ 其中最关键的是,我认为社群主义是社群生活条件和环境的产物,因此,在日益高度个体化的现代工商社会中,社群主义理想不仅无法重建,而且重建会带来不必要的代价,会侵犯更多的人身自由。因此,我认为那种追求可能是一种乌托邦。但是,我的这一逻辑在这里也同样可以用来批评另外一种乌托邦,即在一个仍然是以社群为主的社区中,强制推行以自由主义和个人主义甚至是自我中心主义为导向的社会秩序。在我看来,就现代社会以及作为中国社会发展的方向来说,应当更多注意保护公民个人的基本权利,因此,不应当过分干预个人的诸如看黄碟这样的在我看来并不那么高尚的偏好。但是,一旦这种偏好侵犯了社区其他人的并非毫无理由的偏好,法律予以适当干预就是正当的,而且这种干预的正当化理由要比在一个完全工商城市社会中的类似理由更强,且应当更强。

事实上,评论此事件的学术法律人和实务法律人都完全没有注意到,此事件的真正冲突双方其实并不是代表国家的警方与看黄碟的张氏夫妇,而是这对夫妇与他们的邻居,是社区内仍然比较少见的因此被人们视为比较异端的个人与比较规矩但并不因此就值得更多赞赏的社区内其他人甚至大多数

---

① 可参看费孝通《乡土中国·生育制度》,北京大学出版社 1998 年版;林耀华:《金翼:中国家族制度的社会学研究》,三联书店 1989 年版;黄树民:《林村的故事:1949 年后的中国农村变革》,素兰、纳日碧力戈译,三联书店 2002 年版;埃文斯·普里查德:《努尔人——对尼罗河畔一个人群的生活方式和政治制度的描述》,储建芳、阎书昌、赵旭东译,华夏出版社 2002 年版;罗伯特·埃里克森:《无需法律的秩序:邻人如何解决纠纷?》,苏力译,中国政法大学出版社 2003 年版。

② 社群主义的主要著作,请参看,Aasdair MacIntyre, After Virtue, 2nd ed., University of Notre Dame Press, 1984;《德性之后》,龚群、戴扬毅译,中国社会科学出版社 1995 年版; Charles Taylor, Sources of the Self, The Making of the Modern Identity, Harvard University Press, 1989; Michael J. Sandel, Liberalism and the Limits of Justice, 2nd ed. Cambridge University Press, 1998; Democracy's Discontent, America in Search of a Public Philosophy, Harvard University Press, 1996. 又请看, Dennis H. Wrong, The Problem of Order, What Unites and Divides Society, Harvard University Press, 1994.

③ 《社群主义的挑战》,《公共论丛》卷四,刘军宁、王焱、贺卫方编,三联书店 1997 年版。

人。我们特别要注意的是,这对夫妇是承包了这一诊所,因此他们至少在两个方面更多地受到了城市工商文化的影响:一是他们的文化有可能相对较高;第二,他所从事的是商业活动。这两个方面都可能使他在村里显得更为"现代"一些,更多一些自由主义,更多接触那些被当地人视为"不洁"的东西,因此也就更容易被其他人视为异端,甚至他们的承包会引发他人的嫉妒。因此,当我们的学术法律人和实务法律人在评论这一事件之际,如果仅仅看到直接的冲突双方——警察和张氏夫妇,而不重视或只是为了自由主义意识形态而从一开始就有意忽视冲突发生的巨大社会背景,那么,我们就无法深刻理解这一冲突,也就无法提出解决这些冲突的恰当措施。想一想,在我们周围有谁会知道某人看黄碟而向警方报告的?我想,就此事件发表评论的学术法律人和实务法律人以及其他持类似观点的法律人,包括我自己,都以某种方式看过,而且也都有人知道我们看过,可是为什么没有人向警方报告?至少原因之一就是,我们一般都是在隔离比较严密的家中看的,我们周围的人即使没有这种偏好也都学会了宽容。

因此,我们从这一事件的始末中也就可以看到:中国的市场经济发展已经促使即使像中国西部城市郊区甚至农村也正在发生一种激烈的变化;这个变化已经带来了社群主义与自由主义的文化和规范的某种冲突;以及这个冲突的结尾意味着:社群主义的声音哑然了,而自由主义得到了工商社会的法律和道德的全面支持。① 我并不反对这一结局,也许中国社会发展的未来就是现代化,就是工商城市社会以及它的文化占据主导地位。无论我们个人的偏好如何,也都只能如"天地不仁,视万物为刍狗",接受这种现实。但是作为一位关切中国社会问题的学术法律人,如果不是固执于某一种意识形态,而是更愿意关注当地社会人们的公共选择,倾听一下他们正逐渐哑黯的声音,并在可能条件下一般地尊重他们的偏好,如果我们不愿意看到或者担心急剧的文化断裂会带来激化的社会矛盾,不希望后发展的社区对现代工商都市文

---

① 其实这三点,在数年前我讨论的以陕北为背景的电影《秋菊打官司》中就已经显露了,只是结果不同而已。在那一次戏剧化的冲突中,社群主义至少是同自由主义打了个平手,标志就是影片最后秋菊那双困惑的大眼睛。参看苏力《现代法治的合理性和局限性——秋菊的迷惑和山杠爷的悲剧》,《东方》1996年第4期。

化和价值持强烈的对立,①法律人是否也应当适当地尊重甚或在某些情况下迁就一下社群的利益?即使法律人有理由感到我们的价值和做法可以给这些社区和其中的人们带来更多的幸福,但我们没有理由确信这一点;更重要的是——如果一贯地坚持自由主义立场的话——没有理由把这一信念强加给他们。他们的幸福和偏好在我们这个社会大共同体中是有权利的,他们也是我们的法律应当予以保护的人民的一部分!

五、最低限的女权主义法理分析

女权主义的视角也完全应当进入这一事件的分析,尽管同样因为一种不完整的自由主义强势话语而剥夺了它的声音。"应当进入"至少有三个理由:第一,女权主义——尽管它自己常常希望与众不同——就其哲学基础而言,因强调群体利益和社会连带,本身就是一种社群主义。第二,当我们认为"看黄碟"是个人权利和私隐之际,我们也必须注意这个"我们"是谁,而我注意到,在这一所谓的自由主义法理学大讨论中,不仅没有一位女性法律人发言,甚至在我所搜集材料中的普通人的发言,或者是没有女性,或者是都中性化了,而女性在我们这个社会中至少占了一半以上。难道她们没有自己的声音吗?或者她们属于另一个"沉默的大多数"?因此我们至少应当试图从她们的视角看一看这个问题。第三,如果还不是把自由主义作为一种意识形态,当作一种确定不变、天经地义的价值,而是一种对不同声音的尽可能包容,那么即使从自由主义的进路出发,也必须倾听一下女权主义视角对这一事件的可能分析。而我就想作出这一努力。

这个努力首先必须迈过几道门槛。首先,什么是女权主义?而且由于女权主义多种多样,②我这里又该用哪一种女权主义的视角?我选择最低限度的女权主义,也即这样一种观点:由于女性与男性在许多方面的差异,在与女性有关的许多问题上,女性与男性的视角、理解和判断都有所差异。这种观点力求承认女性视角、理解和判断的正当性并努力为女性的解放和自由而斗

---

① 这种情况在一些发展中国家曾经出现过,最典型的就是伊朗的巴列维国王强行推行的现代化以及后来导致了霍梅尼的伊斯兰革命,后者带来了全面的复辟。

② 苏力:《女权主义法学》(未刊稿);又请看鲍晓兰主编《西方女性主义研究评介》,三联书店 1995 年版;李银河主编,林春、谭深副主编《妇女:最漫长的革命》,三联书店 1997 年版。

争。因此,尽管这种女权主义视角显然在许多关于法律的根本问题上与激进的女权主义的视角有差别,但我认为至少在这个问题上,诸多女权主义的视角会有较多的共同点。而且,即使有所不足,其代表性还不够,那也并不意味着其纳入这一视角的分析错了,而只是需要深入而已。

第二道门槛是,作为一个男子,我有没有可能理解女权主义者的视角,有没有资格作出这一在某些激进女权主义者看来是"独此一家别无分店"的分析呢?我认为还是有的。因为首先许多公认的最早系统考察过女性问题的学者和思想家并不都是女性。例如近代最早提出女性公民权的就是密尔;①马克思恩格斯也被视为重要的女权主义者。② 甚至有人将这一传统的老祖先追溯到柏拉图(相对于亚里士多德的轻视妇女而言)。③ 其次,如果真的如同某些激进女权主义法律人认为的那样,男性由于生理、心理的特点而不可能真正把握女权主义视角,不可能真正理解和运用女权主义,④那么女性的解放就不大可能。而且,什么是真正的理解?难道男女之间就丝毫没有共性了?第三,再退后一步,即使我这里的女权主义分析是假货或赝品,那么至少可能激发真货和珍品的登台,而不是在这样的事件或案件面前一声不吭。刀枪是要拿出来用的,而不是敝帚自珍。聊毕竟胜于无。

许多法律人在分析这一黄碟案之际其实没意识到他说的其实只是他本人的观点,有可能但并不能真的代表其他人的观点,尽管进入媒体的似乎都是一种声音。这些法律人的基本假定是,"看黄碟"只是一种娱乐,虽然不那么高尚,但也不是那么令人反感。我个人也许会赞同这种观点,但我并不认为这代表社会所有人的判断,我尤其怀疑这能否代表女性。

---

① John Stuart Mill, "The Subjection of Women," in On Liberty and Other Writings 117 (Stefan Collini ed. 1989). 沃斯通克拉夫特、穆勒:《女权辩护/妇女的屈从地位》,王蓁、汪溪译,商务印书馆 1995 年版。

② 恩格斯:《家庭、私有制和国家的起源》(第 3 版),中共中央马克思恩格斯列宁斯大林著作编译局编,人民出版社 1999 年版。

③ 波斯纳:《超越法律》,苏力译,中国政法大学出版社 2001 年版,第 15 章特别是与注 WriteZhu('4')和注 WriteZhu('5')相伴的正文。

④ Catharine A. MacKinnon, Toward a Feminist Theory of the State, Harvard University Press, 1989, 特别是第 6、7 章; Feminism Unmodified, Discourses on Life and Law, Harvard University Press, 1987.

许多经验研究都系统地证明,女性有一种"不同的声音"。① 由于她们的心理和生理与男性有系统的差别,她们对涉及色、性的感受与男性有很大不同。我不想枚举什么社会科学的研究成果,只想从日常生活中撷取一些例子。例如,青春期的男性可能会描画女性的性器官,但是我没见过女性描画过男性的性器官;我只见过男同学专门上街买毛片看,或迫不及待地相互传看,我从来还没听说过女同学有过类似的行为;王朔说"文革"期间把《苦菜花》《迎春花》这些革命战争题材的小说中含有那少数几段性爱描写的书页总是翻得最旧,② 我也有过类似的经历,但没听说过女孩子关注那样的情节——女孩子似乎一直都更喜欢看言情小说;到处都听说过的是男性偷窥女性,无论是在宿舍、厕所还是洗澡间,可是我从来都没听过女性干过这种事;饭桌上女性厌恶男性喋喋不休的讲"黄段子"则更是普遍现象。

　　是不是我的经验太狭隘了?因为中国女性受封建传统约束太多?非也,这是一种全人类普遍的现象。美国的经验研究表明男性色情作品消费者明显比女性多,而且消费的类型也不一样。前者喜欢各种硬核黄色作品,而后者更喜欢类似于中国言情小说的"情色"作品。③ 至于偷窥,美国电影《美国往事》、《沉睡者》、泰国电影《晚娘》以及其他很多电影中都是男孩子干的事,而从来没有相反的(影片《阳光灿烂的日子》中有一个嫌疑镜头,但那更多是恶作剧,并且没有伴随显然的性欲望或性好奇)。

　　所有这些都表明,喜欢看女性裸体、喜欢看与此相关的黄色作品确实是天下男性的特点之一。因此,当中国男性法律人思考讨论"黄碟案"并认为其无关紧要之际,无意中就试图以自己的偏好"为天地立心"了。但也就在这一刻,暴露了他们根深蒂固的男权主义。注意,我并不是要上纲上线,说男性不应当看黄碟,或不能看,以世界上 50% 以上女性人口的名义。我只是说,尽管"食色性也",但天下并不同心。事实上,据我了解,绝大多数现代女性仍然厌恶那些赤裸裸的黄碟,尽管她们也会喜欢一些有情调的色情镜头。但一般说来,女性也并不坚决反对丈夫、男朋友看那些比较极端的黄碟,如果丈夫要

---

　　① 卡罗尔·吉利根:《不同的声音:心理学理论与妇女发展》,肖巍译,中央编译出版社1999年版。

　　② 王朔:《无知者无畏》,春风文艺出版社 2000 年版,第 64 页。

　　③ 参看波斯纳《性与理性》,苏力译,中国政法大学出版社 2002 年版,第 476 页,以及第 4 章的注 14 所引的资料。

求,甚至出于好奇,她们也会陪着看看,但不像男性那样是因为这类物品具有激发性欲的功能。①

当然,我们现在并不清楚延安的这对夫妇看的究竟是什么样的"黄碟"。但是,这一点只对如何具体处理这一事件有意义,与我在这里表达的观点——在"看黄碟"的问题上男女的偏好不同——关系不大。只要认定男女在这一方面不一样,那么,如果男性的这种偏好有可能损害女性(令女性反感、厌恶、反对),就有理由对男性的这一偏好予以适当限制,因为,在这里,男性的收益是以女性的损失为前提的。即使男性的收益再大,而女性只有一点损失,从经济学上来看,也是不应当的。道理是,跟不能因为我很穷且急需钱,就可以抢一位富翁的钱一样,尽管这 100 块钱对于我的边际效用要比对这位富翁的边际效用大得多。

问题由此就转到了,看黄碟是否对女性有直接或间接的利益损害。就总体而言,潜在的利益损害可以大致分为两个方面:一是对女性的直接犯罪行为;在这方面,女权主义一般都反对色情作品,她们大都认为,色情、淫秽物品的流传引发了或至少是容易引发对女性的性犯罪。二是间接地侵犯女性的利益;在女权主义看来,女性比男性更关切他人,特别关心自己的孩子,而色情淫秽物品的流传,容易造成孩子在性方面违法犯罪或成为这类犯罪的对象。这两类利益诉求就理论上而言都是正当的,但问题是,观看色情淫秽物品与性犯罪之间是否有因果上的关系呢?

这首先是个经验的问题。尽管极端的女权主义者认为两者之间有强烈的因果关系,②而到目前为止,这方面的经验研究的结果是不具有结论性的,尽管目前中国人大都认为这两者之间有因果联系。从国际经验看,一些对色情作品很少限制的国家,性犯罪率并不高。③ 但是另一方面,也确有不少非

---

① 关于色情物品之功能的辨析,请看波斯纳《性与理性》,苏力译,中国政法大学出版社 2002 年版,第 473—476 页。

② Catharine MacKinnon, Feminism Unmodified, 特别是第 3 编。

③ 波斯纳:《性与理性》,苏力译,中国政法大学出版社 2002 年版,第 496—498 页。

个案的经验研究表明,①色情作品的消费与对妇女的暴力确实正相关,②尽管这其中的因果关系并不能确定。从理论分析上看,也同样不能确定。因为,尽管色情淫秽作品无疑有强烈的激发性欲的作用,因此有可能引发各种性犯罪,但是这种分析是不完整的。因为激发出来的性欲也许更多会通过其他替代方式来排遣,例如同妻子或女友的自愿性关系,或者是通过性幻想或自慰来排遣,并因此——在假定性冲动总量是相对恒定的前提下——可能减少了性犯罪的可能。事实上,在世界各国包括中国,可能都有不少这样的消费黄色淫秽物品的夫妻,此事件中的张氏夫妇也许只是其中之一。

但是,这种分析至少还是不全面的。因为,色情淫秽物品的消费增加确实有可能增加性冲动的总量和强度,因此引发性犯罪或更多的性犯罪。此外,黄色淫秽物品的传播增加势必增加孩子接受这类信息的机会和数量。即使我不相信这会导致孩子"性早熟",但只要承认信息会在一定程度上影响人们的行为,那么观看黄色淫秽物品就有可能促使孩子更早或更多进入性行为,有些甚至可能成为违法、犯罪的主体或对象。而这种情况是大多数父母都不希望看到的。

此外,确实如同女权主义者认为的那样,许多黄色淫秽物品甚至一些非黄色淫秽的情色作品也确有贬低女性人格的倾向。③ 在这些作品中,女性变成了男性的性欲对象,不仅缺乏对女性的人格尊重,而且往往把一个个女性都描写成愿意甚至是急于委身于某个男子(例如,并不算"黄"的小说《废都》中就有这样的描写)。女权主义者认为这至少会强化现有社会的男权主义倾向。我并不全盘接受这种观点,因为这有可能导致"政治正确",从而限制表达自由。但是由于资源的有限性,适当的规制也许会防止"劣币驱逐良币",

---

① 非个案的研究很重要,因为就个案而言,我们很难判断一个性犯罪者是因为看了色情淫秽作品(原因)才导致了他的性犯罪(结果),还是他特别强烈的性冲动(原因)同时导致他看了色情淫秽作品和性犯罪(两者均为结果)。

② 波斯纳:《性与理性》,苏力译,中国政法大学出版社2002年版,第496-497页及波斯纳:《超越法律》,苏力译,中国政法大学出版社2001年版,第15章特别是与注WriteZhu('4')和注WriteZhu('5')相伴的正文。Catharine A. MacKinnon, Toward a Feminist Theory of the State, Harvard University Press, 1989,特别是第6、7章;Feminism Unmodified, Discourses on Life and Law, Harvard University Press, 1987.

③ Catharine MacKinnon, Feminism Unmodified,第3编。

因此会促进表达的自由,促进这类消费市场中产品的丰富性和多样性,①这种说法也有一定的道理,尽管实践起来还是可能会出问题。

这些还只是一些最低限度的女权主义关注,却不是能够轻易否认的;我甚至相信,一旦把这些问题提出来,很多男性也许都会重新反思自己先前的观点,并且赞同女权主义者的一些主张和请求。在某些方面,这些女权主义的主张和社群主义的主张也许会融合在一起。事实上,我相信这就是中国目前绝大多数人的大致态度。我甚至愿意包括绝大多数知识分子。尽管他们口头上不一定承认自己持这种态度,但是,我们扪心自问一下,有谁或有几个人会当着自己未成年孩子的面大看黄碟?我的判断是,恐怕一个也没有。而这一点就暴露了我们这些知识人许多时候都不过是"口头自由派"。

大多数人的看法并不是真理,真理独立于看法。但是在任何一个社会,如果绝大多数人均持有某种观点,政府就必须认真对待,并且必须做出恰当的回应。认真对待并不是必须完全采纳,或必须成为政府行动的基础。因为这里确实可能有其他利益也必须保护。例如,绝大多数人的观点一旦有错,就会压制一些也许从长远来看更有价值的东西;也许社会对一些问题的观点会逐渐改变;以及如果一个人并没有且不会因为看了色情淫秽作品而犯罪,那么即使他的这种偏好很低劣,一个社会又为什么不能宽容这种对他人无害的低下偏好呢?

然而,即使这种分析,其实也至少是重申了自由主义的分析结果,对外在性的阅读、观看色情淫秽物品,政府是可以而且应当干预的。

六、教条主义

上面的三种理论进路——包括自由主义的——的分析得出的结论都颠覆了许多法律人运用自由主义原则所得出的结论。这足以表明中国当代法理学一定有重大的缺陷。它不仅表明中国法律人的理论准备不足、学术视野的相对狭窄以及由此带来的理论分析上的片面性,同时也表明号称自由主义的法律人对自由主义的理解、把握和运用也很成问题。自由主义在许多学者那里被当成一种抽象的正确原则,一种意识形态,一种教条,在这种"迷信"下

---

① Cass Sunstein, Democracy and the Problem of Free Speech, The Free Press, 1993.

许多学术法律人不仅对当代法学理论的发展缺少一种足够的敏感、关怀和好奇,而且对如何发展、丰富自由主义法理也毫不关心。法理成了对自由主义教义的重复,成了一种宣传。

这种概括并不是夸大。法律人在讨论这一事件时,确实没有分析,只是对正确原则的各种方式的重复和演绎。为了证明这一点,尽管我知道会很得罪人,但是我觉得还是必须引证一些法律人有关这一事件的言辞:

1. 这是一个典型的公民个人权利和国家的公共权力之间的冲突的案例:一方面,警察根据国家宪法和法律有责任来维持社会的秩序;另一方面,公民也有宪法规定的基本权利和自由,包括公民的人格尊严不受侵犯,公民的住宅不受侵犯,禁止非法搜查或者是非法侵入公民的住宅,公民还有进行其他各种活动的权利和自由。

2. 这里有两个问题,一个是按照现有规定,看警察的行为是否合法,还有更高层面上的问题,就是这个"法"是"良法"还是"恶法"。

3. 在这个案件中,警察是象征着国家权力的,是国家权力的另外一种表述。公共权力要在宪法规定的范围内行使的话,就应该尊重人的自由,尤其是纯粹的私人空间。从宪法的原理上理解,我们每个人都有一个个人的活动空间和生活空间,所以我不认为这个《规定》具有宪法的正当性,甚至如果是全国人大或人大常委会制定法律规定"夫妻观看黄碟"是违法行为,我都认为是违反宪法的。

4. 公共权力在实行过程中,应该尽量抛弃个人的好恶,完全依照法律的规范要求来执行公务,不能掺杂个人感情,这是任何法治社会所推崇的模式。

5. "法不禁止即为自由"。在现代法治社会中,对于公民来说,自由是超越于法律之上的一种人权价值,但是,自由又服从法律。因此,只要是法律禁止的事项,公民就不得行为,但是,只要是法律没有禁止的,公民就可以做。这体现了两个原则,一是权利至上原则,即当出现了法律空白的领域时,应当以保障公民权利为优先;二是法定职权原则,政府的权力是宪法和法律赋予的,具有从属性,不能自己制造权力,所以,法律没有规定政府可以行使权力的地方,政府应当保持沉默。既然"夫妻家中看黄碟"没有超出"私隐"的范围,不具有"社会危害性",没有影响他人,就不属于政府管辖的范围,而属于个人自治的领域。

6. 夫妻在家中看黄碟,这完全属于私生活的范围,根本就不是法律保障的问题,而是常识性的认识问题！如果公民的私生活内容都不能保障,那我们的私人生活领域如何能保证呢？无论是看黄碟,或是做任何事情,只要是在自己的家中,而又丝毫不损害他人,对社会没有危害性,那公共权力就不应该介入,因为私人生活不属于公共权力的范围！因为法律调整个人与社会与国家的关系,就是要保障合法的权益不受侵犯,既然没有任何侵害发生,法律就不应介入到人家的夫妻生活这一最隐秘的私人空间。如果公共权力这样随意地介入私人生活的范围,甚至夫妻的性生活,那简直令人难以想象。①

所有这些评论无疑都是正确的,但都没有细致的分析,只有对"真理"的重复,而没有与此事件之事实建立可以明显察知的勾连,因此与此事件关系不大,至少是比较肤浅(设想换一个场合,这些话也都能通用)。其效果显然更多在于宣传,宣传一些所谓的正确的法治理念,表现出对"坏人"同仇敌忾的谴责,实际上变成一种舆论的声讨和审判。

同样,在对这一事件的分析中,我们看到,提出来的解决问题的办法也是大而化之的,只是笼统地说说所谓的"削弱公权力"、"保持公私权力的对峙"、"严格程序"、"严格执法"、"对一般行政行为的司法审查"等概念。

所有这些分析——如果也算是分析的话——和提出的解决办法都没有什么不对的。但正因为太对了,又太没法用了。因此,在这样的分析中,我们不知道该如何具体的改进,制定什么样的具体规则,在什么地方、什么场合、什么时候应当属于公或私的范围,权利的边界究竟应当如何划分。这种分析留给我们的不是具体的规则,我们还是只有一些直感、一些情绪。

由于喜欢正确的原则和宏大的话语,也由于我将在下一节讨论的对细节的不敏感和不注意,因此,尽管我们的法律人都自称反对"立德为法"(legalizing morality),主张法律与道德的适当分离,但骨子里还不得不诉诸道德话语,甚至很喜欢这种道德的或意识形态的话语。只不过他们常常会悄悄地称自己偏好的那种"德"(非道德)为法,而别人的"德"(例如厌恶色情淫

---

① 引文1—5均引自贾桂茹、马国颖《夫妻家中看黄碟,警方闻讯入室,扫黄能否进家?》,《北京青年报》2002年9月3日;引文6引自《中国刑法学会理事贾宇博士:完全属私生活》,《华商报》2002年10月25日。

秽物品)才是"德"。而事实上,我们一旦把某种价值、某个规范当作不可质疑、不可讨论的或是不予讨论或不予质疑的前提时,拒绝反思,拒绝将之同具体的生活世界联系起来,拒绝经验的考察,同时又要求其他人都遵循之际,其实就是把这种价值或规范意识形态化了,就是道德化了。因为意识形态的重要作用就是把一系列丰富的可能性都简单地予以排除,因此可以直接从一个被认为是天然正确的前提通过演绎获得一个似乎具有必然性的结论,不论有多少反向的证据,也拒绝予以重新反思;[1]而因为道德的话语的特点就是只有善恶对错之分,没有讨论的余地。

应当承认,就意识形态的这一功能而言,它是有意义的,它节省了人们分析问题的时间和资源,它把事实简化,在许多时候还是挺有用的。而且我也不排斥宣传,甚至我想说,不论我们是否愿意,法治意识形态的宣传都必然是法治进程中一个不可缺少的成分。但是它的最大问题在于使我们失去了对生活世界的关心,失去了世界的开放性,因此,我们可能总是停留在教义的重复上,陷于一个自我循环的概念体系中,很难提出切实可行的制度创新和制度累积。并且,这种话语中的决策也太容易为情势所左右。

七、疏于事实

教条主义的另一面就是对事实不敏感,甚至是不关心。在我看到的所有相关讨论中,法律人都根本不关注此事件中的一个重要细节"举报电话"以及其他细节。而上面的分析已经表明,举报电话不仅是警察的这一干预之正当性的基础,而且表明这一冲突的性质并不如同诸多法律人假定的那样是一个公权力与私权利的冲突,而是这对夫妇的私权与另一个(举报者)的私权之间的冲突。这就是我在其他地方曾经论证过的权利冲突的问题。[2] 而一旦我们注意到了这一点,分析就完全不一样了,问题就复杂多了。请注意,我提出这个细节并不是为警方开脱。事实上,如果这一细节是警方为了其滥用公权力而虚构出来的,那么警方的责任就会加重。

又比如,我一直打了引号的"家"的问题。所有的法律人都把这个商业用

---

[1] 关于意识形态的功能,可参看道格拉斯·C.诺斯《经济史上的结构和变迁》,厉以平译,商务印书馆1992年版,第50页。

[2] 苏力:《〈秋菊打官司〉的官司、邱氏鼠药案和言论自由》,《法学研究》1996年第3期。

房理所当然当作了"家",尽管有媒体提到了是出租的诊所,但标题上用的仍然是"夫妻在家中看黄碟"。为了简便,或记者也未必清楚这对于法律的意义,或者干脆是因为记者的新闻自由,我并不认为这样用是个大错。但对于法律人,对于讨论这个问题的法律人来说,这个细节就非常重要了。说实话,这个地方起码不是严格意义上的"家"。而如果不是"家",那么法律人关于夫妻在家看黄碟的所有议论就都是"影子拳击"、"稻草人"战术了,最多也只是一种要尊重个人私隐的法律宣传,而与这一事件完全无关。当然,许多法律人会辩称由于他们夫妻俩都比较长期住在这里,因此这就可以视为"家"。但是这种明显的法律拟制仍然忽略了一些非常重要的细节:面对公路的两间商业门面,诊所,这样一个地点、位置与职业功能都赋予了这一场所某种公共性。尽管我在一定条件下也可能——尽管不必一定——要接受这个"家"的法律拟制,但至少法律人不应自动地假定或宣称这就是"家",你必须给出一个大致可以让我或其他人接受的分析论证。

但这并不是仅有的不敏感,不敏感的地方还表现在对特定社区的不敏感,因此总是习惯于用都市人或知识分子的感觉来判断、推断其他人的感受;表现为对女性感受的不敏感,因此总以为自己可以代表女性来说话;表现为对青春期孩子的感受不敏感;表现为对色情淫秽作品传播可能造成的后果(无论有没有)的不敏感;表现为对警察职业特点和职业困难的不敏感;甚至,我要说,也对警察虚报举报电话之可能不敏感。一句话,对于法律运作的生活世界不敏感,或者说不关心。

而且,我们还必须注意,教条主义加上疏于事实,我们可能还不止是不敏感,许多时候甚至会变成直截了当的"虚构"。例如,由于省略了"举报电话"这一个关键事实,这个私人权利之间的冲突就变成公权力与私权利之争。也由于省略了对具体位置的把握、理解和分析,于是诊所就变成了理所当然的"家"了。甚至一旦为自己的话语激动起来之后,学者甚至会完全忘记自己所针对的问题了。例如,一位法律人就激动地质问警方:"你行使这样的权力过问别人的床笫之间、闺房之间的事情,你自己感到你的正当性何在?合理性何在?"①(着重号为引者所加)在这里,观看床笫之事变成了床笫之间的行为

---

① 9月3号,《北京青年报》组织在京的一些专家学者对此问题进行了讨论,就这样定了调子。相关的讨论,请看贾桂茹、马国颖《夫妻家中看黄碟,警方闻讯入室,扫黄能否进家?》。

本身，而诊所也变成了闺房。这样的修辞性设问确实具有巨大的伦理召唤力，但言者无意中就扭曲了事实。

对事实的不敏感首先是与法律人的社会地位和生活环境相关的。所有这些学者都生活在比较大的都市中，生活在一个更为陌生化的社会环境中。在这样的社会环境中，个人主义、自由主义事实上已经成为他们生活的主导逻辑。而且，在这样的社会环境中，人们接触到的情色、色情乃至淫秽内容的材料要多得多，经验也更多，而任何东西都会边际效用递减的，因此知识人、都市人很容易将色情、淫秽的问题看得不那么严重，觉得并不刺激，甚至根本不构成一个问题了——正如波斯纳所言："在艺术或文学中，性的直白并不是一个绝对值，而是相对于当时社会规范创造的那种预期而言的。"① 但是，我们每个人的直接经验都是地方性的，有时甚至是个人化的，因此我们必须了解的就不能仅仅限于自己的经验。我们必须突破自己的经验感受，想一想，或者是努力去理解他/她人的感受。

我用"她"是有意的，因为另一个相关因素就是，这些发言的法律人都是男性，成年男子，因此他们很容易于无意之间把"黄碟"对于女性和青春期孩子的意味遗忘了。是的，可以说我们这些法律人或多或少都看过这类色情、淫秽的作品；可能绝大多数都结了婚、结过婚或至少有过性的经验；作为知识分子，我们对于文字的感受力和想象力之丰富更可能会弱化我们在面对相关图像资料时感受到的巨大冲击力；而且同样重要的是我们并没有因为看过这类物品而性犯罪或违法（或者说，至少是没有被抓到）。但是我们要想想这些东西对一个孩子或一位第一次看到这类东西的成年大学生会产生多么大的冲击。下面是一个网民记录的一位大学生初次看毛片的生动描写：

......记得那是一盘缩录的录像带，三个小时长的带子录了七八个小时的节目，全是真刀真枪的干。我们这些老江湖看这些东西已经很稀松平常了，并且为了在老二面前显示自己的优势，故意说说笑笑打打闹闹，中间一度还有人嚷嚷没意思要换成魂斗罗，但老二端坐在离电视机最近的小马扎上，七个小时内一动不动，一声不吭。直到最后一段，大概是一截法国毛片，就像如今的年轻人格外推崇法国的艺术片一样，法国人的毛片也显得那么卓尔不群。老二终于吐出一句："这个......挺好。"

---

① 波斯纳：《性与理性》，苏力译，中国政法大学出版社2002年版，第482页。

他根本没有意识到,自己的嗓子已经完全哑了。①

我们每个人都只能从我们自己的感受去想象这个国家的大多数人的感受,因此实际上哪怕我们告诫自己不要立德为法,我们还是很容易把我们知识人、都市人的道德观念立为法律。但是,中国仍然是一个政治经济文化发展不平衡的大国,我们必须注意因我们的生活和位置造成的可能的"盲点"。

对事实的不敏感或疏忽也还由于法律人是在公共媒体上发言。这种语境甚至会使法律人来不及关注细节,因此很难细致地分析一些本来他们有可能也有能力发现的问题。② 当媒体请学者来就一些公共问题或热点问题发表评论之际,事件还往往在进行中,学者不仅无法像当事人的律师那样直接了解事件细节,而且也无法像法官那样仔细阅读相关的第二手资料,更无法了解细节、甄别真假。急于抓住热点问题的媒体早已把问题简单化了,因此也就预先界定了让你讨论的问题(因此也就排斥了另外一些问题),让法律人只能以某种方式回答。而且,一般的读者或听众有时是没有时间也没有能力听你高度专业化的细致分析,因此你必须"短促突击",以最简单的语言表达出你的大致判断,与观众或读者保持某种同仇敌忾。媒体为了种种包括技术上的原因也会剪裁你的发言,突出在他们看来的你的"要点"。这种公共媒体上的发言也会给法律人带来巨大的压力,你必须同"好人"站在一起,必须对"坏人"严加斥责;并且因为有其他法律人的"同台竞技",学术界的熟人圈子和社区感也使得学者一般都不大愿意——在中国尤其如此——质疑自己的学界或职业"同胞",因此这里的"自由讨论"事实上是相当"不自由的",往往会变成一种"道德话语的竞赛",甚至要求你的言论走点极端,因为戏剧性,也因为——如同王朔所言——"激进的总是比务实的在话语上更具道义优势"。③ 正如布迪厄早就指出了的,我们的言行会受到我们所在场域隐含的规则的制约,④乃至出现一些自己事后也感到不快甚或厌恶的行为。这一点

---

① 小铁匠:《关于毛片》,http://www.xici.net/board/doc.asp?id=21691974&sub=22&doc-old=0/最后访问 2003-2-10。
② 苏力:《遭遇哈姆雷特》,《读书》2002 年第 5 期。
③ 王朔:《无知者无畏》,春风文艺出版社 2000 年版,第 22 页。
④ 请参看皮埃尔·布迪厄、华康德《实践与反思——反思社会学导引》,李猛、李康译,中央编译出版社 1998 年版。

波斯纳在《公共知识分子》一书中曾有过细致的分析。①

八、陌生于执(司)法

当然,我还必须指出,法律人的疏于事实还来自或可能来自中国目前的法学教育训练方式和体制。我在其他地方就曾分析过,②我们的法律人都是法学院毕业的,而且接受的基本是欧洲大陆法系的法学教育传统;我们相对说来更擅长处理法律(法条)的问题,演绎法条,而不善于处理事实问题,更不善于将事实问题同法条联系起来,不善于把法条同我们的或我们要处理的那些人的生活环境联系起来。大多数法律人还不大介入法律实务,即使介入了也往往只提供法律意见,很少细致分析事实和细节。因此,我们自觉或不自觉地都习惯于扬长避短,总是习惯于从原则或规则出发,而把现实生活中的事实都尽量简化。因为只有简化了或"剪裁"了的事实才便于我们规范化地、格式化地处理。③

生活并不是都能齐整地装进我们的概念体系的。真实世界的法律运作并不是而且在我看来永远不可能像教科书那样一板一眼的。尽管我并不主张法律人一定要把自己变成警察、律师或法官来思考,法学为了自身的原因必须保持一定的自主性,但是为了法律的有效运作,法律人一定要了解真实世界的法律运作。只有在了解的基础上,法律人的建议和批评才可能是通情达理的,也才可能是真正具有建设性的。

我们可以设想一下,这些警察在接到举报电话后真的如同一些法律人建议的那样以尊重他人私隐为由而不理睬这一请求,情况会如何? 我认为,这显然是违背他们的职责的。且不说国家一直在强调"扫黄打非",这些警察有法定责任和义务必须对有关信息做出回应,而且"有问题,找警察"的政治意识形态也要求警察做出某种回应。否则,一旦出事,问题闹大了,我们的媒体和法律人就会以警方对相关举报"不作为"甚至是渎职而同样大发议论,甚至会义愤填膺地以诸如"警匪一家"之类的激烈话语表现自己的强烈社会批判态度。警方则可能因此受到某种处分——事实上,这种警方因不作为而受处

---

① 波斯纳:《公共知识分子》,徐昕译,中国政法大学出版社2002年版。
② 苏力:《基层法院法官的专业化问题》,《比较法研究》2000年第3期,特别是第6节。
③ 苏力:《纠缠于事实与法律之间》,《法律科学》2000年第3期。

罚的事件已经发生了。①

因此,法律人在对法律事件发表评论时所处的境况,与警方接到电话举报或其他类似的采取行动之前所处的境况是相当不同的。首先法律人是在事后对一事件"尘埃落定"后发表评论,他/她已经能够获得比较充分的信息,他/她的评论一般不会对被评论者产生重大的伤害,即使有某些伤害,只要不是过于极端,言论自由也会免去他们的责任。而执法者,例如此事件中的警察,必须在信息不完全并且不可能获得完全信息的条件下或没有时间等待完全信息的条件下采取行动。他们当初得到的全部信息也许就是"有人在 XX 地方看黄碟"以及对当地社情民情的一般知识。尽管完全可能只是夫妻俩在家看黄碟,但警方有什么根据预先确定地知道是夫妻俩在家中看黄碟?他们无法预先排除其他的可能。比方说,有多少人在看?即使了解到是一男一女在看,他们也不能且不应推断两人就是夫妻(难道不会是卖淫嫖娼?);他们也无法了解这两人与这一场所是什么关系(他们会不会是在利用这一地点进行非法交易,性的或其他的?);即使知道是夫妻俩在看,但由于这个所谓的"家"位于城市郊区,是面对公路的两间租赁的商业门面,是一个相对来说人来人往的场所,因此警方也不能排除这有可能是一个贩黄制黄或转运倒卖非法音像制品的窝点。即使这些可能都排除了,这里毕竟还挂着诊所的牌子,这一地点以及诊所的职业功能,都使得这一场所哪怕是在夜间也都具有相当程度的公共性。甚至,即使是夫妻俩在家中看黄碟,考虑到季节和气候(8 月中旬正是最炎热的时候,陕北延安也是高温地区,城郊的屋子完全有可能开着窗户,甚至门),考虑到社区夏季人员流动的情况,都可能使家庭也具有某种模糊的公共性,更准确地说,使"看黄碟"有了某种外在性。至少"有人举报"这一点已经表明这一看黄碟并非私密的——哪怕这对夫妻意图保持"私密"。在这种情况下,警方必须当即做出反应,他们必须在不可能获得完全信息的条件下做出决定,在干预过程中逐步汇集对做出最后决定所必需的信息。

因此,当我们的法律人指责此案的警方无权侵犯"私隐"时,我们实际是在用一个"事后诸葛亮"的判断来评判一个"事先"的因此很容易出错而且可

---

① 新华社郑州 2 月 14 日电(陈开印、萧剑)河南省卢氏县公安局因接警后不出警成为被告,近日被卢氏县人民法院以行政不作为为法律依据,判决赔偿原告损失 12500.75 元。请看《公安局接警不出警被判赔款 1 万多元》,http://www.ha.xinhuanet.com/2003-02-14,最后访问 2003/2/15。

能确实错了的判断。但是这样的评判公道吗？这种批评很容易让人看出，是"站着说话不腰疼"。这样笼统的批评会不会令一些"好心办坏事"的警察甚至其他警察感到心寒？因此，今后再遇到这类问题，他们会不会——只要是无人追查，只要不是搞运动——根本不再理睬这种电话举报了？会不会造成警方的另外一种不负责任呢？或者干脆，一些更为明智且可以选择其他职业的警察会不会因此而永远告别警察队伍，不仅因为这个职业的风险太高，而且因为这个职业没有尊严，缺少起码的理解？我们的法律人对警察，以及推展开来，对于司法和执法中的许多两难问题都太缺乏关心和移情理解了。

我的这些分析很容易受到指责，被认为是替警察辩护。其实不是。我只是试图揭示我们的法律人由于不试图理解司法和执法，因此太脱离司法和执法实际的问题。为了说明这一点，也为了校正上面的分析可能给人们留下的这种为警方辩护的印象，我下面摘录一段新闻，旨在从另一个方面强调学术法律人脱离司法和执法实际的问题。

> 本报讯（记者台建林）……一个时期以来，由于种种原因，延安司法保障薄弱，个别地方和单位工资靠预算，办案靠罚款，有的甚至无心办案，而热衷于抓赌抓嫖。去年8月以来闹得沸沸扬扬的"夫妻观看黄碟"事件，就是一个极其深刻的教训。延安市委、市政府痛下决心，着力解决司法保障薄弱的问题。在人员经费上，按照"从优待警"的原则，建立工资发放责任制，确保干警工资足额按时发放；在行政经费上，按照当地一般行政机关一倍以上的标准统一安排；在业务（办案）经费上，根据工作需要予以安排，并对大案要案所需经费实行专项报批。他们还在公安系统内部倡导和推行了"交警只纠违，不罚款、不扣车；治安警只查处，不罚款"的规定，由此造成的经费缺额，全部由市、县两级财政足额保障。①

由此看来，此事件的发生甚至有可能是当地或某些警方为了"创收"而采取的一种非法手段。这样一来，作为这一事件之起源以及我在上面分析的警方干预正当性之基础的"电话举报"本身究竟有没有都很值得怀疑。如果没有，那么这一事件就既不是公私权力之争，也不是私人权利之争，而可能完全是警察权力的滥用。甚至，只有在这种假定下，我们才能理解为什么当地警

---

① 《总结"黄碟事件"教训办案经费不靠罚款，延安加大司法保障投入》，《法制日报》2003年2月15日。

方对有关责任人予以如此严厉的处罚。而我们的法律人似乎都没有想到这种可能性。而同时,我们也许会看到导致这一事件发生的一个更深厚更复杂的背景性原因,也许会发现关于公私权力的法理与这一事件的关系并不那么直接。

这仅仅是法律人的想象力缺乏吗?也许是。但在我看来,想象力其实都是有一定现实基础的。一个天天用扁担挑水吃并生活在这样环境中的人才会想象皇帝自己用金扁担挑水吃。因此,想象力缺乏其实是对法律实际运作的世界的不理解,推展开来,就是对真实世界的陌生和遥远。而这个硬币的另一面则是对法学理论教义的迷恋,是对相关细节事实的漠然和不敏感。

九、几点说明

本文试图从一个个案来分析当代中国法理主流话语的知识谱系和缺陷,这是否过于单薄或牵强?也许如此。但我并不这样认为。选择黄碟案确实是一个偶然,但近年来,类似的在我看来偏颇且教义化的自由主义法理分析已经在其他一系列案件或事件中表现出来了。在所有这些案件或事件中,那种教义化的自由主义声音都格外强烈,言辞也似乎更激动人心,而许多常识、人情、天理都在意识形态化的自由主义教义面前显得相当软弱,乃至失语。越来越多的人感到自己成了"法盲",发现自己的常识都错了。我更看到法学院的一些学生已经把这种不完整的自由主义法学教义当成了信条,公开为自己时时处处的机会主义卸责或败德行为辩护。因此,讨论自由主义的法理问题已经是一个必须认真对待的问题了。

注意,本文批评了当代中国的不完整的自由主义法理,但不要认为我打算拒绝自由主义。不仅因为我从不仅仅因意识形态的理由拒绝什么东西,而且明眼人一定会看出本文用作批评武器的恰恰是自由主义,当然,主要是古典的自由主义,而不是教义自由主义。不错,在本文分析中,我也运用了社群主义和最低限的女权主义,但这既不是为了修正自由主义,也不是为了嘲笑自由主义。事实上,这也许更是为了在学术讨论中实践罗尔斯指出的那种政治自由主义,关心的是"深刻对立但又各自合乎理性的诸多全面的学说何以共同生存并肯定某种宪政体制的政治理解",①努力寻求多元社会中的"重叠共识",试图形成制度的基础。但正是从自由主义、社群主义和女权主义三种理论进路分析黄碟案所获得的"重叠共识"更让我确信了自由主义教义对这一事件的某些分析和判断完全不能成立。在这个意义上,我运用的是自由主义法理。当然,这也从另一个角度印证了我在文中的判断:尽管有一些教义自由主义,中国当代法理的主流或主要知识谱系却是自由主义,甚至批判者我自己也不例外。

但是,运用罗尔斯强调"重叠共识"的政治自由主义进路却不是要同自由主义教义派争夺自由主义的正统。我不看重衣钵,我只对知识或回答、解决实际问题感兴趣;我是实用主义者。②而另一个同样实际的目的则是通过这三种进路的分析,我试图显示任何法理学,不仅是自由主义,而且也包括社群主义或女权主义,都不应当是教条或停留在书本上,不应当仅仅是学者手中把玩的"好箭",③它们都可以、应当并且能够用来分析具体案件或事件,都可以从理论层面返还到经验层面。凡是不能以某种方式返还到经验层面的,在我看来,都证明了其可疑的学术品质——至少在法学中是如此。此前,许多中国法学理论研究者,尽管研究了社群主义、女权主义、批判法学以及其他诸多学术流派等等,但往往停留在复述一些命题、介绍一些人物,与中国的经验完全或基本无关,无法让读者看到两者之间有什么关系。也正因为此,一些接受自由主义教义的学人或自身没有能力在经验层面理解和运用这些理论的学人才称这些学派是什么"后现代",与当代中国的现实无关,甚至断言是当代中国法学研究至少应当警惕甚至应当拒绝的。我的分析在一定意义上就是要挑战这一断言。我试图以实际的分析运用来展示:这些法学理论提出的问题其实就在我们的身边,它们都可能给我们分析日常问题带来一些启发,有助于我们察觉一些问题。我还想说,这些学派或其中隐含的视角并不必定反对自由主义,可能并应当同自由主义的进路是互补的但也可能是竞争的,但只有在这种互补/竞争中,中国的法学才能完善起来。

---

① John Rawls, PoliticalLiberalism, Columbia University Press, 1993, p. xx;参看罗尔斯《政治自由主义》,万俊人译,译林出版社 2000 年版,第 5 页。

② 关于法律中的实用主义,可参看波斯纳的新著,Richard A. Posner, Law, Pragmatism, and Democracy, Harvard University Press, 2003,特别是第三章。

③ 这是毛泽东对教条主义的形象描述,见《毛泽东选集》卷三,第 820 页。

当然,我只是初步运用了社群主义和女权主义的一些观点和思想,既粗略,也会有争议。此外,我还要说,对诸如看黄碟这类问题还有其他的分析进路,甚至包括一些反自由主义的进路,例如列奥·施特劳斯的理论进路。①但是,这都不重要。重要的是不能把任何一种理论教义化,将之作为真理甚至作为真理的标准;重要的是要学会用各种理论进路来分析问题,促使我们更深刻理解中国社会的现实,提出可行且可能解决问题的好办法。在这个意义上,当代中国法学理论更需要思想的开放和理论的竞争,需要关注事实,研究真实世界中的法律,而不是意识形态化地固守这种或那种法理的教义。

附录:关于警方干预的方式和程序问题几点的说明

由于(1)黄碟案双方对有关干预过程之事实争议言词不一,我暂时还没有理由确信谁的话更真。(2)由于这不是法律界公众的关注焦点,因此本文正文仅仅讨论了黄碟案中警方干预的正当性,没有讨论干预的方式和分寸。我的这一分析很容易成为一个求箭的稻草人(但也可能成为"借箭"的草船)。我重申,干预的正当性基础不能吸纳干预的分寸和程序问题。因此,从原则上说,如果在此事件中警方干预失当,违反了合乎情理的程序,那么这一干预将仍可能是法律应当禁止的。

但就此案的程序问题,我还想简单提出几点值得关注的问题。

第一,如同我前面已经强调的,评论此案的法律人和媒体都应当关注的一点是,此事件中警方声称的电话举报究竟是真是假,以及有没有电话举报的记录。如果没有举报,那么不但这一干预没有任何正当性,而且这起事件就不再是一个公权力与私隐之冲突的问题,而可能是警察滥用权力敲诈百姓的事件。这一可能是无法事先排除的,但目前无人关注。此外,即使有举报,我们仍然必须强调,如果没有保留某种形式的适当记录,那么至少也是违反相关规定的,也仍然可能导致这一干预之正当性丧失。

第二,在整个干预过程中,警方的做法是否大致符合程序规定,并且具体做法是否大致合情合理?我用大致这个词,这一点肯定会引起一些法律人的指责。在他们看来,警察的所有做法都必须严格依照相关的法律规定。我不

---

① 可参看列奥·施特劳斯《自然权利与历史》,彭刚译,三联书店2003年版。

这么认为。因为，警察行使的行政权力必须有一定的裁量，不可能一切都用法条规定下来，否则警察就可能无法有效行使其权力了。其次，必须考虑到警察的工作往往会有生命的风险（事实上，警察是中国目前和平时期生命风险最大的职业）。这一点要求允许警察在一定的范围内甚至必要时越出这个范围采取紧急措施。再次，警察的活动往往具有突发性，必须凭着本能来应付，因此不可能要求他都是在规则指导下理性地行动或对应，因此只要从事先的角度看大致合乎情理就可以了。最后，中国目前与警方行动的相关——尽管我没有调查——规定可能还不够完善，社会也正在出现一些新的情况，急需处理，但又不可能在短期内制定规定。我们不能因此把警方都废了，都等到相关法规出来了，警方再采取行动，那可能"黄花菜都凉了"。我们千万要记住，不要用法官、法律人的眼光来要求警察，更不能用"事后诸葛亮"的眼光来要求警察。因此，大致合乎情理是一个底线。

第三，在警察行为符合上述限制性条件的前提下，如果其公务活动仍然带来了不当的甚至重大不当的后果，应当给予这些警察以行政免责，而相应的损失如果应予以赔偿则可以由政府承担，但无论是政府或是警察个人都不承担道义上的责任。

这样的举措是否会鼓励警察违法？恰恰相反，这一原则更可能激励警察守法，因为他努力守法会有回报；相反，如果不恰当地要求警察对任何因其合法或合理的行为导致的、无法事先预料的损害承担责任，那就会变成一种绝对责任。由于警察的任何努力都无法完全避免这种事件的发生，至少在特定条件下，警察就不再会努力避免违法，因为这种努力对他来说没有任何收益，而只是增加投入。在这种情况下，过高的责任要求产生的可能是负效用。这就是为什么法治的一个重要原则就是"不得规定人们做不到的事"的经济学理由。

这些只是这一事件中可能涉及的一些细节，但也隐含了我们重视不够但一个良善法治社会必须关心的某些原则问题。

（作者单位：北京大学法学院，原文载《中外法学》2003 年第 3 期）

高校退学权若干问题的法理探讨
——对我国首例大学生因受学校退学处理导致文凭纠纷案的法理评析

程雁雷

【案情简介】

北京科技大学(下称"北科大")本科生田永在大学二年级时,在电磁学课程补考中携带记有公式的字条,被监考老师发现。监考老师虽未发现其有偷看行为,但还是停止其考试并上报学校。学校根据校发(1994)年第068号《关于严格考试管理的紧急通知》(下称"068号通知")第3条第2项关于"夹带者,包括写在手上等作弊行为者"的规定,认定田永的行为是考试作弊,并根据第1条"凡考试作弊者,一律按退学处理"的规定,对田永作出"退学处理"的决定。但田永未收到正式通知,该退学处理决定并未得到实际执行。在此后的两年间,田永仍以北科大学生的身份进行正常的学习,继续交纳学费、使用学校的各种设施,享受学校补助金,修完了所有学分并完成了毕业实习和毕业设计。但在临毕业时,学校通知田永所在院系,田永不能毕业,不发给其毕业证、学位证及派遣证,理由是田永已被退学。田永不服,认为学校的行为侵犯了其合法权益,于是向人民法院提起行政诉讼,请求法院判令学校履行发放毕业证、学位证及派遣证的法定职责。一审法院在查明事实的基础上认定,北科大的"068号通知"与有关规章的规定相抵触,对田永的退学处理属无效行为,并判令北科大颁发田永毕业证,评定田永的学士学位资格,上报田永的毕业派遣手续。北科大不服上诉。二审法院驳回上诉,维持原判。至此,我国首例大学生因受学校退学处理导致文凭纠纷案以学生的胜诉而告终。

"田永案"的意义已经远远超过其诉讼结果本身。作为众多新型行政案件中的一个司法先例,此案的判决至少昭示两点:公民受行政诉讼保护的范围不断扩展;行政诉讼制度的监督范围在日渐扩大。鉴于此案有重大影响,我国行政法的实务界与理论界对此案给予了充分的关注。① 然而,令人忧虑的是,此案在全国教育界尤其是高校界尚未引起普遍的关注和应有的重视。法院在"田永案"的审理中,认定事实的前提和关键是审查田永是否具有学籍,即审查田永该不该被退学;学校的退学决定是否正确;学校作出退学决定所依据的规范性文件是否合法;学校作出退学决定的程序是否合理正当等。而现实中正有一些高校曾经或仍然在实行类似北科大那样的"退学处理规定",②有像田永"那样情况"的大学生已经被退学或将要被退学。一旦发生纠纷,仅靠个案的事后救济是远远不够的。因为法院的司法救济是被动的,在时效上也是缓不济急。如果不从根本上规范退学权,解决退学权中存在的问题,它将会引起连锁反应:有些高校将会被诸多的"田永"推上被告席,卷入诉讼成本较高的"行政官司"之中。进而它也会影响到高等教育的深化改革,社会秩序的稳定,加大法院办案的承受力,其后果是不容忽视的。为此,对我国高校学生管理中退学权进行界定,分析其现状,对其设定权以及法律救济机制进行探讨,无论在理论上还是实践上都显得十分必要和迫切。

一、高校退学权的界定及现状

(一)高校退学权的界定

英国学者帕金曾经说过:"大学对一切都进行研究,就是不研究它们自己。"③此话虽有失偏颇,但它多少提醒我们应当重视高校自身问题的研究。我国高校学生管理中退学权的界定就是其中一例。"退学权"在我国现行教育立法中尚不是一个明确的法律用语,学界也未下过定义。一般认为,根据

---

① 如《中华人民共和国最高人民法院公告》1999年第4期公布了此案例,《人民司法》1999年第9期刊登了北京市高级法院法官朱世宽的论文《学校能否作为行政诉讼的被告》,《人民法院报》1999年6月8日分别发表国家行政学院教授应松年的评说《良好的开端》和中国政法大学教授马怀德的评说《行政诉讼法的保护范围不断扩大》等。

② 近几年来,高校面临着各种机遇和挑战,学校自身改革的压力越来越大,一些高校的管理者出于良好的愿望,殚精竭虑,出台了各种关于加强学籍管理、严格考试纪律的文件和举措,其中就不乏类似北科大那样的"退学规定"。笔者在此对这些举措的初衷和实施意义绝无否定之意,惟想从法律的角度来作一些理性分析。

③ 转引自朱永新《高等学校教学管理系统研究》,江苏教育出版社1998年版,第23页。

《普通高等学校学生管理规定》第 29 条规定,退学只属于学籍管理的一种形式,对学生不是一种处分。而第 62 条规定的勒令退学和开除学籍则属于对学生的处分形式。但笔者认为,退学权与退学是两个不同的概念。对退学权的界定不能仅仅局限于现有规定,从狭义的概念或形式上来认识,而应当从其对受教育者权益的实质影响来考虑,作广义的理解。因此,笔者认为,所谓的"退学权"应当是指学校根据法定事由和法定程序使学生丧失学习权(或受教育权)的权力,是学校对学生受教育权的一种强制性处分。从表现形式看,它不仅包括学籍管理中的退学处理①,还应当包括学生处分中的勒令退学和开除学籍。现行规章之所以把学籍管理中的退学处理和学生处分中的勒令退学和开除学籍区分开来规定,是因为二者在起因和后果上有所不同。前者是由于学业或身体的原因,对退学学生发给退学证明并根据学习年限发给肄业证书。后者是由于品德或操行的原因,对勒令退学的学生发给学历证明,对开除学籍的学生不发给学历证明。尽管这种区分是有必要的,它可以针对管理中的不同情况进行操作,但是这种区分并不能否定二者在本质上的相同:具有强制性和使学生丧失学籍,即改变了原有的学生与学校之间的"在学法律关系"。因此,如果对退学权的认识仅局限于学籍管理中的退学处理则过于狭窄,这样在理论上不利于全面系统地研究退学权及其法律调整机制,在实践中也不利于从根本上规范退学权,不利于保障受教育者的合法权益,不利于提高学校的管理水平和效率。

(二)我国高校退学权的现状

新中国成立以来,有关我国高校退学权的规定是通过历次的、由中央教育行政主管部门以一般性文件或规范性文件的形式体现出来的。其历史沿革为:1950 年 3 月教育部《关于高等学校学生学籍问题的几点指示》,对高等学校的学籍管理作了初步的规定。1958 年 2 月,当时的高教部制定《关于处理高等学校学生转专业、转学、休学、复学、退学等问题的规定(草案)》,试行两年后于 1960 年 2 月由教育部正式颁布。"文革"期间,原有的学籍管理规定大部分被废除。全国恢复高考招生制度以后,教育部于 1978 年 12 月颁布《高等学校学生学籍管理的暂行规定》,对从学生入学到退学作了详细的规

---

① 这里不包括学生本人申请退学的情况,笔者注。

定,并在此基础上于 1983 年 1 月颁布《全日制普通高等学校学生学籍管理办法》。1990 年 1 月为适应新的情况,国家教委颁布了现行的《普通高等学校学生管理规定》。这个规章对规范全国高校实施退学权,稳定学校正常教学秩序起到了较好的效果,发挥了应有的作用。

毋庸讳言,实践中也存在着一些不容忽视的问题和缺陷。首先,在退学权的设定方面主要表现为:(1)设定退学规范的主体层级多且规范的位阶低。前者有中央教育行政主管部门、省一级教育行政主管部门、各高校。后者如《××省普通高等学校学生违纪处分条例》中有关勒令退学和开除学籍的规定、北科大的"068 号通知"等。(2)设定主体的权限划分不明确,规范之间有冲突。下层位主体超越了上层位主体的权限,下层位规范与上层位规范不一致甚至相抵触。如"田永案"中,北科大的"068 号通知"第 1 条"凡考试作弊者,一律按退学处理"的规定显然与《普通高等学校学生管理规定》第 29 条规定的法定的退学条件相抵触。(3)设定的内容不规范,缺乏程序性规范。突出表现为对受教育者义务的增加或对受教育者合法权益的限制。前者如有学生即使一学期中每门课程都及格了,但其总分在班级排名时,被列入后 5‰,当这种情况连续出现三次时,按学校"有关规定"该生即被作退学处理。① 后者如受教育者的被告知权、申辩权、申诉权得不到充分的保障。如《普通高等学校学生管理规定》中就没有规定因学籍管理被退学的学生的申诉权。(4)设定的形式不规范、不统一。有的不是以规范性文件的形式,而是以"通知"、"决定"、"意见"等形式来规定的。

其次,在退学权的实施方面主要表现为:(1)处理结果有失公正。这种情况往往与退学规定相关,如北科大的"068 号通知"第 1 条"凡考试作弊者,一律按退学处理"的规定本身就值得质疑,这样不分行为性质、情节轻重、过罚不相当的规定必定导致处理结果的不公正。这样做也不符合"惩处是手段,教育是目的"的育人原则。(2)实施的形式和程序不规范。如"田永案"中,学校的退学决定和学籍变更通知未直接向田永宣布、送达,没有履行必要的、正

---

① 而学校的这个"有关规定"与《普通高等学校学生管理规定》第 29 条第 1 款第 1 项规定"一学期或连同以前各学期教育考试成绩不及格课程有三门主要课程或四门(含四门)以上课程不及格"的退学条件相违背。这种规定既不合法也不符合现代教育思想观念和全面推行素质教育的要求,其实施的效果与初衷是相悖的。这种现象虽不是个别的,但笔者相信,随着高校教育教学改革的深化和依法治校观念的增强,有类似规定的现象会越来越少。

当的程序。因为必要的形式和正当的程序是决定学校的退学处理决定是否生效的必备要件之一。上述问题和缺陷如不及时加以解决和弥补,一旦发生纠纷,学校会陷入被动并承担败诉风险。

二、高校退学权的设定与实施

(一)高校退学权的设定与"法律保留原则"

高校退学权的设定,主要指高校退学权的设定主体及其权限、高校退学权的设定内容(包括实体规范与程序规范)及其形式,其实质是立法权问题。退学权对受教育者的不利影响在一定程度上并不亚于行政处罚。而对行政处罚的设定在我国的立法中给予了高度的重视,其标志就是1996年的《行政处罚法》的颁布。其备受重视的主要原因之一,是行政处罚涉及公民的人身权和财产权这两个宪法规定的公民最基本权利。同样,受教育权也是宪法规定的公民基本权利,作为对公民受教育权有重大影响的退学权理应引起立法部门的重视。然而,我国教育立法尚不完善,相对于教育管理和司法实践都显得滞后。"田永案"中暴露出来的问题恰恰说明了是在立法源头上的不规范。有鉴于此,首先应探讨退学权应该由谁来设定规范,即哪一级的有权机关对退学权享有最初的规定权? 高校能不能自己设定退学权? 即对退学权是否应当遵循和适用"法律保留原则"。

所谓"法律保留原则",是指对宪法关于公民基本权利的限制等专属立法事项,必须由立法机关通过法律规定,行政机关不得代为规定。行政机关实施任何行政行为皆必须有法律授权。否则,其合法性将受到质疑。20 世纪70 年代德国联邦宪法法院确立了"重要性理论",即学校行政中的法律保留是指在宪法中法治国原则与民主国原则要求,属于学校重要事项立法者,有亲自以法律规定之义务而不得听任行政机关为之。虽然,何者为学校行政中的重要事项的轮廓尚不够清晰,但是"重要性理论"至少提供了判断在学校行政领域中应有法律保留适用的思考方向,而且在学校行政领域中作为若干个法律保留适用的判决已表明:由于退学之处置影响学生求知权和工作权,故学校对学生的强制退学须有法律依据,应适用法律保留,即由立法者以法律规定。①

笔者认为,法律保留原则对退学权的设定有参考价值。在我国,理想的模式是由最高权力机关以法律的形式来设定。但是考虑到目前和今后一段时期内高等教育的改革与发展,高等教育立法的配套与完善以及整个教育法制建设进程的推进等方面还有很多问题亟待解决,建议通过最高权力机关授权由最高行政机关以行政法规的形式来设定。其具体规范的内容可以考虑通过制定统一的《学生条例》来体现和规定,待条件成熟时再上升为"学生法"②。有一点是可以肯定的,高校不能自行设定退学权,即在法律、行政法规、地方性法规、规章没有先行规定的情况下,高校不能自行规定退学的条件、范围、种类。当然,这并不否认高校可以根据法律、行政法规、地方性法规、规章的规定,制定相应的、更具针对性和可操作性的校内规范性文件(校内规范性文件是高校实施校内行政管理的必需的、有效的方式,在合法的前提下可以视为法律规范的延伸),以适应学校管理的需要。但校内规范性文件的相关规定必须与法律、行政法规、地方性法规、规章的规定(包括原则和体现的精神)相一致,不能抵触(包括对法定退学条件、范围、种类的变更、扩大或缩小、增加或减少),当务之急是清理规章和其他规范性文件,以确保法制的严肃和统一。

(二)高校退学权的实施与"比例原则"和"正当程序原则"

根据我国《教育法》第 28 条和《高等教育法》第 41 条的有关规定,退学权的实施是高校的法定职权,属于高校根据法律授权行使教育权的范畴。在这个范畴里,高校是法律授权组织,具有行政主体③资格,其实施退学权的行为

---

① 董保城:《德国教育行政"法律保留"之探讨》,载《当代公法理论》,月旦出版公司 1993 年版。

② 关于制定"学生法",在教育学界已有学者提议,如张维平主编《平衡与制约——20 世纪的教育法》,山东教育出版社 1995 年版,第 98 页中提及制定"学生法",但没有涉及退学权的设定问题。

③ 有学者称其为"准公权力主体",见刘作翔《法治社会中的权力和权利定位》,《法学研究》1996 年第 4 期。也有学者建议在我国建立"公务法人"制度,将学校等事业单位纳入"公务法人"范畴,见马怀德《公务法人及行政诉讼——兼论特别权力关系的救济途径》,1999 年 5 月珠海全国行政法年会会议论文。关于高校行政法上的法律地位问题,本文限于篇幅,拟另作探讨。

属于行政行为,应当受行政法的调整。因此也应当符合法治的精神,遵循"比例原则"和"正当程序原则"。

比例原则,又称"最小侵害原则",其基本含义是指行政主体实施行政行为应兼顾行政目标的实现和保护相对人的权益,在作出行政处罚决定可能对相对人的权益造成某种不利影响时,应将这种不利影响限制在尽可能小的范围内,使"目的"和"手段"之间处于适度的比例。该原则在大陆法系国家的行政法中具有极为重要的地位。陈新民教授认为,比例原则是拘束行政权力违法的最有效的原则,其在行政法中扮演的角色可比拟为民法中的"诚实信用原则",是行政法中的"帝王条款"。① 笔者认为该原则值得借鉴。高校实施退学权是管理需要,但管理的目的是为了培养具有创新精神和实践能力的高级专门人才。因此,学校在行使退学权时,应当充分考虑育人目的与管理手段之间的适度比例,不能因小过而重罚,罚过不相当,责过失衡,应注重保护受教育者的合法权益。

正当程序原则是指行政主体在作出影响相对人权益的行政行为时必须遵循正当法律程序,包括事先告知相对人、向相对人说明行为的根据和理由,听取相对人的陈述、申辩,事后为相对人提供相应的救济途径,以保证所作出的行为公开、公正、公平。该原则源于英国古老的自然正义(natural justice)原则,其基本规则有二:任何人不应成为自己案件的法官;任何人在受到惩罚或其他不利处分时,应为之提供公正的听证或其他听取其意见的机会。在美国,公立学校给予学生纪律处分的行为也是作为公行政的研究范围。施瓦茨认为:"根据正当程序要求,在学生因其不轨行为而被公立学校开除以前,必须给其通知并给其受审讯(即听证)的机会……法院一致确认,正当程序条款适用于公立学校作出的开除学生的决定。"②正当程序原则在我国《行政处罚法》的实施中得到了较充分的体现。同样是涉及公民的基本权利,退学权的实施也应毫不例外地遵循正当程序原则。"田永案"校方败诉的成因之一就是因其违反了正当程序原则的要求。

---

① 陈新明:《行政法学总论》,1997年修订六版,第59—62页。姜明安主编:《行政法与行政诉讼法》,北京大学出版社、高等教育出版社1999年版,第41—42页。
② [美]伯纳德·施瓦茨:《行政法》,徐炳译,群众出版社1986年版,第218页。

三、高校退学权的可诉性

这里的"可诉性"是指退学权可以被纳入法院的司法管辖范围,即学生对学校退学处理不服能请求司法救济,退学权应当接受法院的司法审查。然而,长期以来,人们对高校给予学生的退学处理决定早已习以为常,因此而引发的纠纷也是寻求申诉、信访等非诉讼途径,而这些途径往往不能使纠纷得到彻底解决。① 传统上认为学校行使退学权而引起纠纷,学生不服是不能寻求司法救济的。究其根源,是在理论观念和制度设计上受特别权力关系理论的影响至深。

特别权力关系理论起源于19世纪后半叶君主立宪时代的德国公法学。按大陆法系传统的公法学说,公法上的权力关系(国家与公民的关系)分为一般权力关系(普通权力关系)和特别权力关系。前者是指国家基于主权的作用,对其管辖权所及的公民行使公权力,例如行使警察权、征税权等;后者是指国家或公共团体等行政主体,基于特别的法律原因,在一定范围内,对相对人有概括的命令强制的权力,而另一方面相对人却负有服从义务,例如国家对公务员、国立大学对学生等。② 特别权力关系理论的主要内容是:在特别权力关系中,无论该关系是强制形成的,还是当事人自由选择的,当事人均不享受公民的基本权利,不实行法律保留原则。当事人不得利用普通的法律救济渠道寻求法律救济。行政机关可以在没有法律授权的情况下,直接根据自己管理的需要,发布规章或指示命令,安排和规范这种关系,不受法律的约束。③ 总之,"因与国家立于特别从属关系,在此限度内,人权也在内容上受到制约,同时,在形式上也不要求严密的法律依据,进而,裁判性救济也受到限制"。④

"特别权力关系说"在传统大陆法系的行政法理论中长期占统治地位,其代表人物当推该理论的集大成者奥托·梅叶(Otto Mayer)。他将特别权力

---

① 应当指出,诉讼不是化解纠纷的唯一途径,但通过诉讼向法院寻求救济是实现保护公民权益的最后一道屏障。
② 翁岳生:《论特别权力关系之新趋势》,载《行政法与现代法治国家》,台湾大学法学丛书1990年版,第131—132页。
③ 于安:《德国行政法》,清华大学出版社1999年版,第33页。
④ [日]盐野宏:《行政法》,杨建顺译,姜明安审校,法律出版社1999年版,第29—30页。

关系分为三种：(1)公法上的勤务关系，如公务员与国家之间的勤务关系。(2)公法上的营造物利用关系，如公立学校的学生与学校之间的在学关系，服刑罪犯与监狱之间的在监关系。(3)公法上的特别监督关系，如国家与自治团体、公共团体之间的关系。① 在德国，特别权力关系"作为一种与19世纪德国宪法制度和行政学说同时生长起来的固有法治观念和法治制度的公理长期延续生存下来"，并且成为"被国家法律和司法判决接受的法律习惯"。② 在日本，明治维新时期仿效欧陆法制，特别权力关系的范畴也被导入日本行政法学，其理论不仅被全盘接受，而且特别权力关系的事项被有所扩大。它以美浓部达吉的见解为代表。美浓部达吉认为特别权力关系的事项，除奥托·梅叶概括的三种外，还包括特别的保护关系、公共合作社与社员之间的关系等。③ 由于在国家主义观念、法典编纂观念、思维方式、审判方式等方面的相似相近，近代中国选择了大陆法系。④ 因此，在特别权力关系问题上，我国也毫不例外地选择了大陆法系。如在我国台湾，行政法的学者们一般把特别权力关系的特征归纳为五项：(1)当事人地位不对等；(2)义务不确定，属权力服从关系；(3)有特别规则，约束相对人且无须法律授权；(4)有惩戒罚；(5)不得争讼，有关特别权力关系事项，既不能提起民事诉讼，也不能以行政诉讼为救济手段。⑤

随着宪政理论和法治国理论的发展，特别是第二次世界大战以后，传统的特别权力关系理论受到了普遍的批评和挑战，特别权力关系逐渐地弱化或部分消亡。1972年3月14日，德国联邦法院一项历史性的判决彻底否定了延续多年的"特别权力关系"规则，该判决宣布取消在囚犯监狱管理方面的"特别权力关系"规则，强调这种关系适用宪法关于基本权利的规定，也适用法律保留的基本原则。该判决很快就扩大到其他领域，首先影响的是学校制度。⑥ 在日本，传统的特别权力关系理论也受到扬弃。有学者指出，是否依

---

① 王甲乙：《民事暨行政诉讼研究》，司法周刊社1996年版，第575页；翁岳生：《论特别权力关系之新趋势》，载《行政法与现代法治国家》，台湾大学法学丛书1990年版，第131～132页；吴庚：《行政法之理论与实践》，三民书局1996年增三版，第194页。
② 于安：《德国行政法》，清华大学出版社1999年版，第33页。
③ 吴庚：《行政法之理论与实践》，三民书局1996年增三版，第197页。
④ 郝铁川：《中华法系研究》，复旦大学出版社1997年版，第195—208页。
⑤ 吴庚：《行政法之理论与实践》，三民书局1996年增三版，第196页。
⑥ 于安：《德国行政法》，清华大学出版社1999年版，第34—36页。

然使用特别权力关系这一术语暂且不论,一方面承认有部分性秩序为特别关系,另一方面承认人权的制约应限于该关系的目的所必要的限度内,且此种关系涉及市民法秩序时(例如,学生的退学处分),就要接受法院的司法审查。① 我国台湾1995年在对学校与学生之间的特别权力关系规则上有重大突破:台湾"司法院"大法官作出的"382号解释文与解释理由书"指出:"各级学校依有关学籍规则或惩处规定,对学生所为退学或类似之处分行为,足以改变学生身份并损及其受教育之机会,自属对人民宪法上受教育之权利有重大影响,此种处分行为应为诉愿法及行政诉讼法上之行政处分。受处分之学生于用尽校内申诉途径,未获得救济者,自得依法提起诉愿及行政诉讼。"②

我国改革开放30年来,行政法的理论与实践取得了长足的发展和重大的进步,取得了令人瞩目的成绩。但是,我国行政法学界在论及行政机关、事业单位、社会团体内部的权力关系,如内部人事关系时,或多或少地受到特别权力关系理论的影响。一般认为,行政机关、事业单位、社会团体内部的权力关系引起的纠纷应由政府人事、监察等部门来解决。在立法实践中,最典型的就是1989年的《行政诉讼法》第12条的规定,即行政机关对行政机关的工作人员的任免、奖惩等决定,不得提起行政诉讼,人民法院对该类案件不予受理。并由此而及于事业单位、社会团体内部的权力关系缺乏法律调整机制。因此学生对学校退学处理不服,现行的《教育法》、《高等教育法》、《行政诉讼法》都没有明确规定可以提起行政诉讼。无救济即无权利。试想,一个公民因其违反了交通规则被罚款20元涉及财产权尚能提起行政诉讼,而因其违反了考试规则被强制退学涉及受教育权反倒不能提起行政诉讼,这似乎有些不可理喻。两项相比对一个公民诉权的赋予和保护显然是不平衡的。然而,时代在变化,历史在进步,法制在发展。"田永案"开创了我国的司法审查实践对高校实施退学权进行监督的先例,并由此而及于高校行政权的其他领域。它必将推动我国法律对受教育者及教师行政诉讼权利的保护,推动我国教育法制建设,健全和完善我国的行政诉讼制度。

(作者单位:安徽大学法学院,原文载《法学》2000年第4期)

---

① [日]盐野宏:《行政法》,杨建顺译,姜明安审校,法律出版社1999年版,第29—30页。

② 吴庚:《行政法之理论与实践》,三民书局1996年增三版,第205页。

克林顿绯闻案引发的思考

强昌文

【案情简介】

1998年初,24岁的前白宫女实习生莫妮卡·莱温斯基在一个酒吧里把她和克林顿的性关系及克林顿指使她作伪证的经过从头到尾和盘托出。这不仅被女友特盖里偷录了音,而且事先在酒吧周围布有六名联邦特工人员监听。随之新闻媒体大炒。

为"白水"案和琼斯案而劳民伤财的独立检察官肯尼斯·斯塔尔闻讯后如获至宝,立即着手调查和传唤等。1998年8月17日大陪审团对克林顿进行了讯问,9月9日斯塔尔将一份详细调查报告交给国会,经国会同意,该报告于9月11日上了因特网,9月21日国会公布了克林顿接受大陪审团调查的录像。

接着国会启动了弹劾程序。12月19日众议院全体会议以简单多数票通过了弹劾克林顿的两项条款,即克林顿在绯闻案中"作伪证"和"妨碍司法"。最后审判始于1999年1月7日,在最高法院的首席大法官伦奎斯特的主持下,先是13名众议员作为公诉人和白宫律师作为辩护人分别对克林顿进行弹劾指控和辩护。接着参议员作为陪审员通过伦奎斯特提问、传唤证人和进行秘密辩论。2月12日参议院在对此案的最后表决中,由于民主党议员在参议院的比例较高,弹劾克林顿的赞成票无法达到法定的多数票。故克林顿最终没有被弹劾。

思考之一:权力的制衡——现代法治的精位

美国是权力分立最为典型的国家,现代发展趋势是总统权居优势地位,但无论优势怎样,权力的制衡始终存在。在克林顿绯闻案中,总统、法院(大陪审团)、国会三者权力的制衡,尤其是总统与国会二者之间的权力制衡非常明晰,也正是在权力制衡机制中,才能演绎出总统绯闻案的故事。

总统绯闻案中,总统权还受独立检察官的监管。这又不得不让人追思独立检察官法的由来。独立检察官法的产生与"水门"案密切相关。独立检察官(原为特别检察官)的设立是为了制约政府权力、防止政府高级官员的违法,但由于特别检察官最初的任命权归政府中的司法部,这样就会产生冲突,特别是当总统或司法部长本人成为特别检察官调查对象时,容易出现"水门"案中的"星期六之夜的大屠杀",即总统指使司法部长罢免特别检察官的现象。为了避免发生类似冲突和更好地对涉嫌实施犯罪活动的高级政府官员进行调查和提起公诉,颁布了独立检察官法,独立检察官由处于司法部之外的特别法庭来任命,并且只能在有限的情况下可以被司法部长解职。这既有助于保持民众对政府和司法部长的信任,又能保证公众对高层官员可能的非法行为的知情权。这就有效地达到了对政府权力的监控。在克林顿绯闻案中,独立检察官具有举足轻重的作用。如果没有独立检察官法,总统绯闻很难成为绯闻案;如果没有独立检察官法,国会难以承担民众依靠国会对总统的非法行为的知情的重任。

现代法治中的权力的制衡理论上似乎好理解,但如何去落实确实是关键。中国在法治化的进程中,首要的是重视权力的制衡。要根据中国的国情,摆好立法权为顶点、行政权和司法权为基点的等边三角形的关系,使司法切实摆脱行政的干预而独立起来,完善行政内部的监察和审计制度,完善立法权对行政权和司法权的监管制度,使行政和司法都步入依法行使的轨道上来。

思考之二:程序的完备——现代法治的保障

克林顿绯闻案中,主要有两大程序。一是总的程序:独立检察官的调查—大陪审团的讯问—众议院的讨论—参议院的表决。二是独立检察官活动程序:哥伦比亚特区联邦上诉法院独立检察官处任命斯塔尔为独立检察官—独立检察官的调查取证—召集大陪审团—向国会提交调查报告。

总统绯闻案中的程序有两大特点:一是在该案中美国权力制衡机制中的三大权力立法权、司法权和行政权都正式进入,二是由独立检察官的活动把立法、行政和司法三大权力连接起来。从总统绯闻案中,可以看出程序的功用:一是冲突的双方或多方都是通过程序来陈述情况进行论争和提出期望的;二是利益集团的冲突是通过程序进行平等对话而得以缓解和归于结束的;三是整个案情的进展通过程序几乎避免了暗箱操作,给人以透明感和信赖感;四是程序的"作茧自缚"效应与限制恣意发生的功能发挥得淋漓尽致,作为权力象征的总统在程序面前只能按部就班,面对斯塔尔只有恼怒而束手无策。

程序的完备是现代法治国家一个显著的标志。中国在法治化的进程中必须改变重实体轻程序的局面,在法律程序建设中,要注重程序的体系化、精细化、正当性和保障性,特别对高层官员违法犯罪的审判必须公开化。

思考之三:新闻媒体的有力监督——现代法治的阳光

克林顿绯闻案从头到尾,新闻媒体都表现出特有的兴趣,虽然新闻媒体的声誉也因为它们愈来愈热衷于报道丑闻而受到损害,但其在现代法治中的角色和功能是不可忽视和低估的。一是通过新闻媒体,民众得知总统也会做错事,这提醒和督促人们对权力拥有者及权力运行进行防范和监督;二是通过新闻媒体,民众得知总统后悔的心理世界、总统为民服务的宏伟志向和决心后,从而表达出对为民谋利者的支持的呼声;三是通过新闻媒体,民众熟悉了宪法、国会的表决方式和弹劾程序,这不仅是法律基本知识的宣传,更是法律至上权威的树立和法律理念的感知;四是通过新闻媒体,让案内与案外的人都参与到这一重大的法律实践和法治实践中来,同时说明了法治是众人参与的一项伟大工程和正义事业;五是新闻媒体的监督和权力运作的同步,有力地遏制了腐败的蔓延和增生,这犹如防霉的阳光。

中国法治化的进程中必须改变新闻媒体的监督滞后和乏力的现状,使新闻媒体呈独立和超然状态,并及时制定出新闻法以规制新闻媒体权利的行使。这样,即可望在新闻媒体监督的阳光普照之下,出现现代法治的绿洲。

思考之四:人民利益至上——现代法治的基石

克林顿绯闻案自始至终民众给予了极大的关注,克林顿的内心变化离不开民众,国会也离不开民众,即使别有用心的共和党派考虑到 2000 年的大选对弹劾进程也作了一定的调整,最后的结果与民众的愿望也是一致的。

绯闻开始传出,舆论哗然,克林顿内心震动很大,舆论呼吁"总统指使别人作伪证,那就应该下台"。当克林顿抛出挡箭牌即在他的领导下,美国经济连续多年持续增长,人民生活得到改善之后,民众的看法起了很大变化,支持率开始回升。特别耐人寻味的是,国会同意将独立检察官的调查报告传上因特网,并公布了克林顿接受大陪审团的调查录像之后,民众对克林顿的支持率不但没有下降,反而上升到历史的最高点。这点说明了,能为民众带来幸福和好处的人是受民众欢迎和拥戴的人,民众能宽容他的缺点和瑕疵。更值得注意的是,克林顿在一次公开讲话中表示,向家人、莱温斯基和美国人民道歉,请求民众给他一次机会,他决心为民众做更多的好事,并表示他的去留完全取决于民众。这使人回味起西方启蒙时期中的人民主权说和社会契约说的科学性和合理性,以及这些学说在现代法治中的重要性,从中可以看出这背后最为核心的东西——人民利益至高无上。离开了民众的利益,法治就失去了根基。当然,在资本主义社会,这些都具有欺骗性。

中国是一个社会主义国家,人民当家做主是社会主义的本质,维护人民的利益是一切政治结构安排和制度设计的目的。今天只有认真地检讨和反思我们的现实,不仅仅要把人民应享有的各项权利写进法律之中,更重要的是把其所体现的利益落到实处,这才是我们法治建设的最佳定位。

思考之五:人性恶假设——现代法治的哲学基础

关于人性的学说有很多,主要观点有三种:一是认为人性善,二是认为人性恶,三是认为人性中,即既不性善,也不性恶,或者说人性中既有善又有恶。基于这三种人性假设,产生了三种社会治理的模式,它们分别是以道德来治理、以法律来治理、以道德和法律等多种手段共同治理。

现代法治中法律具有最高权威,社会的经济关系和政治关系主要通过法律来调整。因为法律是公意的产物,法律的内在品性能够较好地排除个人的好恶,即法律是人性恶的天敌。克林顿纬闻案中,总统这样的大人物也会做错事,更让人清醒地认识到任何权力的行使都有可能越过正常轨道,即任何权力都可能会腐败,绝对的权力会绝对的腐败。所以人性恶假设具有相当的合理性。

中国的历史中也有人性恶的假设,但占主流的是人性善的假设。所以中国的传统文化主张以道德来治理社会和国家。而同时又认为最高统治者都是圣人、贤人,是道德的化身,所以以道德来治理实质就是以人来治理,即德治和人治。所以法律在社会和国家中的权威总是处于较低位阶的。在建设社会主义法治国家的今天,在推崇法律的同时,必须高度重视法治的哲学基础——人性恶假设或人性不完全是善的假设,在理论上,必须打破绝对人性善的教条和迷信。

思考之六:党派政治——现代法治之局限

现代政治是政党政治,各政党是利益集团在政治上的代表,所以利益多元化常表现为政党和政治的多元化。政治的多元化使政治领域呈现竞争性,按常规理解,这本是现代法治的应有内容,但政党政治出现的党派之争又给现代法治涂上了一层暗淡之光。这在克林顿绯闻案中就是一个验证。众所周知,共和党要弹劾克林顿,并非是因绯闻,而是因其奉行的政策。克林顿自上台以来,大力奉行有利于民主党所代表的中下阶层的中左政策,如启动或实施教育、福利、医疗保障和养老保险等体制的改革。采取降低失业率、提高最低工资标准、增加救济拨款等措施改善贫困人民生活和通过加强环保、削减军费、平衡预算等举措使经济实现可持续增长等等。克林顿政府的这些政策措施自然受到了老百姓的欢迎,但却伤害了共和党所代表的利益集团——大财团尤其是传统工业和军事工业财团。结果,克林顿的政策越是倾向于中下层的老百姓,共和党保守派就越想早点把他赶下台。

在弹劾克林顿的进程中,众议员们投票时几乎完全按党派划线:在对第一项弹劾条款的表决中,共和党和克林顿所属的民主党各只有5名议员跨党派投了票;在对第三项弹劾条款表决时,也只有12名共和党议员和5名民主党议员跨党派投票。投票前进行的两天共约16小时的辩论也是阵线分明,党派色彩浓厚,明眼人一看就知这是一场党派之争。在参议院的审讯中,投票情形雷同与众议院,其中民主党方面则是"铁板一块",没有一名加入共和党阵营。参众两院与其说是维护宪法不如说是党派政治。

中国是共产党一党执政多党参政的政治格局,我们完全有理由根据中国国情继续保持这个政治格局。在法治化的进程中,关键不是要学习西方的多元化,而是完善共产党领导的政治协商制度,严格贯彻"长期共存,互相监督,肝胆相照,荣辱与共"的方针,从而呈现稳定的政治格局和活跃的政治气氛。

(作者单位:安徽大学法学院,原文载《河北法学》2000年第2期,收录本书时题目有所变动)

第二编

良法之路

DNA 对社会关系的决定力究竟有多大

陈 甦

【案情简介】

案例一:

张某与其妻林某于 1981 年结婚,6 年后,林某生一女儿欢欢。后来张某怀疑欢欢不是自己亲生,遂于 2004 年带其做亲子鉴定。根据 DNA 检测的结果,张某与欢欢两人之间存在亲子关系的可能性为零。经盘问,林某承认欢欢为其与另一男子吴某所生。张某在与林某协议离婚后,又将吴某诉至法院,请求吴某赔偿其精神损失,并赔偿其养育欢欢 17 年所产生的各种费用。法院支持了张某的诉讼请求,判决吴某赔偿张某精神抚慰金 1 万元,并赔偿张某 17 年来垫付的子女抚养费 6 万余元。①

案例二:

张梁(化名)与王燕(化名)于 1987 年结婚,1990 年 3 月生育一子名张成(化名)。婚姻期间,二人关系并不和睦,张梁一直怀疑王燕生活作风不正。1992 年 5 月 22 日,经上海市宝山区人民法院调解,二人离婚,当时约定张成随母亲一起生活。1993 年和 1994 年,张梁两次向法院起诉,希望变更孩子的抚养权。经法院调解,王燕同意孩子变更为随张梁共同生活。10 年之后,即在 2004 年 6 月,经某法医鉴定中心鉴定,张梁与张成根本不是亲生父子关系。之后,张梁就以张成与他无血缘关系为由,要求法院重新变更张成的抚养权,并要求王燕返还他已支付的抚育费 18000 元。法院认为,张成与张梁既无血缘关系,也未办理收养手续,

---

① 引自刘巧玲《谁是生父,可以推定吗?》,《法制日报》2005 年 3 月 21 日。

张梁对张成并无抚养义务,而亲生父母对子女有抚养教育的法定义务,所以王燕应当抚养张成。法院一审判决,张成随王燕共同生活,同时王燕返还张梁抚育费18000元。判决后,王燕不服提起上诉,最终二审法院维持了一审判决。①

我们离开母系社会的时间已经不短了,但是只知其母不知其父的情形可能依然存在,这就是为什么许多父亲想做亲子鉴定的原因。用DNA检验技术证明血缘关系,只需花上千余元,再抽取些许静脉血,即可检验,其正确率达到99%以上。DNA检验技术所具有的准确率高、方法简便、成本费用低等特点,使其成为今天的父亲们用来破解其妻不忠、其子不亲之疑惑的首选技术措施。可见,最新颖的科技成果往往被用来解决我们最古老的焦虑,好古者不必担心古风不存、传统难续。

如果亲子鉴定只是用来满足人们对生物学知识的好奇心,倒是法律无虞之事。问题是,DNA检验技术的普及化以及与之相联系的亲子鉴定热,实际上在动摇许多人所追求的婚姻家庭关系稳定性。因为经鉴定证明亲子之间没有血缘关系后,父亲们在痛苦之余产生的具有法律意义的冲动,往往就是不承认这个子女。案例一与案例二中的父亲的诉讼请求均得到了法院的支持,法官们支持那些受欺骗并自认为是白养他人子女的父亲们的索赔请求,是可以理解并且是有所凭据的。然而,进一步的思考却在提示我们:这种支持或许倒是一个真正的问题所在。

在支持名义父亲们诉讼请求的法官看来,只有血缘关系或收养关系才是成立亲子关系的事实基础,如果既无血缘关系也未办理收养手续,名义上的父亲就没有抚养非亲生子女的义务。父亲们在受欺骗的情况下抚养非亲生子女,其抚养行为不是出于真实意愿,乃是没有法律上的根据为他人抚养子女,因而有权请求非亲生子女的亲生父母返还其垫付的抚养费。可见,在这类案件的处理中,无因管理规则进入了法官的推理判断过程。但是,在这些非亲生子女还是一个未成年人时,就因一笔垫付费用的交付而被更换了父亲与家庭,对于这些同样是无辜且无助的非亲生子女来说,无因管理规则的适用就过于冷酷了。

---

① 引自李学兵《抚育多年竟非亲生子——上海一"父亲"诉请变更抚养权》,《人民法院报》2005年6月21日。

在这些案件处理中,实际上存在着 DNA 决定社会关系的潜意识,并由此影响了案件处理规则的选择。依据 DNA 决定论,除了收养关系之外,有 DNA 联系才能构成亲子关系,该生物学上的父亲就须承担子女的抚养义务;没有 DNA 联系就不能形成亲子关系,社会学上的名义父亲就没有抚养非亲生子女的义务。然而,如果基于这类案件的情形再做一些假设,就会发现 DNA 决定论所影响的思路及案件处理规则实际上欠缺一般合理性。旨在使亲子关系社会效果合理化的法律,在其制度设计时需要更为复杂的价值衡量,而 DNA 实际上不能充任决定法律价值取向的单独依据。

假设之一:如果经亲子鉴定发现子女不是亲生,但却不知其亲生父亲是谁,或者其亲生父亲死亡或下落不明,此时非亲生子女的母亲也死亡或下落不明,在此情形下,名义父亲可否拒绝继续抚养未成年的非亲生子女。合理的制度选择是,名义父亲应当继续抚养未成年的非亲生子女,否则该子女将处于被遗弃的境地。设定亲子关系的法律规范时,在保障父系 DNA 遗传的延续性和保障子女成长环境的安全性之间,法律宁可选择后者,因为前者依赖于个人的本事,后者才需要法律的支持。尽管对非亲生子女的出生与抚养不是出于名义父亲的真实同意,但是未成年人获取生活保障的权利要大于成年人对其出生有真实同意的权利。如果妻子在丈夫强烈反对或不知晓的情况下生下孩子,丈夫在子女出生后仍应承担抚养义务。妻子隐瞒子女 DNA 的来源固然是一种巨大的欺骗,但这种欺骗虽大却不足以解除对非亲生子女的抚养义务,因为欺骗名义父亲的是其配偶而不是非亲生子女。人们在接受婚姻时,就必须接受婚姻存续期间所产生的各种后果,包括配偶生产的 DNA 来源不明的子女。妻子不忠实,丈夫尽可以提出离婚,而非亲生子女却不应承担不忠实母亲行为的不利后果。既然非亲生子女在其婚姻存续期间出生,名义父亲就要承担抚养该子女的责任,而不能以失察配偶为由免责。在名义父亲与非亲生子女之间进行利益衡量时,法律不应倾向于失察配偶行为的父亲,而应倾向于对自己的出生没有任何选择与责任的未成年非亲生子女。

假设之二:非亲生子女成年后,经亲子鉴定发现与其父亲没有 DNA 联系,在此情形下,子女可否在偿还非亲生父亲所垫付的抚养费后,与其解除关系并不再承担赡养义务。现实中,大多是父亲带着未成年子女做亲子鉴定,而鲜有带着成年子女做亲子鉴定的,其间多少有点成年人的凌弱心态。实际上,子女当然也可以带着老父亲做亲子鉴定,既然名义父亲有权拒绝抚养非亲生子女,并可索讨垫付的抚养费用,子女当然可以在偿付抚养费用后不再承担对非亲生父亲的赡养义务;而且经过计算后,如果已经支付的赡养费用多于抚养费用,还可以要求非亲生父亲返还一部分赡养费用。显然,这是一个不合理的处理规则,但这一规则却是拒绝抚养非亲生子女规则的合乎制度逻辑的推理结果。无亲子关系就没有抚养义务与没有亲子关系就没有赡养义务,两者就是一个等价的规则。或许有人责备这些成年子女,在他人将其抚养成人后却忘恩负义地拒绝赡养他们的抚养者。可是,对那些拒绝抚养未成年非亲生子女的人来说,放弃对叫过他们父亲并且给予他们天伦之乐的非亲生子女的抚养责任,是否也应该受到责备。看来,如果给予受配偶欺骗的父亲们过多的同情,在处理其与非亲生子女的关系时,就会忽略更为基本的法理,即共同生活形成的关系在法律效力上要大于DNA决定的关系。或有人言,受欺骗并抚养了非亲生子女的是名义父亲,如果他愿意接受子女非所亲生的事实,则其与非亲生子女间就形成了收养关系,因此,成年后的非亲生子女不能单方免除对非亲生父亲的赡养义务。但是,为什么要把成就亲子关系的选择权只放在父亲一边?同样需要保护的非亲生子女也需要这种选择权。

假设之三:在发现子女非所亲生之后,如果名义父亲基于长期共同生活形成的情感以及维护家庭完整的意愿,仍愿意与非亲生子女保持父子关系,但子女的亲生父亲却以血缘关系为据要将其带走。此时,法院应当支持谁的请求?是支持生物学上的父亲,还是支持社会学上的父亲?如果按照DNA决定论,生物学上的父亲无疑处于有利地位,因为他与子女之间存在DNA联系,属于自然血亲。但是,如果支持生物学上的父亲带走子女的请求,就等于给当年破坏他人婚姻忠诚的人再次破坏他人家庭完整的机会。给了非亲生子女以家庭保护与抚育温暖的社会学上的父亲,其维护父子亲情和家庭完整的请求,是更值得同情和支持的。如果社会学上的父亲坚持留下非亲生子女,其应当拥有比生物学上的父亲更为优先的权利,因为基于社会关系提出的请求在法律效力上应当大于基于生物关系提出的请求。

看来,在名义父亲和非亲生子女之间,实际上存在一种比DNA联系更值得法律维系的社会关系,这就是基于名义父亲与非亲生子女母亲之间合法婚姻形成的家庭关系,以及在此家庭关系中名义父亲与非亲生子女之间的共同生活关系。维系这种社会关系只需法律给定一个说法,以构成法律上亲子关系的依据,而"形成事实上的收养关系"就是一个可供选择的理由。当然,未经名义父亲和亲生父亲的同意,恐怕是事实收养关系规则在法理上的缺陷,但这是立法政策可以取舍的问题。生物技术的发展正在改变人们之间的生物联系,以致我们不得不改变既往的婚姻家庭关系规则。通常认为血亲有自然血亲和拟制血亲两种之分,而人工授精和胚胎移植实际上导致第三种血亲的出现,即"视为自然血亲"。其与自然血亲不同的是,子女与父亲甚至父母双方之间没有 DNA 联系,此点倒与拟制血亲相同;其与拟制血亲不同的是,经人工授精、胚胎移植所生子女的社会学上的父亲,在法律上应当视为生父而不是养父。由人工授精或胚胎移植形成的亲子关系,除非经过合法的送养手续,否则不得单方或双方解除,此点倒与自然血亲相同。由于以 DNA 检验技术支持的亲子鉴定太过于容易,在相当程度上影响了家庭稳定特别是未成年人的生活安全,因此,法律不妨将所有婚生子女包括非亲生子女均视为自然血亲,即使经亲子鉴定发现父亲与子女之间不存在 DNA 联系,双方也均不得以此为由解除亲子关系。为了特别保护未成年人,法律应当尽量为未成年人找到一个父亲,因而可以赋予亲子鉴定以"加法效果",当未成年人没有社会学上的父亲可依靠时,可以通过 DNA 鉴定寻找其生物学上的父亲,并让其承担抚养义务。

亲子鉴定在确定配偶是否忠诚方面是有力的,但在解决亲子关系方面却应当是有限的。我们是 DNA 决定的,但我们的思想及其指示下的行为却不是 DNA 决定的。即使在决定人们的社会角色时,DNA 有时也是有限的。变性技术的出现,可以使 DNA 上判断为男性的人在社会上充任女性的角色,或者是相反。可见性别亦有自然性别和拟制性别之分,这就是技术带给我们法律认知上的变化。技术所不能改变的,是我们对人生的热爱和对弱小的关怀。只是法律对这些人生热爱的保护不可能周延,对于满怀延续自己 DNA 遗传期望的准父亲们,法律只能告诉他:你要努力着并要小心点。

(作者单位:中国社会科学院法学研究所,原文发表于《人民法院报》2006年10月12日)

论法的价值整合
——以劳动教养立法存废之争为例

杨成炬

一、唇亡齿寒

1. 唇亡——收容制度的终结

2003年3月17日晚10时,27岁的大学毕业生孙志刚因没有暂住证,被带到了广州天河区黄村街派出所。此后,孙志刚被送至广州市收容遣送中转站和广州收容人员救治站,然后便是"突然"死亡。法医的尸检结果为:孙志刚的背部有大面积淤伤,遍布黑色血块。孙志刚事件经全国媒体持续关注后,终于引起了各方面高度重视。2003年6月5日,与孙志刚有关的刑事案件在广州3个法院同时开庭审理,18名被告人接受审判。此前,广州市已对涉及此案的20余人分别作出了党纪政纪处分。

"孙志刚之死"又一次唤醒人们关注"收容制度"所造成的悲剧,并反思收容遣送制度的正当性。

收容遣送制度可以追溯到1951年。当时这一制度的对象是国民党散兵游勇、妓女、社会无业游民等人群。政府通过组织其劳动改造,将其转化为从业人员予以安置。20世纪60年代初,大量灾民进入城市,收容成为救济灾民的一项主要任务。从80年代开始,流动人口剧增,开始出现逃避计划生育、以乞讨为生、逃婚、逃学、逃债的人。1982年,国务院发布了《城市流浪乞讨人员收容遣送办法》,将乞讨者和其他露宿街头生活无着落的人列为收容遣送对象,并收留流浪者、精神病者。虽然还具有一定的救济性,但制定这个《办法》的目的是"维护城市社会秩序和安定团结",强制和权力容易被滥用,收容失去了救济的本意,逐渐沦为罪恶滋生的温床。1992年国务院出台的《关于收容遣送工作改革问题的意见》,将收容对象扩大到无合法证件、无固定住所、无稳定收入的"三无"人员。

1996年的《行政处罚法》第9条规定："限制人身自由的行政处罚，只能由法律设定。"自然，《城市流浪乞讨人员收容遣送办法》作为国务院的行政法规，其效力位阶低于法律，且与全国人大通过的《行政处罚法》相冲突。作为宪法性的法律，2000年的《立法法》第8条、第9条也明确规定："限制人身自由的强制措施与处罚，只能由法律设定。"行政法规不得同宪法和法律相抵触，地方性法规和规章不得同宪法、法律、行政法规相抵触。显然，没有国家大法作依据的收容遣送制度，是不合法的了。

"孙志刚之死"经媒体报道后，在法学界也引起了轩然大波。2003年5月14日，许志永等3位法学学者向全国人大提交违宪审查建议书，建议就收容遣送制度进行违宪审查。随后，北大法学院教授贺卫方等5位学者联名上书，提请全国人大常委会就孙志刚案及收容遣送制度实施状况，启动特别调查程序。

2003年6月20日，温家宝总理签署国务院令，废止收容遣送制度。《城市生活无着的流浪乞讨人员救助管理办法》随后出台，规定被救助者应出于自愿而非被强制、救助机构不得收费等内容，强化了这一制度的救济性质。

2. 齿寒——劳教制度的存废之争

孙志刚"走"了，带着遗憾，然而能够宽慰他的是，他的"走"在全国引起了对"收容遣送"制度的口诛笔伐，并以秋风扫落叶之势推倒了"收容遣送"制度而代之"救助办法"。唇亡齿寒，与收容遣送性质相似的劳动教养制度自然也同样引起了社会公众的关注。2003年春天，司法部劳教局和中国劳教学会在全国司法系统范围内对"劳动教养立法"进行有奖征文，可以看作是政府对此种关注的反应。① 另外，孙志刚案后，各种媒体杂志也广泛开展对劳教的合法性与合理性的讨论，使得劳教制度处于"过街老鼠，人人喊打"的被动局面。然而，7年过去了，面对舆论和学界曾经"轰轰烈烈"的声讨，劳教制度居然"顽强"地"挺"了过来，而且依旧"过得挺好"；7年来，面对依然坚挺的劳教制度，舆论和学界倒是"偃旗息鼓"了。两相比较，我们不能不反思：处于一个

---

① 此次征文的获奖者的成果形式是论文集《劳动教养立法研究》（法律出版社2004年版）。然而，面对舆论和学界的声讨，政府依旧保留了劳教制度，两者在此问题上的对立是显见的。

战壕里的兄弟,收容遣送与劳动教养两个制度却"阴阳两隔",命运为何如此不同?既然废除了"收容遣送",又有什么理由不废除劳动教养呢?

翻阅20多年的资料,以1996年《行政处罚法》颁布实施为分水岭,劳动教养所受到的待遇是岭前功多,岭后病多。劳教甚至成为国际人权斗争的一个焦点,被称为"没有审判的监禁"。① 追本溯源,这是由于没有相应的法律来明确劳教的地位和性质,仅仅依靠行政法规和规章来界定,导致其"名不正,言不顺",难以在《刑法》和《治安管理处罚条例》的夹缝中继续生存下去。

劳动教养制度是废弃不用还是在保留的基础上加以完善?这一争论已久的话题在《行政处罚法》、《立法法》颁布实施以来演进到白热化程度。主张留存的观点大致有:①劳教为维护社会治安功不可没,作用不可替代。②具有中国特色、是我国独有的惩罚和教育相结合制度。③是《刑法》和《治安管理处罚条例》的重要补充,使违法犯罪的治理形成轻重衔接、严密合理、科学有效的法律体系。主张废除的观点大致有:①劳教处罚的设定违反《立法法》和《行政处罚法》,属于违法处罚。②劳教的产生与发展有其特定的历史原因和社会条件,②如今它的性质和作用与初衷大相径庭,已走向穷途末路,应当和收容审查措施一样退出历史舞台。③授人以口实,成为国外别有用心的人攻击我侵犯人权的把柄。④未经司法程序,缺乏正当性。③

和废除说比较,留存说显得不那么理直气壮,最根本之处在于现存劳教处罚的设定权本身违法了,因为限制人身自由的处罚设定权应当由法律来设定,现行劳教法是行政法规,无权设定此种处罚。今天我们讨论劳教制度,不解决这个前提条件,说什么都没用。我们之所以还要论证劳教制度,是因为今后给它"正名"时,如何使其设计得更合理,如何与其他行政法律协调,它存在的理论基础是什么,不仅要"名正",还要"言顺";论证劳教制度的另一个理由在于:既然该项制度在争议中依然存在,它的未来命运将是什么?对于一项制度的将来走向作出法学理论上的推测本身,也是很有意义的。

---

① 何流明:《我国劳教立法探析》,《犯罪与改造研究》1999年第12期。
② 参见薛晓蔚《劳动教养制度产生的历史背景之我见》,《犯罪与改造研究》1999年第11期。
③ 节选自刘中发《劳动教养制度的存废之争》,《犯罪与改造研究》2000年第12期。

二、价值的交锋

1. 法的秩序与效率观——留存说的透视

劳动教养制度的留存说是实证的和功利的,强调的是该制度对社会秩序的维护作用,强调的是以最小成本获得最大收益的博弈。所谓实证是说劳教制度是最高国家行政机关国务院代表党中央和政府制定的,作为主权者的一种命令,最本质的特征就是强制性和命令性。法理学的任务就是分析已经存在的、实实在在的法律制度,也只有实在法才是法律,排除价值考虑的因素。对于那些影响社会全体成员利益的社会控制措施,要想得到全体一致同意通常是不可能的也是不必要的。正义、理性是十分不确定的,一项特定法规是否违背理性,是否公正合理,人们对此往往产生广泛且重大的分歧。如卖淫行为,多数人认为是丑恶的,但也有为数不少者认为此是卖淫者与嫖娼者的合意行为,应当学习国外承认妓院存在的合法性,并课征赋税。所以说,如果公开承认人们有权无视一项他认为是非理性的法律,并加以违背而不受制裁,法的权威和社会秩序就得不到保证了。所谓功利是说劳教制度是根据人的趋乐避苦的本性设计的。决定赞成还是反对一行为的标准就是该行为本身是能够增加还是减少与其利益相关当事人的幸福。"如果该当事人是一个特定的个人,那么功利原则就旨在增进该人的幸福;如果该当事方是社会,那么功利原则便关注该社会的幸福。"①所以就功利观点而言,政府的职责就是通过避苦求乐来增进社会的幸福,最大多数人的最大幸福乃是判断是非的标准。从1955年创立至今,劳教在实践中发挥了"避苦趋乐"的作用,已教育改造数百万有各种违法犯罪行为且符合劳教条件的人,对于满足社会治安需要功不可没。虽然劳教制度存在缺陷,造成一些冤假错案,但功劳是主要的,获得的社会收益是明显的。

2. 法的自由与人权观——废除说的透视

劳动教养制度的"废除说"主要是具有自然学派倾向的。所谓自然学派是说法律要求对个人自由予以某种承认,而且国家完全否认个人权利的法律是绝对错误的法律,一言概之即"恶法非法"。无论从实体上还是程序上讲,

---

① [美]E.博登海默:《法理学——法律哲学与法律方法》,邓正来译,中国政法大学出版社1999年版,第105页。

劳教都存在漠视人的权利倾向和现实。劳教的决定权实际上由公安机关审查决定(名义上是由民政、公安、劳动几个部门组成的劳动教养管理委员会决定),未经司法机关,缺乏正当法律程序;劳教的内容实际上是限制公民的人身自由权,在时间和空间的执行条件方面已远远超过刑罚的某些刑种的惩罚强度,较轻的社会危害性却受到较重的惩罚,缺乏公正性。因为需要劳教的对象是"不够或不予刑事处罚"的人,而这意味着就是给予最轻的拘役一个月的处罚也没有必要,但反而被劳教1至3年甚至4年。公正性的缺失导致法律权威的降低,最终使人们厌恶这样的法律,对违法者的憎恶变成了对法律的憎恶,进而变成对政府国家的憎恶,最终使人仇视所生活的社会。因此,有学者发出"我们并不是渐渐失去了对法律的信任,而是一开始就不能信任这法律"①的呐喊,就不足为奇了。

以上两种争论都有它的合理性,完全支持一方而反对另一方都失之武断,这也是争论得以长久的原因。就个案而言,保障人的权利不因公权的行使而遭受践踏,不因"多数人的暴虐"而被剥夺,是无可厚非的。就社会而言,为了社会公共利益牺牲个人部分权益也有合理之处,但必须指出,这种牺牲是在万不得已之时,而且应给予足够的补偿,不允许存在有损害而无补偿的制度。历史上的实证和功利法学都遭到不同程度的批判,那种"主权者的命令就是法律"的观点和法西斯一样受到人们的痛恨。② 而自然法学也失去它昔日的辉煌,因为正义的不确定性容易产生"公说公有理,婆说婆有理"的两难选择。

3. 劳教的法律性质认定

弄清劳动教养的法律性质,是首当其冲的事,但是,价值观的不同,也直接影响了对该项制度的法律性质的认定。

(1)秩序与效率观的持有者倾向于认为劳动教养应属于行政性质。根据1957年颁布的《国务院关于劳动教养问题的决定》和1991年国务院新闻办公室《中国人权状况白皮书》的陈述,③劳教制度是国务院制定的,属于行政

---

① 梁治平:《死亡与再生》,《读书》1988年第5期。
② 德国法学家拉德勃鲁赫(Gustav Radbruh,1878—1949)就是一个典型的例子。二战前,他认为实在法和正义冲突时也应当遵守实在法;二战后,他从实证转向了自然法思想,认为正义原则应占优先地位,并提出一个著名的法哲学命题:对不宽容者,宽容也必须不宽容。参见何勤华《西方法学史》,中国政法大学出版社2000年版,第223—225页。
③ 白皮书的陈述为:"劳动教养不是刑事处罚,而是行政处罚。"

法规,当然属于行政性质。至于后来法律对人身自由处罚权的设定与劳教这一法规相冲突,说明的是应当通过立法,把劳教的行政法规升至法律的地位,这并不影响它的行政性。由于行政注重效率的提高,自觉或不自觉地不太关注公平,如果将劳教制度认定为属于行政性质,其维护社会秩序、减少社会正常运转成本的诉求,就"昭然若揭"了。

(2)人权与自由观的持有者倾向于认为劳动教养属于刑事法律制裁的补充,具有刑罚性。劳教处罚的严厉性和刑罚相当,类似于保安处分制度,许多学者在论述刑事法学时,都涉及劳教制度,也是作为刑事性法律制度论述的。① 对劳动教养性质的论述,据笔者手头资料,作为刑事性质论述的较行政性质的多。从刊物杂志来说,也是作为刑事刊物中的一部分内容,辟专栏讨论,如《犯罪与改造研究》、《劳改劳教理论研究》等。由于刑事责任追究的法定性和刑事责任认定程序的严格性,更为关注社会的公平与正义,自觉或不自觉地忽略了效率,如果将劳教制度认定为属于刑事性质,其维护人权、保障公民自由的诉求,也就顺理成章了。

笔者认为,劳教属于行政性质符合我国现实的需要,理由为:①行政的效率较司法高,成本较司法低,把劳教纳入行政法律体系,利用我国行政机关力量强大的传统和现实,更有利于实现社会秩序的稳定,为改革创造有利的环境,特别在"稳定压倒一切"的时候。虽然这个理由在现阶段是大体成立的,但不意味着将来也会成立,不同社会发展阶段的情势不同,对法的价值追求也会变化,而且我们的社会正在发生这样的改变。②把劳教作为保安处分的一个组成部分,易使人产生不良感觉,因为民国时期曾引进国外的保安处分制度,一直被认为是法西斯刑法的表现。况且,我国的《刑法》是一部非常成熟的法典,是中外刑事立法经验的集大成者。《刑法》既没有涉及保安处分也没有包括劳动教养,即使涉及劳动教养,也无法与现存的刑罚体系相融合。所以把劳教作为保安处分的内容补充我国的刑罚制度于法无据,也没有必要。

劳教作为行政制度的一种,意味着它是行政主体(限制人身自由的由公

---

① 如陈兴良《刑法哲学》(中国政法大学出版社2000年版),在第二十章"保安刑"中,把劳教作为保安处分对待。保安处分创始于19世纪末,如1893年瑞士刑法典草案曾提出,1929年《意大利刑法》第一次将保安处分作为法定刑确定下来,在中国,国民党于1935年在《刑法》中设"保安处分"一章。参见张晋藩主编《中国法制史》,群众出版社1992年版,第613页。可见保安处分具有刑事性质。

安机关执行)管理社会事务、实现国家行政职能的行为,自然就应当按照行政法律原理和精神进行立法和施行。黑格尔在《法哲学原理》的序言中说:"凡是现实的都是合乎理性的,凡是合乎理性的都是现实的。"这句话从表面上看,是为当时的德国现实辩护的保守思想,但是,根据黑格尔的辩证法,现实性的东西也是正在走向衰亡的东西,将会被另一种新的有生命力的现实的东西所代替,所以"凡是现实的都是合乎理性的"命题就包含了"凡是现存的,就一定要灭亡"①的思想。而劳教制度曾经拥有的合理性基础就是劳教立法当时的社会需要。劳教制度是现存的,其也必然要走向衰亡,伴随其走向衰亡的是它曾经拥有的一些合理性因素的逐渐丧失,即社会不再需要的时候,作为行政制度一种的劳动教养也将如收容遣送,被宣布退出历史舞台。

三、价值整合与再整合——劳教的过去、现在与未来

下面结合法律社会学与法的价值整合原则,来探讨劳动教养制度的或存或废,或许对预测该项制度的未来命运有所裨益。

1. 劳教制度的价值整合

法律社会学的奠基者埃利希认为:"无论现在和其他任何时候,法律发展的重心不在立法,不在法学,也不在司法判决,而在社会本身。这段话也许就包含了每一次企图阐明法律社会学基本原理的实质。"②法律社会学强调"活的法律"即社会秩序本身,认为法律的目的是正义,但正义不是指个人的德行和人们之间的理想关系,而是意味着一种体制,以便使人们生活得好,使大家尽可能地在最少阻碍和浪费的条件下得到满足。这样的法律就是正义的法律。根据此类观点,笔者认为在实现社会秩序时,制度应考虑其在执行过程中的成本(最少阻碍和浪费)和设置本身的正义(人们尽可能地得到满足)。

(1)制度要考虑运行的成本。在理论界,程序和效率的关系存在误解,"第一种误解是认为行政法制中只存在程序而不存在效率。此种观点几乎是占统治地位的观点"。③ 程序往往代表正义公正,然而,在存在交易成本的社会里,

---

① 《马克思恩格斯选集》第 4 卷,人民出版社 1995 年版,第 216 页。
② 转引自张宏生、谷德春主编《西方法律思想史》,北京大学出版社 1990 年版,第 390 页。
③ 关保英:《行政法的价值定位》,中国政法大学出版社 1997 年版,第 69 页。

"能使交易成本最小化的法律是最适当的法律"。从成本上考虑习惯性的违法犯罪行为人,便可发现"一个人参与犯罪的原因是因为这一活动或职业能为行为人提供比其他任何可选择的合法职业更大量的净收益"。① 劳动教养制度存在的合理性也正在于此,因为劳教的对象主要是"大法不犯,小法常犯,气死公安,难死法院"的一类人。如卖淫、嫖娼者,小偷小摸者,违法犯罪已经成了习惯,如果按照刑法的规定和刑诉法的程序来适用,由公安取证,检察院公诉,法院审判,最后因为行为情节轻微,构不成犯罪或量刑很轻。这类人走出看守所的大门依然操起老行当继续危害社会,同时公安司法机关也不愿花去高成本换来低收益的结果。之所以会重操旧业,因为这类人也是理性人,他们将依其工作净收益来决定工作选择,并且已经认识到这种选择是较小的风险承担和较低的惩罚成本。② 所以,从成本效益的角度分析,对这类人,国家投入的成本越高,损失就越大,离社会秩序目标的实现就越远。相反,国家投入的成本越小,损失就越小甚至获得收益越大,越接近社会秩序目标的实现。这并不是纯粹的法律经济学分析,而是要考虑法律在社会中的实际运行情况,考虑它的"实效"(在社会中的实际效果,属实然层面)而不仅仅是它的"效力"(法律应该有的拘束力,属应然层面)。为此在立法时,按照刑事诉讼法的程序来对应劳教的程序,显然是忽略成本和不计收益的思想,尤其是在我们这样一个发展中国家。为此有学者说"此种观点(重程序不求效益,笔者注)忽视了行政法规范是行政权归属主体对行政权行使主体的约定规则这一大的理论前提。……行政权行使的成本是第一位的因素,而成本的模式则是第二位的因素"。③

②要体现制度本身的正义。制度考虑其运行的成本以求实现社会秩序,不等于否定制度本身的正义,"在一个健全的法律制度中,秩序与正义这两个价值通常不会发生冲突,相反,它们往往会在一个较高的层面上紧密相连、融洽一致。一个法律制度若不能满足正义的要求,那么从长远的角度来看,它

---

① [美]理查德·A.波斯纳:《法律的经济分析》,蒋兆康译,中国大百科全书出版社1997年版,中文版译者序言第20—21页。

② 这是指如卖淫嫖娼者的违法行为被发现的几率是较小的,较短期限的限制人身自由的惩罚成本和违法所得之比是较低的。笔者曾给浙江省戒毒劳教所的干警作过讲座并参观了劳教人员的生活和工作场所,了解到除了劳教,也找不出其他办法代替对这些人员的管理。

③ 关保英:《行政法的价值定位》,中国政法大学出版社1997年版,第69页。现代社会较进步的国家形态和政治体制结构将国家权力分解为归属和行使两种类型的主体。行政权力归属主体是人民:各级人民代表大会,行使主体是行政机关及法律法规授权组织。

就无力为政治实体提供秩序与和平"。① 劳教立法也要创设一种"正义的社会秩序",②劳教的期限应该比行政拘留的期限长,非此不足以遏止违法行为的一再发生,并且使违法者获得的收益大于成本。但是,公安机关对劳教的适用建议和决定权应当分离,由另一行政机关行使批准权,实行行政系统内部的分权,从而保证行政的高效,避免权力不分容易侵害公民自由的弊端。③ 如果劳教的适用权和决定权集中在一个机关或一个人手中,自由就不存在了,因为人们害怕这个机关或这个人武断地适用法律并武断地执行法律。既然劳动教养管理委员会的劳教决定权名存实亡,不如让实实在在的司法行政机关行使劳教的批准权。这样做的理由:一是公安和其他机关组成的劳教管理委员会行使决定权的制度设计欠缺科学性,因为劳教委员会可能碍于公安机关之面,难以作实质性的审查便同意公安的建议请求。这样的制度设计易纵容治安当局剥夺公民个人自由和个人权利,与其说这个制度是建立在法律基础之上的,不如说是建立在无限权力基础之上的。二是司法行政机关增加劳教决定权,使权力相对薄弱的司法机关能与公安机关尽可能的权力平衡,以实现权力制约,这也是行政系统内部制约的需要。

　　劳教作为一种具体的行政行为,同样应该接受监督包括司法监督。公民对劳动教养有异议的,可以行政复议,可以行政诉讼,可以获得国家赔偿,这样也就与其他的法律协调起来了,符合法律体系的系统性要求。

　　违法犯罪的原因和方式多种多样,惩罚的形式也应当多样。行政处罚和刑罚惩罚发挥各自的职能,劳动教养属于广义上的行政处罚,但又是一种特殊的行政处罚方式,应当通过单独立法来规定它的地位和具体制度。劳动教养制度有预防违法犯罪的性质,它对违法者的制裁超过一般的行政处罚甚至某些刑罚,这也是预防的一种手段。劳教的对象是比一般行政违法危害严重的人,轻微的刑罚也难以使这些人悔过自新。如果不及时给予这些人劳动教

---

　　① [美]E.博登海默:《法学——法律哲学与法律方法》,邓正来译,中国政法大学出版社1999年版,第318页。

　　② 秩序有善恶之分,一般而言,无序便是一种恶(说无序一般是恶即说它并非总是恶,相对于有序的恶,无序反而是一种善),但可以肯定地说,善总是以有序为前提的。所以,离开秩序谈论劳教的正义与否,不仅标准难以把握,而且本身就有混淆善恶之嫌。

　　③ 谈到权力的分立制约,并不全部是人们通常认为的"三权分立"式的,也可以在一个系统内部进行如行政法制监督。笔者认为,就我国监督的现实看,行政监督的效果好于立法和司法监督。

养,实际上就使得他们在违法犯罪的道路上越滑越远,最后不仅会给社会造成的危害越来越大而且也会毁灭他们自己,所以劳教制度外有重罚之名,内有挽救之心。发挥劳教的预防作用甚至会更好地体现法律的价值,"正如药物效用的最佳状态乃是人体不再需要它,法律的最大成功也在于当局对公民的生命、自由和财产所进行的令人讨厌的干涉被降到最低限度"。①

另外,在理论界存在一个误区,就是认为"刑罚是对违法者最严厉的处罚,所以行政处罚重于刑罚就不合乎理性"。实际上,作为刑罚的处罚最严厉性是从整体上讲的,刑罚分不同种类和多个等级,不必然指每种、每等级刑罚都是最严厉的。行政处罚轻于刑罚,也是从总体上说的,不必然指所有的行政处罚都轻于刑罚,理解这一点,对我们认识劳教制度存在合理性也是有用的。

2. 价值再整合下的劳教命运

实践是检验真理的唯一标准。废除"收容"后的"救助"实践状况,②不能不引起执政者对假设废除"劳教"后的社会秩序的担忧:是否也会像废止收容遣送般引起诸多问题? 暂时保留劳教制度,表明我们的执政者是理性甚至是英明的,他们务实的作风更有利于营造有利于社会快速发展的环境。以后呢? 当社会发展到一定阶段,当社会对法的价值取向发生变化或者说法的价值位阶发生变动的时候,劳动教养制度的废止就是必然的了,这是我们根据法的价值整合原则所推理出的结论。

法的价值整合是以价值冲突为存在条件的,没有冲突也就没有整合的必

---

① [美]E.博登海默:《法理学——法律哲学与法律方法》,邓正来译,中国政法大学出版社1999年版,第346页。

② 国人向来有以实用作为自己行为指南的习惯,以《有关流浪乞讨人员的救助办法》代替原来的《收容遣送管理条例》,从社会进步和价值观层面讲,体现了社会文明的进步,而从实效和城市管理方面说,笔者认为,《救助办法》带有理想化的色彩:对流浪在城市的乞丐、无业人员,在自愿的情况下,由救助站给予救助,但如浙江杭州市的救助站,常常是一个被救助的人也没有,而城市里流浪乞讨的人员却越来越多。不是政府不愿救助,而是流浪乞讨人员不愿进救助站,因为这些人员来城市的目的就是靠乞讨来获得利益的,而进救助站后就要被送回原户籍地或居住地。即使被送回原居住地,他们也会很快返回的,这是利益驱动的使然。甚至一些青壮年者,因为打工收入低于乞讨收入而加入乞讨行列,任其发展,正当的社会价值观将会受到严重侵害。据杭州市的调查,一个以偷盗为业者,年收入较多者有20万,一个乞讨者,月收入也有一千多元。前一时期,因影响城市形象,宁波市对在市区的流浪乞讨人员进行驱逐的行为就受到社会的宽容。如果从价值层面分析,这种驱逐行为也是践踏人权的并且缺乏法律依据,然而,面对越来越多的流浪乞讨者,我们该怎么办呢?

要。价值冲突是必然的,因为人们的社会需求是不同的,一个人在不同时期的价值偏好也是不同的。同时,法的价值冲突本身包含了价值评判标准的冲突,即采取的标准不同,法的价值观也就不同,不同的价值观间必然产生冲突。法的价值评判标准首先涉及法律的态度问题即它支持什么、反对什么,它是"按一定的标准来确定什么样的要求、期待、行为或利益是正当的,是符合法律的理想和目的因而是值得肯定和保护的,同时,也要确定什么样的要求、期待、行为或利益是不正当的,是抵触法律的理想和目的因而是应当予以禁止和取缔的"。① 对于某一行为的法律态度,可以通过法律的预测、确认、评价等规范作用予以一一体现,反之,通过法律规范的明确性内容可以确认法律的价值倾向。

另一方面,法的价值冲突也体现在价值位阶的排序上,即法的诸多价值按照一定的位阶顺序排列组合起来,当低位阶的价值与高位阶的价值发生冲突并不可兼得时,我们会优先考虑高位阶的价值。但关键问题是:社会发展情势不同,对法的价值位阶的排序也是不同的;或者是,不同的立法者根据不同的价值评判标准,也会排序出不同的价值高低位阶。这就要求我们根据一定的原则来整合价值间的冲突。

首先是兼顾协调的原则:法的诸多价值目标之间并无根本性的冲突,如公平与效率在本质上是统一的,只有通过效率让一部分人先富起来,增加社会财富总量(即把蛋糕做大),才能实现共同富裕的目标(即每人分的蛋糕份额增加);或者说通过公平竞争,激发人们的积极性,效率也相应得以提高。劳教制度的存与废,也是与法的价值间的兼顾协调分不开的。

其次是"两善相权取其重":法的价值存在一个相对的位阶排序,在某一具体社会阶段中,这一排序是相对固定的。即使多个价值间能够按第一原则做到兼顾协调,也存在一个位阶先后排序或有所取舍的事实。如前些年中央提出的"注重效率、兼顾公平"的社会发展观(即又快又好,"快"在"好"前),效率位阶先于公平,"发展才是硬道理",甚至为了效率,牺牲公平;而近几年来提出的社会发展要做到"又好又快","好"字当先,公平位阶先于效率,我们开始了关注民生、型塑和谐社会的努力,这时对效率的第一追求就让位于公平。

---

① 张文显主编:《法理学》(第三版),高等教育出版社、北京大学出版社 2007 年版,第 300 页。

我们不是不要效率,而是强调了公平前提下的效率。至于中国社会的"十二五规划",注重公平、兼顾效率的社会发展观将成为时代的主流。

劳教制度是在物质匮乏的时代背景下产生的,那是一个注重法制效率的时代,追求法制的低成本,如果要维持社会秩序的正常运行,成本高了就坚持不下去。例如把那些大错不犯、小错不断的人,或者按照行政违法追究,可能效果不大,因为物质贫乏的年代里,人的尊严不是最重要的,生存需求是第一位的;或者按照刑事违法追究,一方面是它还不够刑责的标准,另一方面是走刑事司法程序、关进监狱供吃供住还要加以看管是很耗费成本的。如果加以劳动改造,既能使他们在劳动中改造,又不会增加社会成本,既能起到刑事惩罚的效果,也能通过劳动创造社会财富。至于是否符合法治的要求,是否侵犯了"坏人"的基本人权,在那个年代不是很在意,相反,给予"坏人"人道待遇倒是让人想不通的。

但是,随着时代的进步,随着人们思想观念的转变,也随着物质财富的大量积累,人们的需求不再是满足于温饱了,开始认识到劳教制度与我国的法制体系是不相协调的,开始认识到人权比物质成本更重要。尽管我们也憎恨那些游手好闲、不务正业的人,但我们多了些包容,也尊重他们应有的权利,这些尊重也可以从正在服刑的罪犯的生活中体现出来。①

在价值排序上,一些原来位阶靠前的价值,因为"时过境迁"就让位于其他的价值。不同时代的社会都在追求所谓的"正义",而正义的内容又是不同的。对待"坏人"需要秋风扫落叶,而对待"好人"则是春天般的温暖。不过,正义是有个底线的,这个底线是文明社会的大多数成员所共有的,遵守这个底线,我们的正当欲望就能获得满足,人们会从中得到快乐;不遵守这个底线的正义,法律就不能肯定什么、否定什么。现代社会的正义基本底线在于保障基本人权,基本人权如自由权、生命权等都规定在宪法中。对基本人权的剥夺,需要通过"法律"来设定,行政法规是不能设定这些基本人权的,这就是现代法治的要求。所以,随着法治的发达,要求最终废除这个既不是法律却又剥夺基本人权的劳教制度,将是必然的选择。

(作者单位:安徽大学法学院)

---

① 罪犯们现在享有监狱管理者所给予的越来越多的人道待遇:给罪犯过生日、唱生日歌、吃长寿面,在配偶探视时间里开设夫妻房间。安徽的一名服刑罪犯还参加了法学院的自考本科毕业论文答辩。

第三编

案理新说

处理隐私权与知情权冲突的敲门规则
——由"来电显示"是否侵犯隐私权谈起

陈 甦

新技术在带给我们新奇与方便的同时,也给我们带来了困惑与焦虑,有关"来电显示"是否构成侵害隐私权的争议,就是一个证明这种矛盾情形存在的很好例子。电信公司开办"来电显示"业务,可以向被叫方显示主叫方的电话号码,对此情形给予的法律解说是"满足被叫方的知情权"。但有人认为,自家的电话号码属于隐私,电信公司未经其同意把电话号码"来电显示"给他人就是在侵犯其隐私权,并因此诉至法院。关注社会现象的专家学者们对此亦有不同见解:有观点认为,隐私权保护与知情权保护应当协调,法律保护隐私权是有边界的,为保护被叫方免遭骚扰电话,被叫方的知情权应处于优先保护的地位;与之对立的观点则认为,在此种情形中知情权不能对抗隐私权,是否接电话是被叫方的权利,而是否告知电话号码是主叫方的权利,"来电显示"有强制交易的色彩,属于一种侵犯隐私权的行为。[①] 对于"来电显示"这样一种给人带来生活方便的小小技术服务,当用知情权和隐私权这样的法律术语给予抽象分析,并且又有许多专家学者介入其中把分析导向深奥时,我们生活中的困惑与焦虑实际上是被放大了。

技术创新使我们不断面临新的生活场景,并迫使我们不断调整生活规则。但是,新技术对既存社会关系的影响,可能并不像我们想象的那样移根动本,存在于生活尽处的根深蒂固的古老法则,可能在今天仍旧发挥着我们轻易不能察觉而又固定不移的作用。就"来电显示"是否构成侵权的争议来说,人类自有门以来的生活经验法则就足以解决这个问题。在人类诸多伟大发明中,门,这个建筑部件是最有法律意义的,因为它用物质的形式把个人与

[①] 相关讨论简要列举:《来电显示有侵犯隐私权嫌疑》,《法制日报》2004年8月5日;《来电显示:知情权挑战隐私权》,《检察日报》2004年9月7日;《来电显示是否侵犯了隐私权》,《光明日报》2004年9月8日。

社会、自家与他人区别开来，并由此产生了可能是最古老的处理私人与社会关系的法则，我把这个法则叫做"敲门规则"。

敲门规则之一：你敲我家门，我有权知道你是谁

门，除了阻风挡雨之外，还有两个十分重要的社会作用：其一是划分私人空间的作用，门里属于私人空间，门外则是属于社会空间；其二是联系社会通道的作用，居于私人空间的人，要通过门与社会上的其他人发生联系。如果门里的人主动与社会发生联系，其如何做"门际选择"，即站在门边决定是否开门、何时开门以及如何开门，属于其行为自由范畴。但是在门里人被动地与社会发生联系的场合，如外人主动要进门与其发生社会联系，"敲门"就是让门里人进行门际选择的必要前提。敲门的社会功能有三个：一是尊重功能，即尊重门里人对其私人空间的支配权，及其是否开门的选择权；二是提示功能，即敲门人通过敲门，表示要进入门里人的私人空间；三是预测功能，即门里人可以根据敲门事实的发生，预测敲门人要进入其私人空间。从门的社会作用及敲门的社会功能，我们可以推导出在发生敲门时门里人有当然的知情权要尊重私人空间的支配权，就要尊重门里人的门际选择权；要尊重门里人的门际选择权，就必须尊重其知情权，其中最起码的就是知道敲门人的身份。如果门里人不知敲门人是谁的话，对外人敲门的真实意图就更无从得知，其门际选择的权利就不能真正实现；如果任外人肆意敲门而无从得知其身份，其用来保护安全和宁静的门就形同虚设。

至此，只要我们引入私人空间和社会空间的概念，并把"来电"视为介入被叫方私人空间的主叫方行为，同时认识到来电铃声具有与敲门一样的尊重功能、提示功能和预测功能，就很容易理解要求"来电显示"是被叫方的一种当然的知情权，是私人空间控制者应付外部事务意外介入的一种最为起码的权利。私人空间或私人领域的支配权，既包括对私人空间安全与安宁的保有权，也包括对外人、外力、外部信息的拒绝权或选择权。电话是一种社会联系的信息传递工具，也是私人空间和社会空间发生交会的工具。打给被叫方的电话，实际就是主叫方以信息传递方式介入被叫方的私人空间，激活被叫方的宁静状态，并促使其就如何行使私人空间支配权作出选择。此时，被叫方作为私人空间支配者，当然有权知道介入其私人空间的来电者身份。电话号码可以用来识别身份，因而电话号码可属于身份信息。在以电话为交流手段

时,电话号码是表示主叫方身份的最基本的信息。在来电时知晓主叫方的电话号码,这是私人空间被介入时,被叫方当然拥有的知情权利。可见,被叫方对来电号码的知情权不是一种比较优势权利,即不是和其他权利进行比较权衡后才受到优先保护的权利,而是由私人空间必须受到尊重的基本权利派生出来的权利。因此,电信公司开办"来电显示"业务,就好比在被叫方的门上安装一个瞭望孔,既不是一种强制交易活动,也不是侵害主叫方隐私权的行为,而是为实现拥有电话者的私人空间支配权及其派生的知情权所提供的技术手段和服务,其道德合理性和合法性是无可指责的。

敲门规则之二:敲门就要自报身份,否则就不要敲门

在"来电显示"是否侵害隐私权的讨论中,有一些重要的考虑因素被忽略了,其中最为重要的一点,就是忽略了门里门外的区别。门里门外的地位不同,门里人和门外人的行为规则也不同。由门里向外看叫瞭望,是知情权的行使;由门外向门里看叫窥视,有侵害隐私权的嫌疑。设置了门,门里的人就有了私人空间的支配权;而门外的敲门人就因其敲门行为产生了义务,即报告其真实身份的义务。谁敲门谁报名,这是天然法则。敲门而不报名,其实质与骚扰无异;敲门不报名却硬要进门,其实质与破门而入无异。如果不想让门里人知道敲门者的身份,那么意图敲门者最好就不要敲门,主动权在敲门一方,相应的义务与责任也在敲门一方。

认为"来电显示"功能是侵害隐私权的论者,不仅忽略了门里门外的区别,恐怕也忽略了是谁在敲门的事实。在一定情形下,电话号码可以属于隐私范围,如未经同意而公之于世(如载入电话簿公开发行),可以认定是侵害隐私权。但是在设定"来电显示"的场合,主叫方的电话号码只是让特定的被叫方得知,并且是让主叫方选定的被叫方得知,而不是让社会公众得知。在"来电"时,是主叫方主动介入他人的私人空间,既然主动介入他人空间并促使他人作出选择,介入者就有义务告知自己的身份,告知或显示主叫方的电话号码就是表明身份的方式之一,这是尊重他人私人空间支配权的起码义务。根据敲门规则,主动介入他人空间者无权保密身份,推导于打电话活动,就是对被叫方而言,主叫方根本没有身份隐私权,因而也谈不上拥有可否显示其电话号码的同意权。当然对被叫方而言,主叫方身份信息以外的个人信息,仍可属于主叫方的隐私范围。

在正常"来电"时,没有人强迫主叫方打电话,打电话是主叫方自己决定的行为,如果主叫方不想让被叫方知晓自己的身份包括电话号码,合乎逻辑的选择就是主叫方不要打电话。即使被叫方设置了"来电显示"功能,如果主叫方不打电话,其电话号码也不会让被叫方得知;只有主叫方打了电话,其电话号码才让被叫方得知。可见,主叫方电话号码让被叫方得知的结果,其实不是被叫方设置"来电显示"功能的行为或者电信公司提供"来电显示"的服务造成的,而是由主叫方自己打电话的行为造成的。所以,设置"来电显示"功能或者提供"来电显示"服务,无论是从被叫方的知情权上还是从主叫方电话号码的披露原因上,都不能认定是一种侵权行为。相反,那种可以使主叫方不让被叫方看到自己电话号码的"主叫号码识别限制"即"屏蔽",就好比敲人家的门却不告诉敲门者是谁,还把人家门上的瞭望孔堵上,这反倒是违背最基本处世道德的一种做法。在电话上设置屏蔽功能,意图是以隐蔽主叫方身份的方式介入他人私人领域,这是一种预设的侵害被叫方知情权的做法。除了公法上的理由外(如为国家保密需要),电信公司不应当提供"屏蔽"服务业务。

敲门规则虽然古老,但只要门里门外的区别及敲门的情形还存在,敲门规则就仍是一个分析解决权益冲突的有用的规则。在涉及知情权的场合,敲门规则可以引申出许多处理权益冲突的具体规则。就敲门规则之一,可引申出知情权的一般内涵,即被要求作出利益选择的一方有权要求对方提供相应信息。例如,在申请个人贷款的场合,贷款申请人就属于敲门人,银行为了保证交易安全,当然有权了解贷款申请人的相关个人信息,而不能把银行行使知情权的行为视为侵害隐私权。就敲门规则之二,可引申出信息披露义务的一般内涵,即要求他人作出利益选择的一方应当向对方披露必要信息,否则就不应要求对方作出利益选择。例如,上市公司发行股票时就属于敲门人,上市公司要敲开投资者的钱袋,就必须向投资者充分披露信息,而不能以保护商业秘密为由拒绝履行信息披露义务,否则上市公司就不要发行股票。好在现行的法律已经相当详细,处理案件时不必事事依生活中的经验规则进行漫长的结论推导过程。但是,只凭现有法律条文也不可能完全解决生活中的难题,当遇到类似"来电显示"的权益冲突场合,敲敲生活经验之门,也许会在峰回路转之处找到一个新的思路。

(作者单位:中国社会科学院法学研究所,原文发表于《人民法院报》2004年9月17日,后编入陈甦专著《法意探微》,法律出版社2007年出版)

新陕北故事
——P村女客和男户土地征用补偿款纠纷① 之法社会学分析
陈晓峰

北京大学法学院强世功教授曾以"陕北故事"为题写过一篇文章，用科斯定理解析陕北高原下新发现的富饶矿藏的产权归属所引发的法律难题，很是引人入胜。那片曾经贫瘠的土地今天因为开发和建设的热潮引发的故事还在不断上演，这些故事不但深刻地改变着那片土地的面貌，也持续冲击着那片土地上人们祖祖辈辈的生活方式和观念。法律在形形色色的冲突和纠纷中也往往有着不同的遭遇。

本文这个新陕北故事，讲述的不是国家与地方关于矿藏产权的宏大话题，仅仅关注的是一个陕北村社在城市化的社会转型中所发生的纠纷，但其中所包含的法律问题同样耐人寻味。

这个故事发生在延安市宝塔区P村。

2005年以来，因村集体土地征用补偿款分配一事，原本民风淳厚的P村正经历着一场激烈的纷争。300多人的村子分裂为"女客"和"男户"两个阵营，漫长的纷争使得"村不和、户不和、父女兄妹不和"（当地村民语），许多家庭因此亲情丧落，反目成仇。更有甚者，此事件还引发了女户集体离婚，舆论一时为之哗然。②

所谓"女客"，即当地人对出嫁女的统称。根据当地风俗，即便是招婿上门的女子，仍在原籍生活，也称女客（本文所言女客专指此类）。而所谓"男户"则指已成家的男性村民。据报道，一直以来，女客不能享受

---

① 详细报道见 www.cctv.com 中央电视台4月16日"共同关注"栏目和7月6日"社会记录"栏目。为行文方便，将故事的发生地"毗圪堵村"简称为P村。农村土地征用款分配纠纷问题，不独陕北有之，全国其他地方也不乏其例。本文尝试以法社会学的视角解读此类纠纷中所呈现的"法律困境"。

② 另见2007年3月27日《华商报》对此事件的报道。

村里的任何待遇,包括子女入户籍、村民自治选举权等。

即使如此,女客对此并没有太多的怨言。但随着延安市城市建设的发展,P村土地被征用(该村于1994年被列入城市规划范围),征用土地补偿款有2200多万元,而该村村委会2005年依照90%村民的意见所确定的分配方案将本村女客一律排除在外。女客对此极为不满,34名女客联合起来向村委会讨要说法,在被拒绝后,向政府有关部门上告以"维权"。

宝塔区信访部门虽认为女客有权参与补偿款分配,但调解始终不能成功;区政法委虽也认为该分配方案违背了宪法和妇女权益保障法中男女平等的基本原则,但同时又认为该问题复杂,牵涉到传统习俗等因素;乡政府建议走司法诉讼途径,但当地人民法院在接到女客的诉状后,以该案牵涉面大为由(该区有女客一万多人)未予立案。此事拖了两年多,始终未得解决。

一、法律是什么?——女客的委屈和困惑

法律到底是什么?面对记者的镜头,指着眼前数本"白皮"法律书,李成英含泪质问:"每一本书(法律)都告诉我们是对的,我们没有违法,法律明明是这样写的。可是,为什么到了我的手里就成了白纸一堆?"

李成英,P村女客,村民眼里的"法律专家"。(2002年"黄碟案"中的女主角是李成英的小妹,李当时自学了一些法律,为其妹的事奔走。在全国舆论的帮助下,李的努力得以成功)此次女客集体维权,李因为懂法律成为领头人。但现在,她对法律颇为失望。

从村委会到乡政府、区政府、区政法委一直到法院。李成英等女客两年多的维权之路并不顺利,各个部门投鼠忌器般的谨慎、村民们的非议、父兄的公开敌对、丈夫的反对使她们身心俱疲,甚至部分女客因为种种原因退出了维权行动。李成英没有放弃,她仍然身带"白皮"法律书四处奔走,满口"男女平等"、"合法权益"。但一次又一次的失败,使她不由得满腹委屈和困惑:"法律明明就是这样写的。可是,为什么到了我的手里就成了白纸一堆?"

《土地管理法》、《农村土地承包法》都有关于农村妇女在集体土地征用补偿款分配、土地承包等事宜中与男子权利地位平等的条文。2005年修正的

《妇女权益保障法》第五章第 32 条新增条文明确规定:妇女在农村土地承包经营、集体经济组织收益分配、土地征收或者征用补偿费使用以及宅基地使用等方面,享有与男子平等的权利。

法律所规定的权利是明明白白的,但法律却不能保护她们的权利。李成英当然有理由委屈和困惑:法律到底是什么?

二、女客不是女村民——男户的道理和逻辑

面对采访,一位男性村民表达了对其妹妹(女客)的不满和愤懑:"快被她给气死了!"当记者问及他为何这样生气,他答道:"她们就没有一点儿道理,没有一点儿逻辑。"

那么,男户所言的道理和逻辑是什么呢?

首先,几乎所有被采访的男户(包括村委会主任)给出的第一个理由,就是自古以来"嫁出去的女儿泼出去的水"。李成英哥哥的话很有代表性,当其妹李成英以自己是女村民从而有权参与分配时,他不无嘲讽地回答:"我们这里从来只有女客,没有什么女村民。""你要分钱,就等于从我的碗里抢饭吃……"并且,一直以来,村里也从未把女客当作村民看待,其他利益分配、村里的民主选举等事情也是把她们排除在外的。村里土地也是按照男户分配的,土地征用补偿款当然只能在男户间分配,用男户的话说:"咱卖的是咱的地,与女客有什么相干?"

其次,女客的大量增加已经导致了本村人口膨胀和资源危机,如果再让她们参与分钱,那村子的未来将不堪设想。村民们介绍,以前留村的女客是很少的,自从 1994 年延安市城市规划以来,郊区的女客数量就大量增加了。招婿进门的直接后果是人口膨胀和资源危机,以前村里的两口水井就够全村人吃用,现在没办法才接上自来水。村里一直不给女客的子女上户口,就是试图阻止这一趋势。

第三,女客的女婿不是本地人,他们在原籍还有户(户口)有地,他们若参与分钱,拿了钱后,回原籍照样有耕地。而男户是本地人,无处可去,土地征用补偿款是他们和后代今后生活来源的根本。所以,不能让女客参与土地补偿款分配。

三、两套话语系统的博弈——传统、法律、现实、利益的纠缠

不难看出,李成英等女客在维权过程中,所使用的是官方法律词汇:男女平等、妇女权益保护、平等发展权。男户则绝口不提法律,而是围绕着"自古以来"的传统和自身利益被侵犯的现实为自己辩护,非但如此,女客振振有词的"法言法语"在男户看来反而是"没有一点儿道理,没有一点儿逻辑"。

所以,站在国家法的立场上,很容易得出这样的结论:P 村的女客比男户法律意识强。比如中央电视台"社会纪录"栏目将 P 村的纠纷归结为"金钱和亲情、传统和法律的较量"。通观该期节目,其言下之意不言而喻,即:P 村的男户为了金钱将亲情扫地出门;为了利益,用落后的传统习惯对抗国家法律。① 该期节目总结道:"在普及法律知识和法律意识的今天,P 村的女客显然走在了男户的前面。"

如果我们将 P 村的男户所代表的形象简单归结为"自私、贪婪、愚昧",未免感情用事,太过于武断;而如果将男户自我辩护的几个理由化约为"以落后的传统习惯对抗国家法律"也未免失之简单。女客和男户使用的两套不同的话语,并不表征哪一方进步,哪一方落后,哪一方值得同情,哪一方应受谴责。不深入话语的语境去探究矛盾的来由,一个大而化之的"原则"往往会使我们陷入非此即彼的误区。

细细分析,女客求助于国家法的"法言法语",并非因为她们更懂法、更尊重法,更珍视法律赋予她们宝贵的权利。对于以往村里所给予的待遇,包括被剥夺神圣的政治权利——选举权,她们并没有据法力争。我们据此可以相当可靠地推理:过去的不争与今天的抗争,其中最重要的原因在于,其他种种待遇与重大金钱利益没有关联,而今天所要争取的是人均近 6 万元的一笔巨款。那么,女客维权最方便也最有力的工具只能是白纸黑字的国家法律,因为在现实生活中,从传统习惯中她们得不到任何有利的支持,相反,所有传统

---

① 该期节目在制作上,以李成英的访谈、经历为主线,突出了其维权经历的艰辛,被兄嫂和侄子的无情拒绝和争吵后的痛苦无助。片中有一段特写:李指着一处破窑洞向记者回忆她年幼时,一家人虽然贫穷却亲情融融,她们一家只有在过年的时候才有白面馍馍吃,而她的三个哥哥总是将自己手里的白馍先送到妹妹的嘴边。这一幕"文学化"的讲述更让观众深感金钱对亲情的无情驱逐。

习惯对她们都是不利的。

反观男户的理由,他们绝口不提国家法律,也并非就说明他们对法律一无所知,而是因为,国家法的规定与他们所生活其中的"自古以来"的习惯做法发生了冲突,或许,最为重要的并非观念的冲突,而是国家法的规定与他们的金钱利益发生了冲突。于是,观念冲突成了金钱利益冲突的一个理由、一层面纱。

当然,如果男户的理由仅仅是所谓的"自古以来",笔者相信,在不含有民族问题、宗教问题的情况下,简单的民间传统习俗在 21 世纪的中国陕西省绝对不可能成为妨碍国家法律实施的充足理由。已有的相关司法判决已经说明了这一点。[①]

笔者认为,使得乡、区两级政府对此事的调处小心翼翼、举棋不定,并使得法院最终驳回了女客起诉的原因并非在于该案是所谓典型的"国家法与民间法的冲突",而是有着现实的种种考量。其实,村民们已经用他们朴素的话语将其表达了出来。

在社会转型的过程中,国家的土地所有权制度、土地承包制度、征地补偿制度、户籍制度、村民自治制度等,都随着城市建设的急剧扩张、工商业用地的需求激增、人口的大量流动产生了相当的张力。近年来频频出现的征地补偿纠纷、拆迁补偿纠纷就是这些张力的表现。城市郊区的农村随着城市的扩张成为一片片热土,原先城乡分治的二元格局被打破。毋庸置疑,在这些被纳入城市建设规划的农村,无论是目前的生活水平、就业机会,还是将来的生活保障都比原来有较大的提高。从农村向城市的转变,使得当地更多的女性不愿意外嫁,从而形成了数量庞大的此类"女客"。从报道来看,"女客"现象并非 P 村所独有,该村所在的宝塔区就有女客一万多名。

在原先静态的城乡分治格局下,各地农村生活水平没有本质的差异,各村嫁出和娶进的女性人口数大体平衡。因此,农村女性外嫁,在夫家得到户口和承包地、在原籍失去户口和承包地的习惯做法不会引起人口和土地资源大的波动。但随着并入城市建设的热点农村的出现,人口向城市周边地区集中是一个不可避免的趋势。偏远农村和城郊农村之间的嫁娶平衡格局遂被打破,由此导致 P 村这样的纠纷出现。

---

① 相关案例详见 http://www.hz66.com 日期:2006—4—24 10:46:02 长兴新闻网。

土地资源是有限的,而人口却可以因人为的因素在短期内迅速增加。土地征用补偿款是按照被征用土地的数量为标准计算的,而该补偿款的分配却要按照村集体的人口数为标准进行内部分配,在分子不变的情况下,分母愈大,分数越小。费孝通先生在研究乡土中国的社会继替问题中就曾经指出:从人口和社会结构的调适上看,以人口去迁就社会结构要比以社会结构去迁就人口更为方便。因此,一个不在经济膨胀过程中的社区,多少总是在人口控制上下过一点功夫的。①

土地资源是不可再生资源。土地被征用后,征用补偿款就是村民们今后赖以生存的基本保障。对于多数没有学历、没有其他谋生技术的村民而言,几万元乃至几千元都关系到他们和他们后代的生存问题(采访中,多数男户都说等着这笔补偿款另谋生路)。

其实,国家法与现实生活的隔膜和距离一直悄悄存在着,正如 P 村的女客一直以来所受的待遇被熟视无睹一样。而 P 村的此次纷争,只不过因为利益的急剧冲突,又一次将这种隔膜和距离集中凸现出来而已。所以,P 村女客和男户所使用的两套话语,表面上体现为现代法律意识与传统习惯思维的较量,但实质上是对关乎今后生存的物质利益之争。两套话语的不同并非源自于观念不同和法律意识的强弱不同,而是根据利益的需要加以选择使用的。

四、并非性别平等问题——共同体成员资格问题才是焦点

P 村女客和男户的这场纠纷,并不能简单化约为男女两性的性别战争。因为男村民并没有主张该赔偿款按照性别来分配。村里的女性,包括男村民们的母亲、妻子和尚未出嫁的女孩子们都是享有平等参与分配权的。即在村民们认可的共同体内根本不存在所谓的性别歧视,法律所规定的女性权利并没有被忽视和侵夺。男户所排斥的不是性别,而是他们所认定的共同体成员之外的"外人"。可见,关于男女平等以及妇女权益的法律规定显然和本案争议的焦点并不直接对接,本案真正的焦点是共同体成员资格的认定问题。而法律对此并没有明确的规定。

---

① 费孝通:《乡土中国》,上海人民出版社 2006 年版,第 394 页。

女客有没有她们所主张的平等分配权,归根结底,取决于女客究竟是不是该村的村民。女客的理由是:我们的户口并没有迁出,我们当然还是本村的村民。而男户则断然给予否定:嫁出去的女儿泼出去的水,女客算什么村民!

女客是不是村民,换一个理论词汇即共同体成员资格的问题。

每一个共同体都有一个成员资格的认定问题。"在人类的某些共同体里,我们互相分配的首要'善'(primary good)是成员资格。"①发达国家如美国等国家,都有一个官方机构(如移民局等)来甄别哪些人可以成为该国的公民,其条件严苛,包括学历和专业技术、婚姻年限、政治信仰、犯罪记录等等。其他共同体,比如俱乐部、学术沙龙等等都有自己接纳或拒绝某人成为其正式成员的标准。而在中国,能否成为某一单位的编制内成员、能否成为某个城市的正式居民则决定了该人能否享有该单位的福利、能否享受该城市的公共福利包括教育、医疗、养老保险等一系列待遇。此类共同体成员资格是与个人的生存发展紧密联系在一起的。

在上述共同体中,共同体成员资格是由法律或团体章程事先规定的,并由一个专门机构进行批准和审查的。而农村村社共同体则是历史形成的,以聚居的自然村落为基本单位。长期以来,农村一直落后于社会经济文化发展平均水平,农民一直处于社会阶层的底端。社会流动(包括婚姻资源的流向)的方向是从农村流向城镇。农村是一个农民盼望逃离之地,农民的子弟也以跳出"农门"作为奋斗目标。人们关心的是"脱离"这一共同体进入另一个非农的共同体,而"接纳"某人为村民则很少成为一个问题。因此,关于村民的共同体成员资格问题一直是一个不被重视的问题,没有哪一部法律、法规或者章程专门规定村民资格的取得问题,也没有一个专门机构来批准和审查村民的资格。

农村集体土地所有权的性质,决定了征地补偿款是对全体集体经济组织成员的补偿。土地共有人共同享有土地征地补偿款,是与法律规定相一致的。依何标准来确定集体经济组织的成员资格呢?在实践中,一般有以下几种主张:

---

① [美]迈克尔·沃尔泽:《正义诸领域:为多元主义与平等一辩》,褚松燕译,译林出版社2002年版,第31页。

1. 以户口为标准。即认为只要户口在该村,就享有该村征地补偿款用的分配权。①

2. 以居住事实为标准。即认为只要是长期在本村(组)生活,就应当享有征地补偿费用的分配权。

3. 以主要生活来源为标准。即认为只要是以土地耕作收益作为个人主要生活来源的,就享有征地补偿费的分配权。

笔者认为,单纯以上述标准之一认定村民资格都有偏颇之嫌。对集体经济组织成员的认定,既要反映征地补偿费的本质,又要有利于村民合法权益的保护。如果单纯以户口为标准,在人口流动比较频繁的今天,户口也存在流动的情况,例如,农业户口入学的大、中专在校学生,其户口在校期间,他们算不算该村的共同体成员呢?如果剥夺了他们的成员受益资格,无疑,对于主要靠家庭承包地作为经济来源的他们是不公的。并且,由于当今大、中专学生就业难的现状,不排除他们毕业后回乡务农或创业,那么,他们的损失该如何补偿呢?并且,在现实生活中,因为种种原因,一些户口挂靠的现象很普遍,户口人为操作的余地很大。

以居住事实作为标准也会面临难以解决的问题。所谓"长期",如何判定?而一个村民长期居住在外地,是否因此就失去了作为该村村民的资格?在土地种植收益明显不足的情况下,很多农村人口长期打工在外,其承包地由亲戚朋友代为耕种的事实大量存在,难道他们就会因此丧失村民资格吗?

生活来源说同样经不起推敲,现在有一部分农民的主要生活来源并不是来自土地耕作收益,务工、经商、养殖等收入已经成为生活来源的主要途径。以此作为标准,便要考察各家各户的收入来源,既不合理,也不可行。

就历史上形成的女子出嫁后随夫生活的习惯来说,"嫁出去的女儿泼出去的水"并不仅仅是一个封建传统观念的问题,嫁与娶交换的习惯观念背后,深刻的经济原因是为了维持有限的生活资料、土地资源的大体集中和平衡。其中蕴含着农业社会延续的基本规律和逻辑。

新中国在国家法的层面宣告了男女平等。这种平等不仅体现为政治权利的平等,而且体现为婚姻、继承、经济和社会权利等各个方面的全面平等。

---

① 相关案例参见 2006-6-16 厦视在线:法庭视点。http://www.xmg.com.cn/news/article/xm_36863.asp

《婚姻法》规定:登记结婚后,根据男女双方约定,女方可以成为男方家庭的成员,男方可以成为女方家庭的成员。按照国家法的规定,P村的女客继续保留该村村民身份当然是合法的。

但在事实层面,农村普遍的做法是女方到男方生活,而男方入赘到女方是少之又少的特例。这种历史习惯从国内来看,是全国性的;从世界范围内来看,是世界性的。而将出嫁女排除在继承、土地承包分配之外的做法,也相应是普遍存在的。这种"普遍存在"似乎表明了农业社会延续的基本规律和逻辑的内在合理性。也正是这种合理性,使得如P村女客平日里不能享受该村村民待遇,就连"神圣"的选举权都被习惯性地剥夺。

男户否定女客的共同体成员资格,所依据的正是这种农业社会的习惯逻辑。按照这样的逻辑,很容易理解他们所认为的"她们(女客)就不讲一点儿道理,不讲一点儿逻辑"。在他们看来(事实上也确实如此),女客户口留在本地,并非户口"不能"迁出,而是"不愿"迁出,她们的户口和承包地原本就应该在夫家,她们原本就应该是另一个共同体的成员。

户籍管理权在国家,男户不能强行注销女客的户口,但男户拒绝以户口作为认定共同体成员资格的标准。女客的婚姻自由和人身自由也由婚姻法等法律予以保障,男户不能强行干涉女客的婚姻自由和婚后居住地,但男户拒绝以居住地作为认定共同体成员资格的标准。他们没有用制度性的语言把他们的标准表达出来,但通过实际的行动,例如不给女客的子女入户口、不让女客参与选举等已经将他们关于共同体成员资格的标准表达了出来。

五、法院该不该沉默?——法院何以不立案

我国《民事诉讼法》第108条规定:"起诉必须符合下列条件:(一)原告是与本案有直接利害关系的公民、法人和其他组织;(二)有明确的被告;(三)有具体的诉讼请求和事实、理由;(四)属于人民法院受理民事诉讼的范围和受诉人民法院管辖。"

《村民委员会组织法》第20条规定:"村民自治章程、村规民约以及村民会议或者村民代表讨论决定的事项不得与宪法、法律、法规和国家的政策相抵触,不得有侵犯村民的人身权利、民主权利和合法财产权利的内容。"

显然,对照上述法律规定,当地法院对女客的起诉是应该立案的。法院

不立案的理由并非该院法官认为起诉不符合法定条件,而是电视节目转述的寥寥一句:该案牵涉面大,仅宝塔区就有女客一万多人。

表面上,该案并不复杂,相反,该案事实清楚,法律规定明确。然而,法院不立案的理由也并非一种搪塞:如果法院判决 34 名女客享有同男户的平等分配权,将来其他村的女客会纷纷效仿。并且,该案的示范效应会使得城市周边的此类女客越来越多。所以,轻易做出这样的判决,其实际社会效果可能会导致问题的恶化。

但笔者认为,本案的真正复杂之处可能在于法院没有言明的隐忧:这种纠纷是社会变迁中出现的新问题,严格依法判决很容易引起占人口 90% 村民的抵触,而在这样的抵触之下,判决能否得到执行?"任何法律和政令的贯彻,如果没有习惯的支持,就必然需要使用更大的国家强制力。"[1]而且,即使有强大的国家强制力,也未必能奏效。法律的尊严如何得以维护?或许,面对这样的纠纷,法官自己在内心里也已经感受到了严格适用国家法判决的失当之处,毕竟,男户的抗辩并非毫无道理,并非没有历史合理性和现实合理性。

从司法的原理上讲,对于受案范围内的纠纷不立案是司法机关的失职。当地法院对本案起诉的驳回,说明了法院在很多时候仍然把司法的社会效果置于法律效果之上。我们不能一味谴责当地法院的不作为,不能一味强调用法律的"快刀"去斩现实的"乱麻"。法律的神圣性和权威性并不必然武断地贬斥和否决"地方性知识"(吉尔兹语),历史形成的观念以及社会变迁的现实并非完全不值得考虑。法律的尊严不能只靠严格的适用和严厉的执行来维护,对"地方性知识"的适当尊重或许是保护法律尊严的一种不得已的策略和方式。

六、法律并没有沉默——法律不会沉默

P 村纠纷如果被解读为法律的失败,或许有其道理,正如李成英委屈地质问:法律是什么?言下之意:法律什么也不是。

---

[1] 参见哈耶克《自由主义与经济秩序》,贾湛、文跃然等译,北京经济学院出版社 1991 年版,第 23 页及其注 2。

但笔者并不这么认为。在这个故事中,法院虽然保持了沉默,法律却并没有沉默。正是有了法律中关于男女平等和保护妇女权益的规定,李成英等女客才有了维权的可能。而如果没有法律的支持,女客提出分割补偿款将是不可思议的。

法律不仅通过李成英等女客的言说,使得该村既定分配方案不能得以顺利实施,也通过政法委、信访办等有关部门的态度得到宣示。男户虽然表面上回避国家法的规定,但显然,法律的权威还是给了他们很大的压力。李成英等女客虽然对法律没有果断维护她们的权利表示了失望,但也正是相信法律的力量,才促使她们将维权进行下去。

P村女客和男户的纷争还没有结束。可以预料,类似的纠纷一定在别的地方已经上演或即将上演。抽象的法律原则和纸面上的法律规则,遭遇社会变迁中的现实难题在今日之中国,特别在广大农村并不是一种偶然现象。如果处理不当,共同体的价值分裂、道德底线的下沉和社会秩序的失范都将相继衍生。

法律没有沉默,也不会沉默。这个判断还有三层意思:

其一,P村该纠纷最有可能的结局是经过反复的调解、辩论、冷却、再调解之后,达成一个相互妥协的折中分配方案。无论具体的比例和数额是多少,女客所仰仗的国家法都不会被完全抛却在一边。当然,前提是女客没有完全放弃维权。这个妥协的折中方案既体现了国家法的效力不容否弃,也体现了国家法对社会现实的包容和妥协。①

其二,法律不会沉默,既不是"法律万能"的演绎,也不仅仅是对"法律无用"的反击。法律在此类纠纷中的难堪遭遇必须激发关于法律自身的反思:法律如何能够更好地消除与现实生活的隔膜和距离?如何更妥帖地协调社会变迁中的多元利益冲突?如何更好地回应城乡分治格局瓦解过程中,城乡

---

① 或许,电视栏目对亲情的强调是想表达这样的观点:面对难以解决的法律困境,对亲情的强调可以成为说服矛盾各方接受一个相互妥协的折中方案的黏合剂。在这个相互妥协的折中方案中,依据既不完全是女客所言的国家法所申明的"权利",也不是男户们所据以争辩的"自古以来"外加对未来生计的担忧。一个混合了多重因素的纠纷,不能以单一的判断标准而使原本应该和谐的村社共同体决裂。毕竟,亲情的和谐和秩序的和谐也是生活的宝贵元素。笔者认为,在明确事实和法律的基础上,考虑包括亲情在内各种因素的调解并非是给法律"打折扣"。强调"法律至上"并不必然意味着对现实问题视而不见和对传统持"历史虚无主义"态度。

之间、男女性别之间、现代与传统之间的和谐与平衡？抽象的法律原则如何能够更加可操作化？这或许又牵涉到地方权力机关与地方政府实施和执行国家法律的能力问题，毕竟很多法律需要地方立法根据本地实际情况由地方法规或规章来具体规定。①

其三，城市化进程中，失地农民的生计问题，不能仅仅依靠在村社内部搞利益平衡来解决。数量有限的一次性金钱补偿不能为失地农民提供今后生活来源的安全保障，也就因此容易引起利益争夺的激化并殃及亲情伦理。所以，国家应逐步将农村人口（首先应考虑失地农民）纳入社会保险的范围，给他们提供相应的失业保险、养老保险等。或者也可以考虑允许保留部分村集体所有土地以入股的形式参与城市开发，发挥土地资源收益的长期效应。毕竟，法律的功能不仅在于事后解决纠纷，也在于建立一个公正的机制来预防纠纷的发生。这不仅是法律对社会变迁应该做出的回应，也是建设和谐社会的政治需要。

（作者单位：安徽大学法学院，原文发表于《中国社科院研究生院学报》2008年第2期，入选时有部分修改）

---

① 比如，可以视不同情况做出规定：出嫁女如因丈夫属城镇居民户而无法将户口迁入男方处，户口未迁出，而因出嫁被收回责任田的，这类农村妇女由于政策规定不能到男方落户，则当地乡、村应保证其享有村民同等待遇；其所生子女，可按随母原则申报登记户口，并与其母同样享有本村村民的一切待遇。而对于户口能迁出而不迁出，留在原住地只是为了动迁、征用而谋求利益分配，同时其自身已经不依赖土地收益的出嫁女，则是否可以区别对待呢？

第四编

哲理沉思

信仰:法治的精神意蕴

姚建宗

肇端于古希腊的法治思想对整个世界的文明进程都产生了巨大的影响,其精神的养分肥沃了民主的根基、改良了政治的土壤,从而催开了民主政治的花蕾,结出了现代民主政治制度丰硕的物质果实。如今,作为一种政治实践模式,法治的主要内容已在全世界所有民主或自称为民主的国家的政治生活中或多或少不同程度地实践着。与之相适应,从古到今,也有一代又一代的思想家在不断地思考或重新思考法治的丰富内涵,从而产生了许许多多的法治理论,这些理论向我们展示了法治的不同侧面,使我们进一步加深了对法治的认识。然而,冷静而客观地反思又使我们发现,迄今为止的整个法治理论又是极其不完善的,它们似乎都隐含着共同的重大缺陷。而我们担心,法治理论的这种缺陷将随着理论本身及其被付诸实践而逐渐得到强化,其充分的显露很可能为理论家们所始料不及,它会从根本上有违法治的本义与初衷从而走向法治的反面。有鉴于此,本文拟从对法治理论的检讨之中进一步阐释法治的真正意蕴,以期对法治的理论和实践有所裨益。

一、简单的历史回顾与现实考察:法治理论的共同性内涵

法治思想的明确提出和首次阐述当归功于两千余年前的古希腊先贤亚里士多德。在其名著《政治学》中,亚里士多德明确提出:"我们应该注意到邦国虽有良法,要是人民不能全部遵循,仍然不能实现法治。法治应该包含两重意义:已成立的法律获得普遍的服从,而大家所服从的法律又应该本身是制订得良好的法律。"①他认为:"公民们都应遵守一邦所定的生活规则,让各

---

① [古希腊]亚里士多德:《政治学》,吴寿彭译,商务印书馆1985年版,第199页。

人的行为有所约束,法律不应该被看作(和自由相对的)奴役,法律毋宁是拯救。"①

从此以后,亚里士多德的法治思想被各个时代的思想家和政治理论家普遍接受,获得了绝对优势的支配地位,其对法治内涵的解说也成为公理,而后代的思想家和学者所做的全部工作都不过是在"亚里士多德法治公式"的范围内展开的,绝没有超出亚里士多德的理论框架——从古罗马的西塞罗、中世纪的托马斯·阿奎那,到文艺复兴及其以后的资产阶级启蒙思想家格劳秀斯、霍布斯、洛克、卢梭、孟德斯鸠等人,再到美国独立战争的思想先驱潘恩、杰斐逊、亚当斯及密尔顿等人,莫不如此。这些思想家的工作主要是从自己的思维逻辑和认知兴趣出发对亚里士多德的"公式"予以符合其时代精神的发挥和阐释。这又包括两个方面的内容:其一,结合所处历史时代的社会的、政治的、经济的、思想的、文化的背景和现实要求,论述社会成员普遍守法义务的正当性、合理性和神圣性,并精心设计整套用以保障法律获得社会成员一体遵循的、切实可行的政治法律制度,如司法独立、权力分立与制衡、公正高效的审判程序及律师制度等等;其二,在同样的现实背景之下,论证什么样的法律才算是"制订得良好的法律",提出自己有关"良好的法律"的一系列形式标准(如稳定、公开、可行、明确)和实质标准(如保障基本人权)。

现代西方法学,虽然从学术传统和思想主旨等宏观层面来看,客观上有自然法学、分析实证主义法学、社会法学等等学派之分,但在主要思想倾向和理论特色上分属于不同派别的众多法学家,在对法治的阐述和论证上却令人不可思议地具有共同的主张,表现出了惊人的一致,由此可见"亚里士多德法治公式"长盛不衰的旺盛生命力和深刻而持久的思想影响力与理论感召力。就法律而言,西方法学家普遍认为,"良好的法律"应该符合一系列内在的和外在的标准。就法律如何被遵守即守法而言,他们主要强调司法活动的一系列原则、程序及制度的重要性,即用外在的制度化力量确保"良好的法律"获得社会成员的一体遵循。② 所以,在整个西方法学史上,法治理论是一脉相承而延续至今的。这表明"亚里士多德法治公式"作为一种思想的历史遗产所具有的历时性存在的永恒性。这种永恒性不仅体现在西方法学理论传统

---

① [古希腊]亚里士多德:《政治学》,吴寿彭译,商务印书馆1985年版,第276页。
② 详见张文显《法学基本范畴研究》,中国政法大学出版社1993年版,第290—291页。

与现实之中,而且还体现在,我国法学理论界几乎同样是毫无保留地接受了"亚里士多德法治公式"。

在我国法学理论界,张文显教授对于法治理论本身的内涵的论述是比较全面和有特色的。他从"法治是民主、自由、平等、人权、理性、文明、秩序、效益与合法性的完美结合"的基本认识出发,提出了法治社会的六大"基本标志"以及法治的"十大要素与机制"。但从内容来看,我认为,这也只是对"亚里士多德法治公式"的现代特性的综合与进一步详细描述,只是对"亚里士多德法治公式"的现代展开,它仍然没有超出如何之谓"良法"及法律怎样得到切实遵行这个既定框架。①

在我看来,"亚里士多德法治公式"以及后来的思想家和学者对这一"公式"的内涵的进一步丰富、发挥和阐述,的确都涉及了"法治"的主要内容,成为"法治"所须臾不可或缺的成分与要素。正因为如此,"亚里士多德法治公式"的影响自其产生之日起,逾数千年而不衰,几乎被中外思想家和学者一致认可,成为他们探讨法治问题所必备的一个逻辑起点和理论支点,也成为他们发挥自己观点的一个标准参照系统和分析框架。

在总体上,我赞同并认可"亚里士多德法治公式"。但同时我也认为,传统的"亚里士多德法治公式"以及中外学者对这一"公式"迄今为止的几乎所有阐述,从总体上看都存在着重大的理论误区,而这些误区的理论气质与实践倾向,又不折不扣地是与法治的根本主旨和意趣相悖的,这不能不引起我们的深思。

二、法治精神内核的整体性失落:一种理论审视与检讨

传统的和现行的法治理论的重大理论误区,恰在其理论的特色或优势处。归纳起来,大致体现在这样几个方面:

第一,通行法治理论在对"法治"的理解、描述和解释方面,形式的、现象的成分大大超过其所蕴含或应当蕴含的实质成分。学者们遵循"亚里士多德法治公式"的框架,对法治理论的阐发紧紧围绕着社会公众"普遍守法"和"良好的法律"的条件进行。这本无可厚非,但却普遍忽视了两个极为重要而必

---

① 详见张文显《法学基本范畴研究》,中国政法大学出版社1993年版,第291—298页。

须进一步追问的问题:(1)"良好的法律"的标准(特别是其内在的实质标准)是或者应当是由谁提出,由谁掌握并据此对法律作出"良好"与否的最终判断?这一判断是否是或者应当是最权威的、社会应当予以普遍认可的?(2)社会公众的"普遍守法"是出于何种动机和心态?公众是否具有普遍的、一般的、绝对的"守法"道德义务?由于现行法治理论没有或者很少对这两个重要问题作出或者试图作出回答,因此我们完全有理由推论并相信,这种理论充分实践的结果所带给我们的不仅不是一个法治社会,恰恰相反,它倒极有可能带给我们一个彻头彻尾的、十足的专制社会(只不过盗用法治的名义而已)!因为,首先,纯粹的赤裸裸的暴力或者隐蔽的、温和的暴力威胁对广大民众的压制,可以使任何法律得到普遍的一体遵循;其次,法律之良善与否可由握有纯粹暴力或温和的暴力威胁之权柄者自行判断,并强迫社会公众普遍"认可"。

第二,通行的法治理论具有较为明显的技术主义倾向和工具主义倾向。学者们大抵都自觉或不自觉地把"法治"作为一种国家统治方式或安邦治国的策略。因此,在其法治理论中,物质的制度成分大大优越于精神、意识与观念成分。于是,法治的价值内涵与目的追求的意义便淡化了。而且,由于学者们如上所述并未明确提出法律之良善标准的最终拥有者和判断者,法治价值的主体不明,因而出现法治价值的虚置。这样,由于法治的主体缺位而致使其价值意义弱化与精神的逐渐萎靡,法治便慢慢地失去了作为其"血肉"的社会意识、观念和价值,丧失了作为其灵魂的精神,只剩下由一系列"物质"的制度构成的骨架。对于全体社会公众而言,这样的"法治"不过是一个完全异化的"他者",一个彻头彻尾的怪物。对这样的一个怪物,社会公众心存畏惧而不会认同,结果可能便是法治的意义尽失而徒具形式。正如伯尔曼所说的:"一种不可能唤起民众对法律不可动摇的忠诚的东西,怎么可能又有能力使民众普遍愿意遵从法律?"①我赞同潘恩的看法,"法律必须靠原则的公正以及国民对它感兴趣才能获得支持。"②我也信服伯尔曼的论断:"正如心理学研究现在已经证明的那样,确保遵从规则的因素如信任、公正、可靠性和归属感,远较强制力更为重要。法律只有在受到信任,并且因而并不要求强制

---

① [美]伯尔曼:《法律与宗教》,梁治平译,三联书店1991年版,第43页。
② 《潘恩选集》,马清槐等译,商务印书馆1991年版,第265页。

力制裁的时候,才是有效的,依法统治者无须处处都仰赖警察……总之,真正能阻止犯罪的乃是守法的传统,这种传统又植根于一种深切而热烈的信念之中,那就是,法律不仅是世俗政策的工具,而且还是生活终极目的和意义的一部分。"①

第三,根据通行法治理论,我们看到的最多将是一个因社会公众对法律的被动服从而出现的消极的法律秩序的社会,而不是因社会公众主动服从法律并参与其中而出现的积极的法律秩序状态的社会。在这里,我们看到的可能将是社会公众对法律的冷漠、厌恶、规避与拒斥,而不是对法律的热情、期待、认同与参与。于是,法律与社会公众之间便自然地呈现出一种内在的紧张关系,法治之于社会公众生活亦如油之于水而难以融合。从而,法治便从根本上丧失了其存在的根基。现行法治理论精神内核的整体性失落,使法治本身远离其自由、平等、民主、人权等基本价值的目的追求,有违其初衷与主旨。而这恐怕是出乎对法治理论予以阐释的各位理论家和学者意料之外的。那么,究竟是何种因素导致了学者们对这些看起来都较为正确的法治理论的共同理论失误呢?我个人认为,正是他们那共同的思维方式和几乎一致的政治立场与学术态度,限制了他们的视野,使他们自觉或不自觉地在其理论领域留下了共同的盲点,导致了整个现行法治理论共同的理论失误。

首先,现行的法治理论,自亚里士多德以来,几乎都是或者主要是从国家或政府的立场出发的,其所表达的,或者主要表达的,乃是国家或政府的政治倾向、意识形态与价值观念。因此,无论是社会公众对法律的一体遵循,还是就法律是否"良善"所作的判断,都不过是国家或政府单方面意愿的表达。公众守法出自国家或政府的要求与命令,公民不得不从,故而要一体遵守而不允许有所例外。法律是好是坏,是否优良,其标准由国家或政府作为全体社会成员的代表提出,并由国家或政府依据这套标准对其制订的法律自行作出独立的优劣判断。这样,在自亚里士多德以来通行至今的"法治公式"里面,我们便只能看到国家或政府劳顿忙碌的"身影":既要"为民做主"代替全体社会成员对国家或政府制定的法律作出"良好"与否的价值判断,又要运用各种手段(可能主要是暴力与威胁等压制手段)保证这些法律得到全体社会成员的普遍遵守。在其中,我们丝毫看不见全体社会成员对于法律真诚而热情的

---

① [美]伯尔曼:《法律与宗教》,梁治平译,三联书店1991年版,第43页。

拥戴,以及主动积极地自觉遵循。我们看见的恐怕只是社会公众的消极倦怠与冷漠麻木,加上极度的失望与无奈!它离法治的真实意义已经相当遥远,自由、民主、人权的价值蕴含早已荡然无存。

第二,现行法治理论的视角是从旁观者或者局外人的眼光来观察、透视法治的方方面面的,其描述意义大大超过其规范意义。在这些理论家和学者的视野中,除了由那些可见的、物质的制度成分构筑的法治的有形结构外,别无他物,法治似乎可以简单地被归结为一堆冷冰冰的材料。我理解,这可能与学者们想尽量以客观的立场和态度来研究、描述和表达法治的基本内涵有关。但我认为,在法治理论中无视处于"法治"之中的社会成员作为一个个真实的人的情感需求与情绪体验,无视其主观感受与愿望,这本身恐怕就不能算是一种客观的态度。

第三,上述方法论缺陷导致了通行法治理论的共同失误,即法治精神内核的整体性失落。它基本上忽视了在法治历程中社会成员的主体性与自我意识,不能充分表达广大社会成员对法治活动的积极参与和自觉的主动认同。

因此,为了探索法治的内在精神意蕴,笔者准备换一个角度对法治的精神内涵作进一步的思考。

三、法治的真正意蕴:进一步的理解与阐释

我首先认为,现行法治理论对法治内容及其现象的种种详尽描述,对实现法治所作的种种制度安排和设计,都是法治的重要方面,没有它们便绝无任何法治可言,因而这些方面是法治的起码条件。然而我同时认为,即使这些作为起码条件的"硬件"系统在一个社会中百分之百地具备了,也不一定就真的实现了"法治"。恰恰是法治的精神条件即法治的"软件"系统才非常深刻地反映了法治的内在意蕴、精神气质与性格。法治的这种精神气质又是整个社会的精神、情感和意识的反映和表达。而构成整个社会的精神、情感和意识的,无疑正是那生活于社会之中的全体社会公众普遍的、共同的精神、情感和意识。因此,如果从社会公众的角度,从社会精神与社会情感的角度来理解和认识法治,无疑是可以抓住法治的内在灵魂,从而揭示出法治的真正意蕴的。这一理解思路并不是我们的发明,先贤亚里士多德早就提出了这个

问题,他曾说:"即使是完善的法制,而且为全体公民所赞同,要是公民们的情操尚未经习俗和教化陶冶而符合于政体的基本精神(宗旨)——要是城邦订立了平民法制,而公民却缺乏平民情绪,或城邦订立了寡头法制而公民却缺乏寡头情绪——这终究是不行的。……应该培养公民的言行,使他们在其中生活的政体,无论是平民政体或者是寡头政体,都能因为这类言行的普及于全邦而收到长治久安的效果。"① 而令人遗憾和使人困惑的是,绝大部分理论家和学者仅仅注意到且毫无保留地接受了"亚里士多德法治公式"所表达的法治的物质方面的"硬件"系统,而根本忽视了亚里士多德所谈到的实际上可作法治之精神支柱的社会民情及其诸方面!而从法治的"民情"基础所体现出来的精神气质来看,法治的真正意蕴包含或者应当包含如下内容:

第一,法治表达或者主要表达了社会公众对法的一种神圣的法律情感。这种法律情感的形成不是靠法律的严酷与冷峻,也不是靠外力的强迫、压制与威胁——它们只能使社会公众产生敬畏感而没有神圣性——这种神圣的法律情感是社会公众出自内心的对法的真诚信仰,这是一种类似于宗教信仰的情怀。在这种信仰中,人们对法律明显地没有那种敬畏的距离感,而有的只是由这种信仰所产生的归属感与依恋感,由此才激发了人们对法的信任、信心和尊重,并愿意为之而献身,正是在这种社会普遍的法律情感氛围中,法律最终找到了自身正当性与合理性的真正基础和根源。也只有在这个基础和根源当中,法律才能获得真正的、有普遍社会感召力的神圣性。由此,法律的至上性和最高权威也才可能得以真实的确立和维持。这样,法治化的过程实际上也就是法律逐步获得并保有神圣性的过程。

这正如托克维尔所言:"没有民情的权威就不可能建立自由的权威,而没有信仰也不可能养成民情",②"自由视宗教为民情的保卫者,而民情则是法律的保障和使自由持久的保证"。③ 在这里,我们所理解的宗教具有比较宽泛的含义,它指"社会关于生活终极意义和目的的直觉知识,以及对此终极意义和目的的献身"。④ 它和法律实际上"代表了人类生活中两个基本的方面,

---

① [古希腊]亚里士多德:《政治学》,吴寿彭译,商务印书馆1985年版,第275页。
② [法]托克维尔:《论美国的民主》(上),董果良译,商务印书馆1991年版,第14页。
③ [法]托克维尔:《论美国的民主》(上),董果良译,商务印书馆1991年版,第49页。
④ [美]伯尔曼:《法律与宗教》,梁治平译,三联书店1991年版,第26页。

法律意味着秩序,宗教意味着信仰"。① 我们坚信:"法律必须被信仰,否则它将形同虚设。它不仅包含有人的理性和意志,而且还包含了他的情感,他的直觉和献身,以及他的信仰。"② 道理很简单,"仅凭理性的推导与功利的计算,怎能够唤起人们满怀激情的献身?不具有神圣意味的法律又如何赢得民众的衷心拥戴?"③ 所以,托克维尔通过对美国民主制度的全面考察,极具洞见地得出结论:"法律只要不以民情为基础,就总要处于不稳定的状态。民情是一个民族的唯一的坚强耐久的力量。"④ 他肯定:"一个只靠武力使人们服从其法律的政府,必然会迅速毁灭。"⑤

我认为,社会公众的法律情感,以及在此基础上产生的法的神圣性的意识和观念,对法的宗教情怀和信仰,是全部法治建立、存在和发展的根本前提和保障。甚至可以说,公众的法律情感和法的神圣性的观念,是法本身之存在及其具有效力的"合法性"根据。而"这种对于任何法律秩序都是必不可少的情感,不可能由纯粹的功利主义伦理学中得到充分的滋养。这类情感的存在,有赖于人们对它们自身所固有的终极正义性的信仰,当代西方社会流行的见解主张:法律主要是推行统治者政策的手段。但从长远计,这种见解最终将自取其咎"。因为,"若仅从效力角度考虑法律,则我们使之丧失的,便正好是效力。若不曾对法律中的宗教因素予以充分的注意,我们就会取消它执行正义的职能,甚至可能使它丧失生存的能力"。⑥ 因此,伯尔曼坚持认为,如果"剥夺了法律的情感生命力,则法律将不可能幸存于世"。他认为"法律与宗教一荣俱荣,一损俱损。如果我们希望法律继续有效,我们就不能不重兴人们对法律的献身激情(这种情感本质上是宗教的),正是此类激情使法律具有了仪式、传统、权威和普遍性"。⑦

所以,法治化的过程,实际上也就是法的神圣化的过程。在这一过程中,在法的神圣性(也就是法的宗教性)被强化的同时,法的价值蕴含得到了极大的提高。正如伯尔曼所说的,"所有法律制度都不仅要求我们在理智上承

---

① [美]伯尔曼:《法律与宗教》,梁治平译,三联书店1991年版,《译者序言》第3页。
② [美]伯尔曼:《法律与宗教》,梁治平译,三联书店1991年版,第28页。
③ [美]伯尔曼:《法律与宗教》,梁治平译,三联书店1991年版,《译者序言》第5页。
④ [法]托克维尔:《论美国的民主》(上),董果良译,商务印书馆1991年版,第315页。
⑤ [法]托克维尔:《论美国的民主》(上),董果良译,商务印书馆1991年版,第156页。
⑥ [美]伯尔曼:《法律与宗教》,梁治平译,三联书店1991年版,第39—40页。
⑦ [美]伯尔曼:《法律与宗教》,梁治平译,三联书店1991年版,第52页。

认——社会所倡导的合法美德,而且要求我们以我们的全部生命献身于它们。所以,正是由于这种宗教激情,信仰的飞跃,我们才能使法律的理想与原则具有普遍性"。① 实际上,"在任何一个社会,法律本身都促成对其自身神圣性的信念。它以各种方式要求人们的服从,不但付诸他们物质的、客观的、有限的和合理的利益,而且还向他们对超越社会功利的真理、正义的信仰呼吁,也就是说,以一种不同于流行的现世主义和工具主义理论的方式确立法的神圣性"。② 总之,"法律不应只图方便,它应当致力于培养所有有关人员——当事人、旁观者和公众——的法律情感"。③ 这一点对法治而言,非常关键。

在此必须强调的是,在社会公众的法律情感中,他们对法的神圣性的宗教般的信仰,"不仅要求个人的德行,而且要求集体的德行,而体现在法律中的集体德行也和人可能做的其他任何事情一样具有终极价值(而非仅仅是次要价值)"。④

第二,法治表明社会公众普遍形成了一种崭新的法律态度。他们已经普遍地对法律产生了一种高度的认同,已经认识到法律不仅不是对自己生活的妨碍,反而是与自己的现实生活密切贴近的必需品,已经是自己日常生活的必备条件了。这时候,他们已经不把法律看作是由外在力量强加在他们身上的东西,一个与己无关的多余的外物,而是认为这法律就是自己的,是自己生活的一部分,须臾不可分离。因此,社会公众普遍地将法律的要求内化为自己从事一切社会行为的动机,并自觉地把自己和他人的行为坦陈于法律面前,接受法律的评判和检测。这时,我们似乎可以说社会公众已经自觉地把法当作自己的内在生活方式与生存样式了。或者借用著名法学家哈特的术语来说,在法治社会中,社会公众普遍地对法律持有"内在观点"而不是旁观者立场的"外在观点"。正因为这法律是自己的,它体现了人性的要求,社会公众才特别地珍视和爱护,法律也才真正具有权威性和神圣性,人们才真正有信心对其予以信任和信仰,法律也才的的确确值得尊重。历史早已证明,"人们不会衷心拥戴一种政治制度和经济制度,更不用说一种哲学,除非对他

---

① [美]伯尔曼:《法律与宗教》,梁治平译,三联书店1991年版,第54页。
② [美]伯尔曼:《法律与宗教》,梁治平译,三联书店1991年版,第44页。
③ [美]伯尔曼:《法律与宗教》,梁治平译,三联书店1991年版,第59页。
④ [美]伯尔曼:《法律与宗教》,梁治平译,三联书店1991年版,第112页。

们来说,这种制度或者哲学代表着某种更高的、神圣的真理。如果在人们看来,有一种制度与他们信仰(用全部生命去信仰,而不仅仅是在理智上认为如此)的某种超验实体相悖,他们就会抛却这种制度"。① 伯尔曼认为,"除非人们觉得,那是他们的法律,否则,他们就不会尊重法律。但是,只有在法律通过其仪式与传统,权威与普遍性触发并唤起他们对人生的全部内容的意识,对终极目的和神圣事物的意识的时候,人们才会产生这样的感觉"。②

第三,法治是全体社会公众共同参与的一项正义的事业,它反映的是社会公众强烈的主人翁的独立意识与自觉意识,表达的是社会公众的积极性与主动性。正是在这种精神氛围中,人的主体性得到了最大限度的实现。在这里,法律与人的内在需求达到了最大限度的从内容到形式的一致,法律成为人性的一部分,法和人在本质上达到了某种契合与同一。在这里,人们相互都把对方真正看作是与自己平等的人,所有社会成员也因此才成为真正的人。正如托克维尔所讲的,"在民主共和国,已经不是一部分人民去从事改善社会的状况,而是全体人民都以关切的心情承担起这项任务"。③ 因此,法治不仅是国家(或政府)所关心并努力从事的事情,更是社会公众所关心或者应当关心并努力投身其中的事业。不仅是其他社会公众所关心或者应当关心并为之奋斗的事业,同时也是包括自己在内的全体社会公众应当主动地自觉参与的共同事业。

这样,法治化表明,我们应当而且必须转换我们的思维方式,抛弃传统的二元论思维模式——在这种思维模式下,社会公众是认识的积极方面与主动方面即认识"主体",而法律则成为认识的对象即"客体",这样,法律成为"知觉对象,一件既脱离其生产者又脱离其消费者的产品,一个外在于遵从它的人而存在的规则体系"。④ 所以,我们所看到的社会的法律景象便是:"主体全然分离于客体,人疏离于行为,精神疏离于物质,情感疏离于理智,意识形态疏离于权力,个体疏离于社会。"⑤于是,作为社会之基本构成因子的人被想象为存在于他所认识、理解和分析的法律现象与法律实践之外,他当然也

---

① [美]伯尔曼:《法律与宗教》,梁治平译,三联书店1991年版,第90页。
② [美]伯尔曼:《法律与宗教》,梁治平译,三联书店1991年版,第60页。
③ [法]托克维尔:《论美国的民主》(上),董果良译,商务印书馆1991年版,第277页。
④ [美]伯尔曼:《法律与宗教》,梁治平译,三联书店1991年版,第133页。
⑤ [美]伯尔曼:《法律与宗教》,梁治平译,三联书店1991年版,第31页。

就成了法治的旁观者。法治化所需要的是辩证统一的整体思维模式,按照伯尔曼的说法,在这种思维模式下,二元论思维的"非此即彼","让位于'亦此亦彼'。不再是主体反对客体,而是主体与客体交互作用;不再是意识反对存在,而是意识与存在同在;不再是理智反对情感,或者理论反对激情,而是整体的人在思考和感受"。① 它表明,我们不再把法律理解成"认识对象,而开始把它理解为观察者也参与其中的一项事业"。② 也就是说,法治并不是或者不应当是人与法的主客体的严格二分与矛盾对立,而是主客体的双向互动与协调统一,即主体的法律化与法律的主体化。这是一种双向的改造与塑造的过程,它将人塑造成新型的真正的法治人而将法改造成新型的真正的良法。法治人对法的遵守是出于对法律的认同、尊重而自觉守法,这种主动守法与被迫无奈的消极守法具有根本区别。对此,斯宾诺莎早有分析,他说:"法律这一名词主要是用于一些人的威权加之于人的生活方式,所以守法的人可以说是受法律的管辖,使他们不得不从。实在说来,一个人因为怕上绞刑架对人无所侵犯,这不能说他是一个有正义的人。但是有一个人因为知道为什么有法律的真正理由与必要,出自坚定的意志自愿地对人不加侵犯,这样才可以说是一个正直的人。我想这就是保罗的意思,他说凡为法律所辖制的人不能因为守法即为一公正之人,因为公正普遍的定义是指尊重别人权利的一种恒常的意志。"③这样,在法治人的视野中,法律就"不只是一整套规则",而是"在进行立法、判决、执法和立约的活生生的人。它是分配权利与义务,并据以解决纷争,创造合作关系的活生生的程序"。④ 而"一旦把法律理解为积极的,活生生的人类进程,它也就包容了——正好比宗教包容了——人的全部存在,包括他的梦想,他的情感,他的终极关切"。⑤ 同时,对于法律的改革和完善而言,绝对不可否认的是,"法律程序中更为广泛的公众参与,乃是重新赋予法律以活力的重要途径"。⑥ 所以,在这种意义上,法治既是一种客观的社会现象即一定的法律秩序状态,又是全体社会公众自觉参与法治

---

① [美]伯尔曼:《法律与宗教》,梁治平译,三联书店1991年版,第134页。
② [美]伯尔曼:《法律与宗教》,梁治平译,三联书店1991年版,第136页。
③ [荷]斯宾诺莎:《神学政治论》,见《西方法律思想史资料选编》,第172页。
④ [美]伯尔曼:《法律与宗教》,梁治平译,三联书店1991年版,第38页。
⑤ [美]伯尔曼:《法律与宗教》,梁治平译,三联书店1991年版,第46页。
⑥ [美]伯尔曼:《法律与宗教》,梁治平译,三联书店1991年版,第60页。

化过程的一种内在感受和体验,即一种崭新的生活态度、情感与心态。

第四,法治意味着社会公众自己替自己做主,充分表达自己的愿望、期待和要求。因此,在判断现行法律是良法还是恶法、是好法还是坏法时,作为社会公众的法治参与者在尊重国家(或政府)的判断标准和判断结论的同时,也有充分的自由和权利依据自己的判断标准对法律的好坏作出判断,也有充分的自由和权利根据自己的判断标准对国家(或政府)的判断标准和判断结论予以全面审查,从而也有充分的自由和权利否定国家(或政府)的判断标准和判断结论,并采取相应的政治行动和法律行动。而作为其自明前提和必然的逻辑结果,社会公众也应当自觉而主动地承担因其采取这种政治行动和法律行动而引起的一切法律责任。在这里,法治表明的是或者应当是,切切实实的人民自己当家做主,而不是由别人替民做主,即使是国家(或政府)也不行。同时,法治也表明了只有人民(社会公众)自己才有资格拥有对法律之好坏、良善与否予以最终判断的权力,而其判断的共同标准,乃是人本身的生存、发展和完善,即人的全面自由发展。

第五,法治意味着政府的绝对守法义务和社会公众的相对守法义务。从法治的观点来看,宪法主要是直接约束国家各级权力机关、司法机关和政府,而不是直接约束社会公众的,在宪法指导之下制定的各种基本法律、法规、规章以及特别法才是直接约束社会公众的。在这个意义上,唯有政府等国家机关才存在遵守或违背宪法的问题,而一般的普通社会公众,无论在逻辑上还是在事实上,都不可能成为遵守宪法或违背宪法的"合格"主体。当然,从最根本的意义来说,所有的法律、法规等都是依据宪法制定的,因此对所有法律、法规的遵守都可以归结为对宪法的遵守。反之,对所有法律、法规的任何违反都可以归结为违背宪法。但这种遵守或者违背宪法始终是间接而非直接的、推论的而非现实的。因此,政府的绝对守法义务的第一层含义即指,政府的首要守法义务是或者应当是遵守宪法,其次才是遵守基本法律、法规和决定,尔后才是遵守自己制定的行政法规,强调这一点有利于增强宪法的权威性,强化政府的守法观念,也便于对政府守法予以监督。第二层含义是,必须对政府实行全面而严格的义务推定原则,政府的权力及其行使以法律的明确规定为界限,不得越界。

社会公众的相对守法义务应当包含如下内容:其一,公民守法是或者应当是公民的基本道德义务,但绝不是绝对的道德义务。因此,守法与否公民可以自行作出决定。也就是说,出于对法律之正当合理性的否定,出于改革和完善现行之"恶法"(公民自行判断结论)的良好动机与愿望,公民可以单独地或者集体地进行某些和平的违法行为(如口头或书面的抗议,集会、游行、示威等等),这也就是当代西方法学家如德沃金和罗尔斯等人详尽阐述的所谓"善良违法"(良知违法)与"温和抵抗"(非暴力反抗)。但必须强调的是,公民拥有有意识地和平违法的权利和自由并不能排除公民基本的守法义务。因此,任何公民都必须自觉承担因自己的违法行为(无论出于何种原因)而引起的法律责任。其二,从纯粹守法来看,公民的相对守法义务包括两个方面的内容:一方面,当法律本身是"良法"时,作为社会一分子的公民应当自觉予以认同而守法与护法,不应随意违法。否则,法律将形同虚设,毫无神圣性和权威性可言。正常的良好的法律秩序无法形成,何谈法治?另一方面,当个别的法律或者法律的个别方面品质恶化,成为不公正的、坏的"恶法"时,作为社会一分子的公民除了尽其所能努力表达改革和完善法律的愿望和要求并采取实际行动使其向好的、公正的"良法"转化的同时,哪怕这些法律对自己或他人在某些方面不公正和不方便,但为了整个社会的全局利益和法治化过程的逐步推进,也应当尽量自觉地遵守这些不公正的、引起自己或他人厌恶的"恶法",以保证在整个社会逐步形成一定的法律秩序,从而在全社会逐步培育或者巩固全体社会成员的法治情感、法治情绪与法治心态。潘恩就曾表达过这种观点,他说:"对于一项坏的法律,我一贯主张(也是我身体力行的)遵守,同时使用一切论据证明其错误,力求把它废除,这样做要比强行违反这条法律来得好。因为违反坏的法律此风一开,也许会削弱法律的力量,并导致对那些好的法律的肆意违犯。"这一点极其重要,它同样是我们所追求和仰慕的法治所不可缺少的必要的一环。

我以为,综上所述才是法治必备的"软件"系统,正是这些反映了法治的社会情绪和公众情感的法治的精神气质和内在品质的诸因素,才充分而准确地表达了法治的真正意蕴!它们和作为法治之物质要素或制度要素的法治"硬件"系统一起,共同构成了完整的、真正意义上的法治的充分而且必要的条件。而我们所追求的也恰恰是,而且也应当是这样的法治。

四、法治之境的远与近:一个实例及其留下的思考

1995年,《读书》杂志第10期发表了《在美国焚烧国旗是否合法?》一文。

在文中,东来先生详细介绍了发生在美国的两起焚烧美国国旗的案例:

1984年,美国共和党在得克萨斯州达拉斯城举行大会,而反对里根总统内外政策的美国公民则在会场外集会和示威,其中一位名叫约翰逊的先生当场焚烧了美国红白蓝三色国旗。于是,得克萨斯州便以故意损坏国旗的罪名逮捕并起诉了约翰逊,这就是著名的"得克萨斯诉约翰逊"案。有关该案的官司一直打到了美国联邦最高法院。1989年6月21日,联邦最高法院以5票赞成4票反对的1票之差作出如下判决:在公众集会示威中焚烧美国国旗是受到美国宪法修正案第一条"表达自由"权保护的合法行为。这一判决使约翰逊先生被无罪释放,而同时由于美国联邦最高法院享有违宪审查权,它的这一判决也当然地使美国48个州和华盛顿哥伦比亚特区有关当局制定的有关国旗保护的地方性法律失效。

然而,最高法院的这一判决激怒了那些将国旗视为美利坚民族之象征的美国公民且伤害了他们强烈的爱国心。当时的民意调查表明,3/4的美国人强烈希望用法律来保护国旗。而"他们的愿望在国会中迅速得到表达。当年10月,国会通过了1989年《国旗保护法》,但这一法律立即受到支持焚旗为宪法权利的人的挑战。就在该法生效的当天(10月30日),一位叫埃里奇兰的女士以身试法,在国会山下当众焚旗,因为她知道这个案子必然会上诉到最高法院。在'美国诉埃里奇兰等人'一案中,尽管有群众和国会的压力,最高法院依然我行我素,再次以五比四的票数在1990年6月11日宣布1989年《国旗保护法》违宪,重申其焚旗合法的立场。反对焚旗的人(姑且称之为护旗派)于是只好寄希望于通过新的宪法修正案来保护他们神圣的旗帜。十天后,护旗派在众议院提出了一项保护国旗的宪法修正案,但因未达到2/3多数而未能通过。参议院的护旗派也以58票赞成42票反对面临同样的遭遇。但国会外的护旗派不肯善罢甘休,爱国的激情以及大多数美国人支持保护国旗的事实,促使他们决心继续战斗下去。1994年8月,以美国退伍军人组织美国军团(American Legion)为首的65个全国性社会组织在国会山下宣布成立全美'公民护旗同盟'(Citizens Flag Alliance),发誓要在全国进行一场声势浩大的护旗游说运动,促使国会能有2/3的多数通过保护国旗的宪法修正案"。目前,"多数议员(尽管不是2/3多数),多数州的州长(已有26位州长)表示支持护旗同盟。受美国军团委托,盖洛普(Gallup)1994年2月进行的一项民意调查显示,80%的美国人不认为焚烧国旗是受宪法保护的'表达自由'的行动,78%的人认为有必要通过宪法修正案来护旗,81%的人表示如果第二天投票,他们会赞成通过宪法修正案"。①

这两起发生于美国的焚烧国旗的案件及其所引发的支持护旗与焚旗的争论与行动,的确给我们留下许许多多十分值得深思和回味的东西。如果我们暂时撇开美国法律(包括宪法)的阶级本质属性不谈,同时放弃护旗派与焚旗派的对立立场而采取一种超越态度,以一个旁观者的视角来审视所发生的这一切,我们便会真切地看到,普通的美国公民、社会团体、美国各级(州和联邦)政府、国会和最高法院对焚旗和护旗的态度与行为,非常鲜明、形象而生动地体现了美国社会公众普遍具有的那种法律情感。这就是,对包括宪法在内的美国法律及其程序的信任、信心和尊重! 他们对法的的确确是出自内心的真诚的信仰,即使某些法律他们不喜欢甚至厌恶和愤慨,他们也初衷不改,绝不动摇对法律的依恋和爱戴,而是寻求通过某种方式(包括违背现行法律但尽可能以合法方式)争取改革和完善现行法律。他们用自己的行动表明了他们对于自己的法律的神圣性、至上性和权威性的认可,以及他们对法律的自觉认同,并将其要求内化为自己行为的动机而通过自己的行为表现出来。换句话说,从这里,我们看到美国公众对于法律基本上是持"内在观点"。同时,我们也看到了美国公众主动而自觉地积极参与法律的改革与完善,他们对法律的共同缔造也充分体现了其强烈的主体性与自我意识。由此,我们也不能不坦率地承认,在美国公民、社会团体、美国政府、国会和最高法院对待焚旗和护旗的态度和行为的背后,我们看到了一种我们期待已久的普遍的法律情感和社会意识,其精神内核和气质恰恰正是我们所谈论的法治的意蕴! 由此看来,法治之境离我们并不是那么遥远,它很近。

然而,法治情感的培育和法治精神的形成又实在不是一蹴而就或者短时期就能见效的,它需要长期地、一点一滴地积累、生成。在法治化的过程中,物质的、技术性的法律制度,即法治的"硬件"系统,相对而言是比较容易构建或引进的,但它们若要真正发挥其应有的作用和价值,则必须有与之相适应

---

① 详见《读书》1995年第10期东来文。

的精神、意识和观念,即法治的"软件"系统予以奠基和支撑。这也是有实例可循的。托克维尔就曾说:"墨西哥人希望实行联邦制,于是把他们的邻居英裔美国人的联邦宪法作为蓝本,并几乎全部照抄过来。但是,他们只抄来了宪法的条文,而无法同时把给予宪法以生命的精神移植过来。因此,他们的双重政府的车轮便时停时转。各州的主权和联邦的主权时常超越宪法为它们规定的范围,所以双方总是冲突。"① 因此,培养全体社会公众的法治情感和心态,使之成为普遍的社会民情,这是法治化进程中非常重要而艰巨的任务。可以肯定,只有物质的、制度化的"硬件"系统而缺乏相应的精神意识、观念和情感等"软件"系统支持的所谓"法治",不是真正的法治,它只有法治的外表和骨架而没有内在的灵魂。

不幸的是,我国法治现实的真实情况恰恰正是这样。我们一直强调并进行着作为法治"硬件"系统的法律制度的建设,而较为忽视作为法治"软件"系统的法治精神与情感的培养。我们一直迷信和崇拜国家政权的强制与威慑,而较为忽视作为社会主体的社会公众的主体性与自我意识,以及在此基础上的对法律的自觉认同和尊重。不仅如此,对于我国的法治化而言,其问题远比这要严重得多、复杂得多。因为我们的法治,从制度到观念、从物质到精神都彻头彻尾是西方的产物,属于"舶来品",并无本土化的传统文化根基。对此,梁治平先生曾作过如下分析:"我们的现代法律制度包括宪法、行政法、民法、诉讼法等许多门类,它们被设计来调整社会生活的各个领域,为建构一个现代社会奠定基础,同时,它们也代表了一种精神价值,一种在久远的历史中逐渐形成的传统。问题在于,这恰好不是我们的传统。这里不但没有融入我们的历史和我们的经验,反倒常常与我们'固有的'文化价值相悖。于是,当我们最后不得不接受这套法律制度的时候,立即就陷入到无可解脱的精神困境里面。一种本质上是西方文化产物的原则、制度,如何能够唤起我们对于终极目的和神圣事物的意识,又怎么能够激发我们乐于为之献身的信仰与激情?我们并不是渐渐失去了对于法律的信任,而是一开始就不能信任这法律。因为它与我们五千年来一贯遵循的价值相悖,与我们有着同样长久之传统的文化格格不入。"② 在这种情况下,我们还一味地只是注重和强调物质的

---

① [法]托克维尔:《论美国的民主》(上),董果良译,商务印书馆1991年版,第186页。
② [法]托克维尔:《论美国的民主》(上),董果良译,商务印书馆1991年版,《译者序言》第15—16页。

法律制度建设,以及对于法律的严格遵守,而极其轻视对法律制度的精神文化因素的培育,当然不可避免地一再拉大了本已存在的法治的物质、制度、技术成分,与法治的意识、精神、观念、价值成分之间的距离,强化了它们之间的分离和脱节,加剧了它们之间的矛盾、冲突和对立。于是,在西方原本是两种因素内在统一的法治,在中国的法治实践中却明显地存在着巨大的张力,以至于哪怕是保持其表面的协调都极为困难。这样,在中国的法治建设实践中,伴随着法治化进程,就必然会产生两种与法治根本相悖的社会现象:

一方面,社会公众始终认为法律对自己来说完全是一个外物和异己的东西,它不是自己的生活需要而是社会强加的,其目的是压迫、限制和束缚自己,自己对法律的遵守是被迫而不得已的行为。因此,他时时刻刻想到的便是远离、规避和拒斥法律。于是,法律丧失了其神圣性、至上性和权威性,也从社会公众的情感上根本性地丧失了其应有的效力。因为,"法律的效力是以它所引起的爱戴和尊重为转移的"。① 另一方面,在外力的强制与威慑下,社会公众无可奈何地被动服从法律,逐渐麻木了其自主判断的神经,将其愿望和期待埋在了心里,在逐渐泯灭参与热情的同时,独立的平等人格丧失了,而顺从的、充满奴性的依附人格生成了。期待之中的法治社会的真正公民终于没有出现,而新一代的臣民可能又会拥塞着社会的空间。

由此看来,中国的法治之路的确还相当遥远,它艰辛而漫长。

五、简短的结束语

总之,我个人坚信,法治社会的建立绝不仅限于其物质层面的制度建设,绝不仅限于其技术性"硬件"系统的完备周详。法治社会的有效建立,最为基础也最为关键的,乃是作为其基础以支撑整个法治大厦的精神层面的意识与观念的确立,是作为其内在灵魂的"软件"系统的开发。在我看来,法治所表达的真实意义在于:它既是社会公众普遍具有的一种精神、信仰、意识和观念,又是一种典型的社会民情与社会心态;它既是个人的一种思想方式与行为方式,又是社会公众的一种普遍的生存方式与生活方式。

---

① [法]罗伯斯庇尔:《革命法制和审判·关于死刑》,见《西方法律思想史资料选编》,北京大学出版社1983年版,第341页。

由此不难理解:法治的精神意蕴在于信仰,一种宗教般虔诚而真挚的对法的信仰。

(作者单位:吉林大学法学院,原文载《吉林大学社会科学学报》1997年第2期)

道德品质与权利保障

强昌文

一、权利保障机制与诚信品质

权利是需要保障的,否则形同虚设。不同伦理类型有不同的机制,也有不同的权利保障机制,但权利保障的一般伦理机制是怎样的呢?

1. 权利的保障机制

在认真对待权利问题上,我看有两个方面的任务比较重要,一是明晰权利的边际或界限,二是确立有效的权利保障机制。明晰权利边际固然重要,但如果权利不能得到有效保障,任何权利的合理规定都会失去意义。权利的有效保障,不仅是权利运行的基本条件,也是社会稳定和发展的关键。因此,任何社会都要在权利保障上花费大量的成本,国家法律和政策的设立的一个重要目的就是保障权利。那么,怎样才能有效地保障权利呢?这要从权利受侵害的原因说起。权利受侵害的原因主要有二:一是法律制度的不健全,社会缺乏对人们行为的有效约束机制;二是因为一些人存在着损人利己、不劳而获的"机会主义"行为倾向。[①] 因此,权利保障应从两方面入手:一是完善法律制度,健全约束机制;二是遏止和淡化人们的"机会主义倾向"。应该说,在这两方面,道德都起着重要的作用。

我们先来看法律制度的完善。法律制度完善的一个根本问题,就是法律制度应该依据一种合理的伦理价值观来建构,其制度安排应该体现人们所公认的社会公正原则。如果权利制度安排是公正合理的,兼顾了不同主体的利益,其被保障的程度就比较高,被侵害的可能性就比较小。回顾历史,我们可

---

① 参见罗能生《产权的伦理纬度》,人民出版社 2004 年版,第 88 页。

以清楚地看到,凡是社会混乱、权利侵害比较严重的时期,一定是社会权利安排不合理或不均衡的时期、一定是伦理价值观不合理的时期。所以,依据一种合理的伦理观来构建法律制度,是保障权利不受或少受侵害的前提条件。虽然法律制度是权利保障的重要约束机制,但法律制度只是一种外在的约束机制,存在着约束空间有限和实施成本过高的局限,而且任何法律制度的实施还是靠人。因此,单纯的法律制度约束机制不可能是完善的。要克服或弥补法律制度机制的局限,健全权利保障机制,还必须从主体的内在约束机制入手,淡化人们"机会主义"倾向和冲动,通过教育和舆论弘扬等方式,培养人们一种重要的道德品质。这样,才可以大大减少人们侵害权利的行为。总之,只有把法律的外在强制性约束机制与主体内在道德自律机制结合起来,才能形成一种健全有效的保障权利不受侵害的约束机制。从前面所谈的内容来看,伦理应该说是法律制度的重要基础,但这只是外在机制,伦理在保障权利方面的内在机制是道德的品质。

2. 道德的诚信品质

权利受到侵害是扰乱社会、破坏社会秩序的根本原因之一,维护人们的权益,保障权利的有效实施,则是保障社会安定和秩序的根本条件。通过伦理道德的弘扬,一方面可以安定人们的心态,约束人们的行为,从而保障权利不受侵害,由此维护社会的安定;另一方面,可以培育人们在处理权益关系中的互利、互惠的伦理精神和行为习惯,树立健康的社会风尚,从而促进社会的和谐有序。历史和现实的大量事实表明,社会动乱在于侵权,而侵权的根源是权利伦理的失范;社会安定在于权利得到保护,权利保护的根本是人们相互尊重权利的伦理意识。所以,在保障权利的内在机制上,从伦理的品质培养入手是一个必须面对的事情。伦理的品质之所以是权利的保证,是因为在任何伦理中生成的权利都由其品质决定其效能。

道德品质是人们在为人处世以及内在心灵净化中所表现出来的伦理性质和执行事务中所需要的实践精神。人际交往中的承诺和履行必须以一定的道德品质做基础才能实现,其中诚信就是伦理中的基本性道德品质。诚信道德品质是一种具有道德底线色彩的伦理精神,说诚信是其道德品质,那么,诚信在道德底线上能否站得住脚,能否有自己的根基,这是我们首先要探讨的问题。诚信在道德上的理解是不困难的,它的核心含义是指人们恪守诺言、无虚假、不欺诈。根据前面对底线伦理的说明部分,我们认为诚信几乎就是底线伦理的构成要素。首先,诚信以良心为起点。良心的源头主要有两种情感,一是恻隐,二是仁爱。其中恻隐可以说是良心真正的源头,而仁爱广义上可以概括全部个人的伦理要求。而作为良心重要内容的两种内在品质其中之一就是诚信。因为,良心就是对义务的认识,其中诚信是人们为人处世最为起码的义务。否则就不是一个完整的人,或者称不上是一个道德的人。所以,现代西方温和道义论的伦理学代表人物罗斯所列的六种显见义务中第一种就是诚信,它包括诚实、守诺、讲真话与偿还等。① 其次,诚信是以合作为前提的。合作的主要目的是保持一种可以大致确定的预期,使各个独立的主体有正常的交往和行为。人不是孤立的,所以,必须要交往也必须有合作,合作中自然要有诚信,否则,合作无法进行。最后,诚信是以平等为条件的。平等是人与人相处的基本要求,否则,一部分人可能为人,一部分人可能为非人。有了平等,人与人之间才会真诚相待,互相尊重。这三点足以说明,诚信是以底线伦理为根基的。也可以说,诚信是实现人生价值、提高主体素质的基本要求。孟子强调"朋友有信",②这一点为从孔子到而后的整个儒学传统一再确认。作为一种责任或义务,讲究信、守信不仅限于朋友之伦,而且同时涉及普遍的社会交往关系。在现代社会生活中,谁想实现自身的价值,谁就必须讲诚信;谁要不断提高自身的素质,谁就必须在提高自身的诚信度的过程中不断地改进态度、改善方法、提高质量、提高水准。

下面来看社会中的人际交往本身,我们可以说,正常的交往几乎是诚信的代名词。

(1)正常人际交往本身就是一种合作。诚实守信的伦理活动,本质上也是人们之间的一种合作,合作就意味着对各自权利义务关系的承诺。在交往中我应尽的义务也就是你应享有的权利,反之亦然。因此,彼此双方必须对"合意负责"。要保证交换的有效性和合作的成功性,交往的双方或多方必须有共同遵守的基本准则,这种准则的内容或基本精神就是诚信。(2)正常交往本身就是一种体现诚信的伦理活动。选择交往对象、产生合意、许下诺言、享有权利和履行义务,这些都是一种道德要求。交往的形式和内容的制度化,就是道德规范的制度化,这是人们经济交往和其他社会性活动的重要保

---

① 参见万俊人《现代西方伦理学史》上卷,北京大学出版社1990年版,第332页。
② 《孟子·滕文公上》。

障。(3)诚信地对待他人是人类行为理性的最为直接的形式之一。履行诺言,对交往的任何一方既是一种保护又是一种约束。诚信地践行不仅是一种自我约束,更是一种人与人之间的良好合作。

从上面的解释中,我们可以清楚地看到,诚信是底线伦理的一种基本的品质。我们通常说诚信是市场经济内在的一种道德品质,是交易活动中合意得以实现的根本保证。在交易活动中,交易双方或多方既相互矛盾又相互统一的利益关系,使各方有必要签订某种契约以实现各自的目的。合意的形成和发展意味着,交易各方去掉了各自不利于对方的利益要求,而保留了有利于对方的一面。为了使这种保留具有有效性,交易各方以口头或文字形式把这种保留确立下来,使之具有可预期性。这种预期性能否实现、实现到何种程度,则完全取决于各方的诚信程度。同时,我们从中也看出,诚信不仅具有伦理价值,而且具有功利价值,诚信是在追求功利价值行为中表现出来的伦理价值。诚信作为一种道德品质,可以随着社会关系的普遍化,超脱经济的范畴,而成为社会生活、政治生活乃至整个社会结构中的伦理品质。离开诚信,交往不能持续,底线伦理也无法维持,那么从底线伦理中生成的权利就随时可以克减,保障也就无从谈起。

诚信作为道德的品质,其道德价值究竟怎样呢? 第一,在于它的可普遍性。任何人都希望被真诚对待,而不是被人欺骗。即使是善意欺骗,也是一种伤害;即使是恶意的真诚对待,也是一种利益。欺骗虽然可以得到暂时的、局部的利益,但从长远来看,损失是惨重的。从社会角度来看,人际合作之所以能进行、社会之所以能存在发展,显然是因为人与人的基本关系是相互信任而非互相欺骗,是因为人们相互合作的诚实的行为多于欺骗行为。诚信无疑是维系人际合作从而保障社会存在发展的基本纽带。第二,在于它的有利性。一切诚信的行为,就其本性而言,都是有利于自己、有利于他人、有利于社会的存在发展。反之,欺骗的行为,就其本性而言,都是有害于自己、有害于他人、有害于社会的存在发展。

总之,以诚信为道德品质的伦理基础,其中蕴含和滋生出的权利,是有内在保障的,一是以底线伦理为根基,二是可普遍性,三是它的有利性。诚信作为伦理的基本品质,在市场经济中,怎么强调也不过分。市场经济中最重要的行为是交易行为,只有诚信才能确保权利性交易相关信息的真实性,无论是权利主体、权利性质,还是权利的指向对象等,只有具有诚信品质,才能遏制伪造和欺瞒,才会有"货真价实";只有具有诚信品质,才能减少言而无信、不守契约的骗取交易利益的现象发生。正如米尔恩所说:"如果没有诚实行为,就不会有信赖的基础,取代社会生活的就只能是霍布斯所说的'自然状态'","假如诚实行为的原则被明显背弃,共同体成员都不承认有据此行为的义务,那么这个共同体就无法生存"。①

3. 诚信品质的培养

现实是充满矛盾的,一方面人们强烈地需要诚信品质来保障权利,另一方面缺乏一种诚信的道德信念和对长远利益的认知是一种较为普遍的现象。为此,整个社会付出了高昂的代价。② 因此,培养诚信品质、遏制不讲诚信的行为、保障权利不受侵犯是克服现实矛盾的唯一出路或选择。诚信品质的培养不是一件简单的事,在我看来,它的培养途径主要是内外结合。"外"指的是制度的完善与约束,"内"指的是纯道德意义上的诚信意识的形成和自律。

完善制度的目的是形成强有力的促使人们选择诚实信用的激励和约束机制。这里值得一提的是,欧美市场经济发育比较完善,国家的信用登记制度及网络系统值得我们借鉴。在这些国家,如果一个人不守信,不论在任何领域做任何事,都会被登记下来,连接到整个国家信用网络系统中。这种登记将使这个人在下一次寻找需要信用的合作或交易机会时,变得非常困难。一次不守信的记录将可能使你失去十次,甚至更多的获利的机会,付出沉重的代价。这种制度安排极大地约束了人们不守信的行为,维护了社会和市场秩序。一个朋友曾告诉我这样一个故事:德国的一个大学生,在一次乘地铁时,由于没有钱而逃了票,后来在找工作的过程中,好几家用人单位都因为该年轻人不诚实而拒绝了他。我想地铁管理部门肯定在地铁附近安置了诚信电子记录仪器并和网络系统相连。我想这些制度和做法我们可以采取移植的方式来效仿,网络化在我国已经不是一件稀奇的事情,即使目前也许还不具备建立这种全国联网的信用体系的条件,但可以采用一些替代性制度来有效约束主体的不良行为。如重大失信行为的登记、公示制度,行政管理和社

---

① [英]米尔恩:《人的权利与人的多样性》,夏勇、张志铭译,中国大百科全书出版社1995年版,第39、68页。

② 有人估计,信用失范每年给我国国民经济发展造成的损失不下6000亿元人民币,信用缺乏造成的损失触目惊心。参见罗能生《产权的伦理纬度》,人民出版社2004年版,第219页。

会公益部门和媒体联合,定期对区域内重大的不守信、不诚实、欺诈行为的主体进行公布和处罚,使其失信于人、失信于社会、失信于市场,从而丧失发展机会。[①] 当然,更为重要的是社会各项相关制度安排中,都应该具有一种扬善抑恶、鼓励诚信、遏制欺诈的功能,使不守信者处处碰壁,讲诚信者一路绿灯。特别是政府机关及其工作人员更应该带头讲诚实、守信用并树立其楷模。这样,诚信之风就会兴盛起来,欺诈行为就会减少到最低限度。正因为制度对诚信品质培养的重要性,所以学界有很多人认为法治是社会诚信之源。例如,徐显明教授认为:"制度的诚信是社会最根本的诚信,而制度的诚信只有通过法治才能确立。法律调整的第一个作用是引领,引领需具确定性;第二个作用是预测,人们可以通过明示的规范判断自己行为的后果;第三个作用是评价,即根据现象肯定或否定自己或他人的行为;第四个作用是教育,即纠偏树正。法律的这些特征,决定了法治的稳定性与可信赖性。制度是可信的,人们的交往才是可能的,由此,法治的完备状态决定着社会诚信的水准,要构建和谐社会,就要构建诚信的法治。"[②]与此相对应,法治政府必须是诚信政府。例如,吕忠梅教授认为:"保障公正、公平、诚信和信赖保护的最重要机制是程序。规范行政程序是立法的重要目标,通过确立一系列保障公正、公平、诚信和信赖保护的规则和制度,如将公平、公正确定为行政行为的基本原则、规定某些行政行为的公平实施、第三人利益保护、公民合法权益受损须获得赔偿等等,有利于政府改革管理方式,以公平求公正,以诚信树权威。从而防止偏私、歧视和政府的失信。"[③]

这种外在的制度安排与约束是培养诚信品质的一条重要路径,而另一条重要路径是加强教育。诚信意识的形成与自律是诚信品质发挥作用的最佳条件。这种最佳条件的形成主要靠教育。制度安排必须与对人们诚信意识的教育结合起来,才能达到培养诚信品质的最佳效果。把培养诚信品质作为教育的一个重要目标,不是一件简单的事,需要几代人付出努力,更需要教育理念的转化。这不是本文主旨,故不赘言。

---

① 参见罗能生《产权的伦理纬度》,人民出版社 2004 年版,第 220 页。
② 《法治百家谈——百名法学家纵论中国法治进程》第 1 辑,中国长安出版社 2007 年版,第 149 页。
③ 《法治百家谈——百名法学家纵论中国法治进程》第 1 辑,中国长安出版社 2007 年版,第 417 页。

总之,只有大多数人都确立了诚信意识并形成自律,而不是仅仅受外在制约地去讲究诚信时,诚信才会成为一种风气,一种人们的普遍选择,才会形成尊重权利型的社会。因此,加强道德,弘扬诚信精神,强化诚信教育,培养诚信品质,是从根本上维护权利乃至整个社会运行和发展,实现人的需求和体现人的价值的根本保障。

二、诚信品质与权利保障的实例分析

诚信品质对权利的意义,可以从宽泛意义上来体悟,它意味着社会公众对民主的政治国家的价值取向及社会公共利益的遵从,"秩序良好的社会公民承认宪法及其政治价值是体现在他们自己的制度中的,从而,当为社会安排所要求的时候,他们共同享有的目的就是相互正义地对待对方"。"政治社会的所有合作成员都应该是平等的并且只能以公共的政治正义观念所允许的方式被加以不同的对待"。"政治的正义观念将社会视为一种公平的合作体系,与其相对应,一个公民就是能够终身自由和平等地参与社会生活的人。"[①]下面的实例,可以让我们仔细体会罗尔斯的真知灼见。

2003年第20期《读者》上摘录了这样一篇短文:一个关于异域诚信的故事,它使我豁然开朗,久思的"问题"有了答案。现将此故事全文介绍给大家,以供分享。

在纽约的河边公园里矗立着"南北战争阵亡战士纪念碑",每年都有许多游人来碑前祭奠亡灵。美国第十八届总统、南北战争时期担任北方军统帅的格兰特将军的陵墓,坐落在公园的北部。陵墓高大雄伟、庄严简朴。陵墓后方,是一片碧绿的草坪,一直绵延到公园的边界,陡峭的悬崖边上。格兰特将军的陵墓后边,更靠近悬崖边的地方,还有一座小孩子的陵墓。那是一座极小极普通的墓,在任何地方你都可能会忽略它的存在。它和绝大多数美国人的陵墓一样,只有一块小小的墓碑。在墓碑旁边的一块木牌上,记载着一个感人至深的关于诚信的故事:

故事发生在两百多年前的1797年。这一年,这片土地的小主人才五岁的时候,不慎从这里的悬崖上坠落身亡。其父伤心欲绝,将他埋葬

---

① [美]罗尔斯:《作为公平的正义》,姚大志译,上海三联书店2002年版,第34、40页。

于此,并修建了一个小小的陵墓,以作纪念。数年后,家道衰落,老主人不得不将这片土地转让。出于对儿子的爱心,他对今后的土地主人提出了一个奇特的要求,他要求新主人把小孩子的陵墓作为土地的一部分,永远不要毁坏它。新主人答应了,并把这个条件写进了契约。这样,孩子的陵墓就被保留了下来。沧海桑田,一百年过去了。这片土地不知道辗转卖过了多少次,也不知道换过了多少主人,孩子的名字早已被世人忘却,但孩子的陵墓仍然还在那里。它依据一个又一个的买卖契约被完整地保留下来。到了1897年,这片风水宝地被选中作为格兰特将军的陵园。政府成了这块土地的主人。无名小孩的墓,在政府手中依然被完整地保留下来,成了格兰特将军陵墓的邻居。一个伟大的历史缔造者之墓,和一个无名孩子之墓毗邻而居,这可能是世界上独一无二的奇观。

又一个一百年以后,1997年的时候,为了缅怀格兰特将军,当时的纽约市长朱利安尼来到这里。那时,刚好是格兰特将军陵墓建立一百周年,也是小孩去世两百周年的时间,朱利安尼市长亲自撰写了这个动人的故事,并把它刻在木牌上,立在无名小孩陵墓的旁边,让这个关于诚信的故事世世代代流传下去。

看完这个故事,我激动不已,感触最深的是,诚信伦理品质与权利保障之间增添了一个生动的实例解说和证明。

1. 从个体契合角度来看诚信与权利保障

"权利"这个概念并不是简单的、不可定义的、不可分析的原始概念。"权利"概念是可以进一步分解的,它是由若干要素组成的。① 我认为,从个体契合角度来说,权利中的最重要的要素是权利主体的选择。无选择就无权利。权利的保障性表现为,这种选择是权利主体出于自己要求的真实性,是相对于义务人的优越性,选择受挫的低度性。达到选择的真实性、优越性和低度受挫性的最佳途径无它,只能是诚信。

第一,权利主体的选择出于自己要求的真实性。上述异域故事中,老主人在这块绿地上安葬死去的小主人和转让绿地以及保留陵墓是老主人的选

---

① 关于权利要素的分析,可参见张文显《法哲学范畴研究》,中国政法大学出版社2001年版,第300—309页;张恒山《法理要论》,北京大学出版社2002年版,第377—386页;范进学《权利政治论》,山东人民出版社2003年版,第19—26页等。

择。这种选择是出于老主人的一些要求:(1)安葬小主人,对自己和对小主人精神上的安慰;(2)随着家境的败落,转让土地,维持自己和家人的生计;(3)保留小主人的陵墓,作为纪念等。我们无论如何也挑不出老主人这些要求的毛病或瑕疵。因为它们都是真实的。出于良知的真实是道德的、应该的、善的。表现在权利上就是权利主体的选择在权利边际之内,对社会存在发展起到保障、对个人利益起到增益之功效。真实的要求和健全的良知是真正的人的生活能够顺利地良性运作的社会心理基础。一般来说,真实的要求和健全的良知是人的基本的内在品性与人格要素,它既是人与其生活联系的中介又构成人的生活世界的内容。老主人的要求是出于真实的需要,也与健全的良知不相背离。历经两百多年,无名小孩的陵墓保存完好,而这块土地的主人不知更换了多少。那么为什么无名小孩的墓被保留了下来?我想与老主人的出于自己要求的真实性存在着一定的联系。是否还有另外的原因呢?我们还是回到权利选择因素的优越性上来。

第二,权利主体的选择相对于义务人具有优越性。选择因素强调的是权利人的优越于义务人的选择来解说权利。这种选择包括行为的选择和免除义务人的义务与责任与否的选择,而义务主体却无选择的自由。它重在强调相对于义务主体的权利,主体的意志有自主性、独立性,并且兼有可改变法律关系的含义。也就是说,权利有可选择性,义务无可选择性。在这块土地主人的更换过程中,我们抛除土地在故事发生前的诸多背景,假定无名小孩的父亲是最初的绿地主人,在土地主人的更换过程中,出现了第二主人、第三主人、第四主人……政府主人。第一主人与第二主人订契约时,双方都是权利人,也都是义务人。双方在进行博弈过程中,包含以下几个焦点:土地的价钱、小孩陵墓的保留等。双方在讨价还价时,进行这样和那样的选择。契约未签订生效前,土地属于第一主人。他的选择处于优越性。但契约签订以后,契约条款对双方具有同等约束力。第一主人要求把孩子的陵墓作为土地的一部分,永远不要毁坏它。第二主人答应了,并把这个条件写进了契约。显然,这个条款对于第一主人是权利,对于第二主人是义务。也就是说,对于这一条款,第一主人处在积极的位置上,从而体现出以第一主人的意志为中心的选择的特质。第二主人与第三主人在订契约时,双方都是权利人,也都是义务人,双方选择的焦点只能是土地的价钱,而不包括小孩子陵墓的处置问题。第二主人与第三主人的契约的焦点之所以没有处置小孩陵墓,是因为第一主人的要求把小孩子的陵墓作为土地的一部分,永远不要毁坏它,已写进了契约而不同于最初契约的其他条款。就拿土地的费用来说吧,当土地费用由第二主人偿付给第一主人时,至于土地以后转让的费用,已不再属于第一主人的权利。这种权利一经行使即消失。第一主人在卖这块土地的契约中,关于"把孩子的陵墓作为土地的一部分,永远不要毁坏它"的选择,相对于第二主人、第三主人……最后主人,它永远是权利,始终处于优越性的位置。土地后来的历次主人只能"把孩子的陵墓作为土地的一部分,永远不要毁坏它",无可选择性。权利主体的选择相对于义务人具有优越性,其结果的直接表现是什么呢?

第三,权利主体选择受挫的低度性。权利主体的选择相对于义务人具有优越性,其结果的直接体现是权利主体的选择受挫的低度性。在异域诚信故事中的直接表现为"把孩子的陵墓作为土地的一部分,永远不要毁坏它",这是永久性的权利,能够穿过时间的隧道,具有延伸力。具体表现为:(1)在个人与个人之间的选择没有受挫。真实的情况也许很复杂,我们只能抓住主干来分析。这块绿地的后来主人都履行了这个无可选择性的义务。第二主人同意将它写入契约中,他最清楚。也许第一主人可能还住在附近、随时能主张自己的权利,所以,在转卖这块土地时,第二主人仍没有更改当初的承诺。但第三主人、第四主人,如果他们不拿出和上届主人订的契约,接替他们的主人就不知道还有"把孩子的陵墓作为土地的一部分,永远不要毁坏它"这一最初的条款。第三主人、第四主人可以把这块土地连及小孩的陵墓一同处分掉,要个好价钱。我想我们有把握断定第一主人此时已经仙逝,也无什么守墓人的"监管"。因他的家境衰落,雇用守墓人也是要花钞票的,更不用说已事隔百年了。从纯理论上说,第一主人的奇特要求相对于后来的历次主人都是权利,第一主人的选择处于优越性的位置,后来的主人,无可选择,那就是义务。从实践来看,只要第三主人、第四主人……他们不说,后面的主人也就不知道这个奇特要求,也就没有此等条款的义务。而事实却是"一百年过去了,这片土地不知道辗转卖过了多少次,也不知道换过了多少主人,孩子的名字早已被世人忘却,但孩子的陵墓仍然还在那里。它依据一个又一个的买卖契约被完整地保留下来"。(2)在个人和政府之间的选择没有受挫。政府成了这块土地的主人,孩子的陵墓仍然被完整地保留下来。推而广之,权利保障是通过权利主体的选择的低度受挫性表现了出来。究竟是什么造成了选择的低度受挫性呢？

第四，诚信确保了权利主体选择的真实性、优越性和受挫的低度性。契约的内容来自立约者之间多次往复的博弈。从逻辑上来看，契约完全可能（甚至必然）会产生于一个没有制度背景的环境之中，即便世界上只有两个"理性人"，也能在多次往复的博弈中创造出文明。这种文明表现为自发地产生一种避免社会冲突、保障和平的社会秩序。我想此种文明或文明的社会秩序的核心只能是诚信。"诚"和"信"分别是古代两个重要的哲学伦理范畴，二者可以互训。诚信所论的"诚"是信之诚，所论的"信"是诚之信，"信"给"诚"加上了外在的、关系的限制义，而"诚"又给"信"加上了个人的、内在的限制义。我们不仅要在人与人交往中努力做到说话信实，还要努力地从内心去体会诚信的道德意义，体会诚信是我们作为人的一种基本道德义务，这样才能保证我们良心的始终安宁，不欺己更不欺人。也就是说，我们要使我们的信立于内心之诚的基础上。同时，我们也要使我们的诚不脱离客观之信，也就是说，不脱离道德正当的范畴。① 这种对诚信的解说是比较全面和有特色的。对照这种解说，我们来分析上述故事。首先，他们彼此之间说的是真话而不是假话，传达的是真信息而不是假信息，信息是对称的而不是非对称的。其次，他们彼此之间的行为实践及其价值内容凸显了良心的升华，外部的义务要求转化为人们内心道德的结果，从而对义务的必然认识后而获得的自觉自律，反过来更加深了坚守着义务的信念。再次，正是诚信使一切道德行为和德性真正成其为道德，它不能不是一项基本义务，它是不能径直服从于其他义务的义务。② 最后，他们彼此之间深刻地体认到被欺骗无疑是一种伤害，被诚实对待，无疑是一种利益，他们坚信契约意识包含诚信，起源于诚信，无诚信就没有合作，也就无契约。我们从中可以体悟到，诚信契约体现了商品交换、市场经济的一般要求。当事人的诚实、善意和合作精神，是履行契约的更可靠的保障。行使权利，履行义务，应依诚实及信用之方法。若无诚信，第一主人的选择还有优越性吗？还能有穿越时空、历经二百年的延伸力吗？他的正当要求还能有保障吗？我们完全可以合乎逻辑地推断出，第一主人的权利是脆弱的、短暂的，第一主人的权利在选择性上的体现是无优越性可言

---

① 何怀宏：《底线伦理》，辽宁人民出版社1998年版，第102—103页。
② 何怀宏：《底线伦理》，辽宁人民出版社1998年版，第115页。

的,第一主人的权利无保障可说。推而广之,每一个人或个体的权利失去了神圣性的灵光。

2. 从社会认同角度来看诚信与权利保障

从社会认同角度来说,笔者赞同正当性在权利诸要素中的重要地位。

权利保障表现为:权利正当性来自社会认同,来自社会成员摆脱了"囚徒困境"。而达到社会认同和摆脱囚徒困境的最佳途径是诚信。

第一,权利正当性来自社会认同。"权利"这一概念包含着正当性。有学者认为,权利最本质的、核心的东西即"正当",可以把权利界定为"正当的事物",或"正当的东西",即权利就是正当的事物,义务则是应当的事物。① 拉丁文的 jus,除了广义的法律外,又指权利、正义等。权利的英文单词 right,同时也具有适当的、公义的、正当的含义。② 所以被誉为西方文明四大支柱之一的古希腊思想中,权利问题多被正当的或正义的所代替。在希腊人模糊的权利观念中,权利即是正义的或正当的。罗马人则把正当的事情等同于权利问题。第一个明确把权利理解为正当要求的当属中世纪后期的神学思想家托马斯·阿奎那。③ 权利的正当性是从社会角度来说的。这种正当性"不是指行为本身这种客观事实的存在,而是指社会成员的心目中这种行为的性质"。④ 因为,"正当"一词代表着一种社会性的认识,表达着一种社会性的共识,是社会成员对人的某种要求所处的性质和状态、人的行为所处的性质和状态、人际关系所处的性质和状态的赞赏性、认可性的判断。当一个人主张其某种权利时,意味着他的某种要求所得到的社会其他成员的评价、判断是赞赏性的、认可性的。概言之,权利作为一种正当的利益,其正当性来自社会其他成员的一致赞赏、同意、认可。所以,权利的正当性是他评的。⑤ 我们看到的是,老主人要求小孩陵墓保留、永久不得毁坏的情景是在多人组成的社会中出现的。如果离开了他人,这种要求就不成其为要求。所以,现实是多

---

① 范进学:《权利政治论》,山东人民出版社 2003 年版,第 20—22 页。

② 权利的英文单词可参见《牛津现代高级英汉双解词典》,商务印书馆、牛津大学出版社 1998 年版,第 978 页。

③ [美]罗斯科·庞德:《通过法律的社会控制·法律的任务》,沈宗灵、董世忠译,商务印书馆 1984 年版,第 44—45 页。

④ 张恒山:《法理要论》,北京大学出版社 2002 年版,第 378 页。

⑤ 北岳:《关于义务与权利的随想》(上),《法学》1994 年第 8 期。

人的社会,只有从社会性中进行分析和理证。异域故事中,老主人的奇特要求之所以是正当的,代表着当时的一种社会性认识。① 老主人对自己的要求是有自知之明的,自然感到不过分,所以将要求写入买卖契约之中。第二主人也是基于社会性的共识而对之认可、承诺和正面的评价。第三主人、第四主人……最后主人都是基于社会性的共识,对之认可、承诺和正面的评价。这里人们不禁要问这样的问题:社会性认识一旦形成,为什么人们不能轻易改变它? 改变了的后果意味着什么?

第二,权利正当性来自社会成员摆脱了"囚徒困境"。每个人都对存在有着强烈的渴望。"权利是存在的条件,是人类本性的要求,其目的是为了更好地生存。如果人要生活在地球上,运用理智是他的权利,根据他的自由判断而行动是他的权利,为他自己的价值而行动是他的权利,拥有他自己劳作的成果也是他的权利"。② 可见权利对于社会成员来说是非常重要的。这是人们认同行为正当性的直接原因。其间接原因是人们摆脱了"囚徒困境"。③ 否则无法去认同行为的正当性。"囚徒困境"在当今已成为一个著名的游戏。它是数学中极为难解的一个分支,在生物学和经济学之间架起了桥梁,也是所有游戏中最为人所知的一个。这一游戏对近些年来让人兴奋的一项科学发现具有重要意义,它教会我们如何解释人与人之间的友善行为。"囚徒困境"说明何以个别人作出理性选择时,全局反而陷入最不利的局面,包括他本人。它的直接结论是:理性人进行合作是不可能的。它直接影响到伦理学和政治学的基本问题,并且威胁到社会科学特别是人类学的基础。由于它揭露

---

① 之所以说是"当时"的一种社会性认识,是因为"正当"带有时代的特征,即社会性认识或共识具有可变性,但同时,社会性认识或共识也具有一定的延伸性,即各时代的"正当"的基本内容也具有某些共同性。故此第一主人的"奇特"要求,对于作为当代人的我们,也完全理解和认同。

② [美]爱因·兰德:《新个体主义伦理观》,秦裕译,上海三联书店1995年版,第89页。

③ 囚徒困境源自于这样的故事:某人在家被谋杀,且家中的财物丢失。警方从甲和乙两人的家中搜出了属于被害人的财物,但他们声称他们进入被害人家中时那人已经死去。于是警方肯定他们至少犯下了偷窃罪,但对于他们是否犯有谋杀罪并无把握。于是警方在信息隔绝的情况下分别告诉他们:如果对方不承认,自己承认帮助警方破案的话则可免于起诉;如果双方同时承认犯有谋杀罪则将判刑10年;如果双方都不承认,则只能判偷窃罪1年;如果自己不承认而被对方检举则将判刑20年。

的问题既简单又深刻,所以它在哲学讨论中占据中心地位。① 只要个人私欲与集体利益发生冲突,囚徒困境的游戏规则就会发生作用。但作为自私的个体,他们都盘算着让对方履行承诺而自己另谋打算,这样自己无疑会获利更多。囚徒困境所呈现给我们的是一个严酷的事实——自私自利者之间的协同关系能否建立呢?答案是否定的。依我的判断,现在学术上似乎有这样一种势头:对人的贪欲与自私本性的鼓吹和褒扬。这可能造成社会奉献精神与协作精神的土崩瓦解。② 我也不赞成这样的观点:"创造一个良好的社会需要我们做的第一件事就是将人类具有自私自利倾向的事实掩盖起来,最好采取欺骗的方法让人们相信在各自的内心世界当中每个人都是高尚的野蛮人。"③人是自利的,这无可厚非;人是自私的,应受到限制,但不能掩盖。否则,友善、高尚无从谈起。正因为自利,人们才同意他人的利益要求;正因为自私,人们需要为自己设定一些束缚。国内学者张恒山先生的有关分析是颇具匠心的:"我同意、认可他人的利益主张和要求,以致限定我自己的利益要求、承受义务负担,是因为,他人已承诺或履行了我相同的义务负担,使我的基本利益得到保障。同时,我为了使我的其他利益得到保障,我必须承诺并履行与他相同的义务。"④某人主张他的权利时,实际上是主张:"由于我已承诺并履行了普遍义务,因此,我的某种利益是不应被侵犯或损害,不应被阻碍实现的。"⑤这是一个标准的从契约角度出发并进行理证的思路。现在的问题是:人们是怎样摆脱"囚徒困境"的?

第三,诚信确保了权利正当性的社会认同和社会成员摆脱囚徒困境。异域诚信故事中,大家都认同了土地第一主人的奇特要求,是因为这奇特要求是适当的、合理的,所体现的第一主人的利益是正当的。这个故事很简洁,但我们通过故事,可想象出复杂的情景:(1)拥有土地等财产并处分它们是合理的、正当的;(2)转让土地等财物,签订契约是合理的、正当的;(3)保留土地中的某一部分也是合理的、正当的;(4)遵守契约、履行承诺是被赞许的、友善

---

① [美]奥斯特罗姆等:《制度分析与发展的反思》,王诚译,商务印书馆1992年版,第86页。
② 亚当·斯密、大卫·李嘉图、马尔萨斯、弗里得里希·哈耶克以及弥尔顿·弗里德曼都承认人受自私自利本能的驱使。
③ [美]麦特·里德雷:《美德的起源》,刘珩译,中央编译出版社2004年版,第295页。
④ 北岳:《关于义务与权利的随想》(上),《法学》1994年第8期。
⑤ 北岳:《关于义务与权利的随想》(下),《法学》1994年第9期。

的。"囚徒困境"现象在此故事中没有显示,人们的共识得到了很好的践行,从而故事让人感动。在两百年间,如果有某一位土地的主人进行欺骗,可以得到暂时的、局部的利益,但从长远来看,第一主人的奇特要求得不到实现,其权利得不到保障。更为严重的是,囚徒困境现象中的诱惑力就显示威力。跳出此异域故事,人们彼此之间的其他利益也难以得到保护和实现,其他方面的权利就显得很脆弱。说其他方面的权利是权利,那只是形式上的权利。因为,人们表面上虽然认同,但实际上不再认同,人们实质上不履行认同的内容,于是权利的正当性发生了动摇。所以,从长远和总体上来看,正如西方格言所说:"诚实是最好的策略。"(Honesty is the best policy)诚实常常比欺骗给一个人带来的好处更大。诚实的信誉一旦建立,会自动保护诚信者的利益。所以,我们的祖先也常说"忠信以为甲胄","忠信以为城池"。从社会来说,人际合作之所以能进行,社会之所以能存在和发展,显然是因为人与人之间的基本关系是互相信任而非互相欺骗,是因为人们相互间的诚实行为多于欺骗行为。否则,如果人与人之间的基本关系是互相欺骗而非互相信任,人们相互间的欺骗行为多于诚实行为,那么,合作必将瓦解,社会必将崩溃。人类的生存本质就是合作,合作是人作为自然人和社会人的根本尺度,是人的群化生存发展得以展开与实现的根本保证。

总之,诚实无疑是维系人际合作从而保障社会存在和发展的基本纽带,"信任是任何规模、任何种类的社会生活——它的合作与交换——的前提。没有起码的信任系统就没有社会,丧失掉一切信任就是社会的瓦解"。[1] 我们都能感觉到,在现代社会中,人们是否能普遍做到诚信守诺将具有越来越重要的意义。而要使诚信成为现代社会中人们的一项基本义务,提高诚信在道德义务体系中的地位,就意味着人们不必再诉诸其他的义务是否遵循诚信的要求,而是在一言一行之前,首先考虑到诚信。从诚信的核心含义来说,诚信是与一切权利相对应的义务。[2] 只有如此,才能确保权利不受侵害。

---

[1] 郑也夫:《代价论——一个社会学的新视角》,三联书店1995年版,第44页。
[2] 有人说,在敌人面前撒谎是应得到认同的,从而否定了不撒谎是一个永恒的义务。我赞同这种观点,但这与诚信无关,因为这个说谎的人,也是一个诚信的人。

3. 从国家认定角度来看诚信与权利保障

从国家角度来说,权利要素中应包含"强力"因素。① 权利的保障性表现为:国家对个人契合和社会认同的认定,国家对法律的积极遵守。而达到国家对个人和社会的呵护的最佳途径是诚信。

第一,权利的"强力"来自国家对个人契合和社会认同的认定。一种要求得到人与人彼此之间的确认、得到社会的认同,只能是习惯上的权利、道德上的权利,要成为法律上的权利,还得经过最后一道坎——国家的认同,即由法律来确认。我们可以把权利的这种演化或形成表述为:个人间的契合—社会的认同—法律的确认。或表达为:伦理道德的初步筛选和确认—国家和法律的最终筛选和确认。国家(政府)虽然表面上凌驾于个人和社会之上,是一种"独立"的社会存在,但其存在的真实根据与正当理由是也只能是来自于真实的个人及其生存与发展之需求,即来自于真实的人的生活。它实际上是人的一种生活选择,其目的指向只能是个人和社会的选择和认同。当国家(政府)严重背离了个人与社会的需求时,国家(政府)就因良知的缺失或沦丧而失却了其正当合法存在的根据和理由。后果是相当严重的:(1)它将导致国家性质的变化,直接体现在对人的基本看待和组织安排人的根本态度、方式和方法的本质差异。国家对个人和社会过多的干预,对社会共识的背逆,对个人权利的反动,其结果可能适得其反:本来社会中的人是主人,国家是公仆,结果反倒成了"公仆"为民做主,主人翁成了"主人空"。(2)它将造成道德和政治关系的颠倒。政府不再是人们权利的保护者,而是最危险的侵犯者;不再是自由的保护者,而是一种奴役的体制的建立者;不再是使人们免受武力,而是首先使用武力,并在任何方式和问题中,以它愿意的方式作某种强迫的实施者;不再是在人们相互关系中,基于客观准则的服务者,而是一种极端的和隐蔽的用偶然和恐惧控制的机构,它没有客观的法律,而是由盲目的官僚机构所作的任意决断来解释法律;不再保护人们免受奇想的伤害,而是傲慢地把权力置于无限制的奇想之中。在这里,我们很快地发现了这样一种颠倒:政府可以做它想要做的任何事情,而公民只有得到同意才可以去做。这是人类历史最黑暗的时代,由野蛮力量所控制的时代。(3)它将导致政府带有机

---

① "法力说"是西方权利本质学说的一种。本文使用的"强力"因素是套用"法力说",但与"法力说"不同,是指权利在法上的"力",即国家的确认和保护。

会主义倾向,充满自私自利的功利思想,根本上没什么一心为生民造福可言。政府只不过充当了利益团体的工具,由一些只知最大限度地增加财政预算的官僚组成,目的是抬高自己的身价,以获取更大的特权,最后以牺牲民众的利益为代价捞取好处。这可能如哈耶克所言:"一旦产生政府并制定出各项法规,带给社会的不是财富,而是混乱。"①社会协作精神土崩瓦解,公共美德日益遭到侵蚀腐化。究其原因,并非由于对人的贪婪的本性的四处宣传鼓动和纵容,而是由极权专制思想的泛滥所致。国家根本不与自己的公民交流协商,达成共识,联手维持文明秩序,也并没有让他们意识到自己的义务和责任,并引以为豪,而是一味地强迫公民顺从忍让,就像管教淘气的孩子一样对公众严加约束,众人也必然像淘气的孩子一样恣意胡来。权力一旦取替互惠互利的原则,社会协作精神必将衰减。政府过度的集权,只会使人们变得更加自私。

第二,权利的"强力"来自国家对法律的积极遵守。我们今天谈权利多数是在国家和法律的确认意义上来说的,认同权利的本质是"由法律和国家权力保证人们为实现某种特定利益而进行一定行为的'力'",②一旦受到他人干涉、阻碍,国家和法律给予保护和帮助。这种保护方式有:主动地追究侵犯权利者的责任、应权利主体之请求强迫义务人履行义务、排除权利行使之干涉妨碍、强迫义务人赔偿损害等等。权利能够在其受到阻碍或被侵犯时获得国家和法律的保护和帮助,这是它区别于习惯上和道德上权利的主要特点。故此,有学者将此界定为法律权利的社会形式要素。③ 笔者认为,国家对权利的上述诸种保护都是从消极意义上来说的。积极意义上的保护应是国家对法律的遵守。这是国家对法律上的权利的第一性义务,其他保护权利的方式,都是第二性的义务。因为社会普遍认为权利是正当的,国家认同了权利的社会性,才将其确认为法律上的权利。国家要保护这种权利,首要的应当性或义务是遵守法律,否则其他的保护无从谈起。我们可以设想,国家遵守法律,对权利的侵害不加保护,其"遵守"显然是虚假的;国家不遵守法律,对

---

① F. A. Hayek, *Law, legislation and liberty*. Vol. 3: The Political Order of a Free People. The University of Chicago Press,1979. 转引自[美]麦特·里德雷《美德的起源》,刘珩译,中央编译出版社 2004 年版,第 302 页。
② 佟柔:《中国民法学·民法总则》,中国人民公安大学出版社 1990 年版,第 68 页。
③ 北岳:《法律权利的定义》,《法律科学》1995 年第 3 期。

权利的侵害加以保护,其"保护"显然是不真实的,让人难以置信的。

异域诚信故事中,最感人之处当属于国家作为土地的主人时,小孩子的陵墓仍没有受到毁坏。在这里,我们看到的是:第一主人的奇特要求的正当性的社会认同;第一主人的权利正当性的国家认同;法律得到国家的严格遵守。如若说政府当初成了这块土地主人时,未损毁无名小孩之墓是出于对法律的被动遵守,那么1997年,市长撰写这个动人的故事,并将它刻在木牌上是对法律的积极遵守,是号令和宣誓:(1)"孩子的陵墓作为土地的一部分,永远不要毁坏它";(2)国家以遵守法律为天职。那么,国家为什么要以守法为天职呢?

第三,诚信确保了国家对个人和社会的呵护、对法律的积极遵守。此时此刻,我会咀嚼着先哲的"匹夫行忠信,可以保一身;君主行忠信,可以保一国"的思想。我坚信国家起源于道德的发展,其性质是一种公共服务,国家的道德水准决定社会的稳定状态。道德的属性决定了道德必须身教。民众并非不知道应该如何做,他们需要的是有人领头和示范。领导以身作则,群众才能跟上。否则,民众会怀疑领导想欺骗大家,并从中得利。这样道德水准非但不能提高,反而可能恶化。

国家或政府的诚信,注定他扮演的角色是"公仆"。这意味着:(1)个体或个人回归到生活的本真中来,重新发现自己的个体角色和权利,用自己的眼光寻求发展,实现其价值,自己向自己负责的意识不断加强。自治的公民在相互交往、彼此共同生活的领域,更易于相互信任和合作。(2)社会回到了自身的社会存在,重新发现自己的社会角色和权利,重新发现生活的丰富性和完整性,人们的生活变得更加合理和充实。社会公众自己替自己做主,充分表达自己的愿望、期待和要求。(3)政府的守法和诚信具有极大的感召力,国家和政府的带头守法,会使得人们对法律制度产生信任,而当这种信任不断得到强化之后,人们便会产生对法律制度的心悦诚服的信仰。国家和政府的诚信,会恢复它的本来面目,即对个人和社会的充分尊重和保护。社会不再是由国家或政府自编、自导、自演而社会公众只能当观众和群众演员的独幕剧。那么个人、社会和国家或政府彼此之间遵循的原则和呈现的状态为:(1)个体在法律上具有做他所愿意的任何行动(只要他不去伤害其他人的权利),而政府官员受其职责所限制。除了法律上禁止的行为之外,个体可以做任何他想做的事,而政府官员,除了法律允许的之外,他不能做其他任何的事。保护个体权利是政府唯一合适的目的。所有法律都必须基于个体权利,并且是为了保护个体权利。(2)任何团体的"权利"是从其成员的权利中引申出来的,使个体自愿地选择和契约式的同意,也是个体在进行特殊活动时的权利运用。每一个法定组织在进行活动时是以每一个参与者的自由组织和自由交易为基础的。① 国家像其他的团体一样,除了每个公民的权利之外,不可能有其他的权利。自由的国家是认同、尊重和保护每个公民权利的国家。(3)强调对政府权力的严格限制。自由国家的公民也许不同意某种特定的法律程序或实现他们权利的方法,但是一致同意所实现的某种基本权利——个体权利原则。把个体权利置于公共权威之上,政治权力的范围受到严格的限制。② 文明社会的基本原则是承认个体的权利,它意味着接受人类为了更好地生存而由其本性所需要的条件。③ 这让人体会到诺齐克和哈耶克等的"最小国家"④的又一层含义:国家对社会共识的认同,即国家的"无为"而治。这同时也验证了一些学者的判断:"法治是全体社会公众共同参与的一项伟大事业,它反映的是社会公众强烈的主人翁的独立意识与自觉意识,表达的是社会公众的积极性与主动性,绝不是少数人苦思冥想的结果。法治精神气质是整个社会的精神、情感和意识的反映和表达,而构成整个社会的精神、情感和意识的无疑正是那些生活于社会之中的全社会公众的普遍的共同的精神、情感和意识。所以,从社会公众的角度来认识和理解法治,才可以抓住法治的内在灵魂,从而揭示出法治的真正意蕴并进而推动法治建设。"⑤

综上所述,我们可以对本文作如下的结束语:

怎样保障权利或怎样减少权利的受侵害概率,学者们设计出很多方案:周全、完备的法律体系;法律不仅实质良好,形式上也要良好;建立良好的法律运行机制,培养人们对法律的信仰。我认为,一切的"良"、"好"、"完备"、

---

① [美]爱因·兰德:《新个体主义伦理观》,秦裕译,上海三联书店1995年版,第100—101页。
② [美]爱因·兰德:《新个体主义伦理观》,秦裕译,上海三联书店1995年版,第103页。
③ [美]爱因·兰德:《新个体主义伦理观》,秦裕译,上海三联书店1995年版,第108页。
④ 张文显:《二十世纪西方法学思潮研究》,法律出版社1996年版,第272—276,255—264页。
⑤ 姚建宗:《法治的生态环境》,山东人民出版社2003年版,第341—342页。

"信仰"等都出始于人们的情感——个人之间的诚信、社会的诚信、国家的诚信。个人之间的诚信在先,国家的诚信在后。但后者反过来,更强化了个人之间的诚信。也只有这样,人类履行各自的承诺才会出现对权利的有力的保障。① 异域诚信的故事让我们感动,给了我们启迪。但我们必须懂得真理并不是瞬间存在于灵感中即刻闪现的明显不可改变的启示,而是一种需要尽力追求并逐步接近的共同分享的理想。

在这里,我极其愉快地引用路德在评价《圣经》中的"诗篇"时所说的一段极好的话:"——这段话我是从赫尔德的《人类进步问题的通信》中找到的——'我觉得在尘世中没有什么比分裂整个人类社会的谎言和背信弃义更为有害的恶行了。因为谎言和背信弃义先是分裂人们的心灵,当人心被分裂之后,它又会分裂人们的手,而当人们的合作之手也被分隔了的时候,我们还能做些什么呢?……恶习正在侵袭到我们中间来,我们仍然保持着如此之多的古老精神,以致没有人能说出或听到一个比说谎者更为严重的和更侮辱性的称呼。'"②

(作者单位:安徽大学法学院,原文载《法制与社会发展》2004 年第 5 期,收录本书时题目与内容有所变动)

---

① [美]麦特·里德雷:《美德的起源》,刘珩译,中央编译出版社 2004 年版,第 142 页。
② [德]弗里德里希·包尔生:《伦理学体系》,何怀宏、廖申白译,中国社会科学出版社 1988 年版,第 578—579 页。

第五编

守望正义

法官人格的重塑
——从一起民事执行案谈起
强昌文

司法腐败现象已非常严重和普遍。所谓的中立、公正、公开、透明、理性等美好的价值犹如美丽的肥皂泡。所谓的"司法被动"只是相对来说的，相对于亲近的一方是主动和积极的帮助，对无关系的一方就变成了被动、消极、推诿和无动于衷。他们深知，腐败风险太小：没有人察觉，察觉了也无事；腐败容易掩饰，加上有攻守同盟，能迅速脱离危险；即使受到了惩罚，惩罚也很轻，不影响后来的生活。民众对此深恶痛绝，从其流行的说法便知："头戴大盖帽，吃完原告吃被告"，"法官肩上有天平，哪边钱多哪边赢"，"大檐帽两头翘，吃了被告吃原告，原告被告都吃完，还说法制不健全"，等等。权力大、正义感少、荣誉感少、威严少，这些都说明司法腐败现象之严重，一些法官包括法院机构已经成了滋生腐败的污染源，这些已引起了党中央的高度重视，胡锦涛、周永康在全国政法系统的大学习、大讨论上的讲话都强调要加强政法队伍建设。整治司法腐败已成为学界的热门话题和重要的学术责任。

一、病例：一起司法腐败案简介

(一)煮熟的鸭子飞走了

20世纪90年代中后期，东南亚金融危机对中国的冲击是很大的。它导致了市场疲软、难债和死债的连锁反应。对于民间借贷来说，情形更为严重。秦女士算是有点见识和胆识的，面对本息双无的债务人，虽是孤身的老人，仍勇敢地拿起法律的武器来保护自己，她相信法律是万能的。她把债务人潘某告上了法庭。事实清楚，证据确凿，官司自然是赢。拿到胜诉判决书的秦女士，高兴地流下了热泪。由于被告不履行法律判决书所确定的义务,秦女士申请强制执行,镇法庭按法律程序查封被执行人住宅并会同房管部门于1999年4月公开拍卖了此房屋。拍卖后的第二天,秦女士兴致勃勃地去法庭取钱,等待她的是什么呢?庭长说,另一债权人方女士也因与潘某的债务纠纷在县法院已经起诉,经济庭应方某的申请对被告的上述房屋作了财产保全的裁定。按"法律"规定和法院的执行惯例,有财产保全的债权人应优先分割。秦女士盘算着这样的分割,自己会分文无有,真是做梦也没想到煮熟的鸭子飞走了。

(二)为权利而奋斗

秦女士觉得其中有问题,因为房屋是应她的申请而被查封和拍卖的,公告上写得清清楚楚,镇法庭庭长事先也说不会有问题的,于是向县法院提出异议。县法院觉得秦女士提出的异议有道理,但碍于方某的哥哥为法院的副院长,觉得问题难办,随后请示市中级法院执行庭,把"球"踢给了上级法院。秦女士托人将有关情况向中院的执行庭作了说明,中院也调阅了此案的所有卷宗。经审判委员会讨论和决定,1999年12月,中院下达了《关于对方××等人申请执行案件如何适用法律问题的批复》,内容大致是方某有财产保全优先受偿。[①] 秦女士并没因此而气馁,正式委托律师进行调查,调查结果是:(1)此财产保全房管部门未收到法院的任何来文;(2)保全裁定的送到程序不符合法律规定,既不是送达本人或成年同住家属,也不是公告送达;(3)经济庭未对此住房采取任何查封措施;(4)经济庭庭审记录上有一系列的疑点。律师将调查情况分别向县法院、市法院、省高院都做了书面汇报并恳请暂停执行,但无任何反响。值得一提的是,律师将有关材料呈给中院分管执行的副院长时,面对铁的事实,该院长称,此财产保全有问题,并说一定会妥善处理,但是事隔不久,该副院长就改口了,说此财产保全没什么问题,只是有点瑕疵而已,并没有好办法解决此事。中院的执行庭负责此案的副庭长称此财产保全为实体保全,多么有力的答复啊!2001年春节过后不久,县法院领导召见了秦女士,称,县法院已经给了你一年的时间去上级法院活动,至今无任何消息,我们要按上级法院批复执行了。县法院遵循的完全是司法的"被动"原则。律师情急之下找到了中院一把手,简要作了汇报并强调情况紧急,恳

---

① 该批复的具体内容秦女士和后面提到的律师一直不知道,因为这是法院的纪律。

请中院指令下级法院暂停执行。该院长说要调查一下,又过了近三个月,县法院称上级法院又有了新的批复,大概是否定了第一次批复,但在批复下达前,方某已经拿走了钱款。注意:该批复是县法院路过中院顺便带回去的。县法院领导说纠正执行的错误阻力太大。在此期间,秦女士及其委托的律师向有关部门做了反映,恳请他们调查此事,以维护自己的正当权益,结果也不了了之。

(三)气死不告状

此案给当事人和代理人的感觉:一是司法对平民百姓来说一点安全感都没有,二是诉讼成本太高。"如果某个公民不论在家里还是在家庭外,都无法相信自己是安全的,可以不受他人的攻击和伤害,那么对他谈什么公平、自由都是毫无意义的"。"法律规则的首要目标就是使社会各个成员的人身和财产得到保障,使他们的精力不必因操心自我保护而消耗殆尽"。[①] 马斯洛指出:"我们社会的大多数成年者,一般倾向于安全的、有序的、可预见的、合法的、有组织的世界;这种世界是他所依赖的……"[②] 当事人无法获得安全感和尊严感而且还要疲于奔命,结果会使他们对诉讼产生一种厌恶恐惧的心理。诉讼的不安全,人为的折腾,对当事人的精力、钱财和时间造成了巨大的浪费。渐渐地,他们对法院和法官持不信赖和否定的态度,并认为法律对自己来说是一个异己的东西,不是自己生活的需要。他们时时刻刻想到的便是远离、规避和拒斥法律,其自主判断的神经早已麻木。正如罗曼·罗兰所言:"如果你有一根手指夹到法庭这个鬼机关里去了,那就连胳膊也要再见啦!赶紧砍掉胳膊,不要迟疑,要是你不想整个身体陷进去的话。"[③] "气死不告状"就这样从文化传统中传承了下来,并深入到当事人的内心深处。

---

① [英]彼德·斯坦、约翰·香德:《西方社会的法律价值》,王亚新译,中国人民公安大学出版社1990年版,第40—41页。

② [美]E.博登海默:《法理学——法律哲学与法律方法》,邓正来译,中国政法大学出版社1999年版,第227页。

③ 《罗曼·罗兰妙语录》,甘肃人民出版社1988年版,第122页。

二、病因：裁判的角色背离

从上述案例来看，司法参照系的转变、裁判的角色背离是司法腐败的重要原因。

(一)视法律为绊脚石

现代司法一个最基本的要求是司法独立，以保证法官在审判时的独立性。法官完全依照事实和法律自主地进行裁判，即依法裁判，包括根据现存的法律、客观地适用法律和严格遵守法律。任何人不得以任何原因和形式对其施以直接或间接的引诱、威胁和暗示。这里体现了每一个法官的审判权是独立的、完整的。法官独立是司法独立的基础，没有法官独立也就没有司法独立。马克思在强调法官独立时，说道："法官除了法律就没有别的上司。"[①]这说明，尊重法律和热爱法律规范是法官角色的第一要素，否则司法就失去了规则，游戏也就无法开展和进行。美国大法官波斯纳指出："由确定的官员按照正式规范来解决纠纷是便利的。因此有了法官，他们的工作就是以一种证明规范是正确的并且更根本的是满足社会需要的方式来化解纠纷。"[②]对法律规范的证明也就是对法律规范的热爱和尊重，否则无需去证明。

而在上述执行案件中，法官视法律为绊脚石，法官在法律与人情面前，显然是选择了后者，正义感荡然无存。没有了正义感，对平民百姓、当事人的诉求、苦衷、冤屈只会是不闻不问和熟视无睹，他们关心的只有自己，法律和正义对他们来说不过是绊脚石，因此他们急于摆脱这种束缚。所以既然自己已经没有正义感，也就没有了人格，满足于自己的利害关系打算之中，法律当然是可以不要的，只是一种纯工具的摆设而已。没有了"法律上司"，并不意味着他们没有其他上司，行政级别中的上级、上级法官、人情、金钱等这些都是上司。

(二)审级制度是错误固化的渠道

司法的审级制度是现代各国司法制度中一个重要的制度，唯一的差别是

---

① 《马克思恩格斯全集》第1卷，人民出版社1956年版，第76页。
② [美]波斯纳：《法理学问题》，苏力译，中国政法大学出版社1994年版，第296页。

审级的具体内容,有的是两审终审制,有的是三审终审制等等。我们国家采取的是两审终审制。这一制度涉及的基本理由大概有两个:一是基于人的理性的有限性。任何人难免出现错误和认识上的分歧,多一个审级可以尽量弥补理性缺陷,减少失误。二是多一个审级为当事人陈述自己的观点、原委增添一条渠道。虽有审级制度,但法院作为司法机关在自己的审级中是独立审理和裁判案件的,法院对自己审理的案件有独立判断、认定的权力,上级法院不能对下级法院的审理、裁定等发布命令和指示。下级法院也没有义务将自己审理的情况报告上级法院,或者从上级法院得到某一个案件裁判的具体指示而落实指示。上级法院对下级法院案件的审理是通过上诉环节加以连接的。

上述执行案件的运作恰好相反,上级法院成了固化下级法院错误的最佳渠道。法院行政化使得上下级法院的关系也被行政化。尽管法律给了各级法院独立的审判裁量权,但法院行政化这只"看不见的手"仍然在法院的相互关系中实际发生着很大的作用。下级法院在审理案件中,仍然会向下级行政机关对待上级行政机关那样对待上级法院,如下级法院将具体如何执行的"疑难"问题及时报告上级法院请示如何处理。上级法院的回复、批复、意见或关于案件审理的指示是不会在下级法院的裁定书中出现的。在法院行政化的影响下,往往还制作一个专门给下级法院看的文件,实际上这个文件等于行政机关之间上对下的行政文件。这种行政性的文件的特点是不对当事人公开,这样的结果对当事人来说是非常不公平的。此案下级法院斩钉截铁地说"根据上级法院的批复而如此执行",上级法院说"具体情况由下级法院去操作,与我们关系不大"。当事人在上下两级法院之间辗转,得到的都是面无表情的有"充足理由"的回答,似乎当事人在无理取闹。

(三) 司法感性化而让人失望

理性对人来说,虽是上帝恩赐的尤物,但需要在实践中不断地积累和发展。它表现为基于一定的前提,合乎逻辑地推出结论。它不是听从于人的自然本能、欲望、情感、冲动而命令人作出的行动,而是在这些自然本能、欲望、情感、冲动有所控制和约束的情况下选择行为。理性的最大好处就是客观,让人信服。尤其在司法中,理性的恰当运用,好处是非常明显的:(1)具有论证说理的功能。司法的过程实质上是合理性论证的过程,也就是"举出理由以说明某种主张和判断的正当,它是人类理性思维活动的一种基本形式"。①面对一个诉求,司法必须要在双方的立场中作出一个必要的选择,形成一个最佳的答案。作为司法过程,其公开性和中立性目的是为了弘扬理性,增强说理的力度,让结论易于接受。(2)具有指引作用。"行动是意识的行为"。②理性对司法过程具有方法论的意义,它总指引人们对其行动作出令人满意的解释,这一过程经过多次反复而成为裁判者的习惯。类似的问题会有类似的答案,相同的情况会有相同的结果。(3)具有评价作用。理性在司法中的表现,始终是以现有的法律和事实为前提,以权利和义务为中心线索加以展开的。对诉讼双方当事人的行为作出评价,同时也可以以之反观、评价法官的行为。理性在司法中的完善表现为形式合理性优于实质合理性,理性也意味着选择有效手段达到目的的能力。③ 在司法中借助形式合理性即规则的合理性实现实质的合理性,排除权大于法、现场灵感高于既定规则、个人理性优于制度理性等等做法,它可以保障规则的权威性和有效性,能最大限度地实现实质合理性。

上述执行案件中,我们可以看到理性并不存在于司法中,法院法官的行为是根据自然本能、欲望、情感、冲动等而作出的。他们的行为如果有逻辑可言的话,其前提不是法律,他们已经否决了法律,在法律和人情之间,抛弃了前者,选择了后者,让人很难预期。他们的行为表现为既无形式合理性又无实质合理性,类似的案件不可能有类似的处理。不用法律上的既定标准加以衡量,而是根据行为、利益、主张和期待来自于什么样的人。相似或相同的案件由什么样的人来扮演"主持正义"的司法者角色,案件的处理结果是截然不同的。案件处理结果与利害相关的人的贫富、地位的"尊贵"和"低贱"直接相关。履行司法职责人员的家世背景、生活经历、政治倾向、哲学观念、价值偏好等这些被涵盖于法律概念和范畴之内的个性化因素,都进入了法律推理和法律思维的过程之中。法律失去了可预测性,司法领域变成一个被变化莫测、反复无常的偶然性所支配的王国。④

---

① 张志铭:《法律解释操作分析》,中国政法大学出版社1999年版,第78页。
② [英]麦考密克、[奥]魏因贝格尔:《制度法论》,周叶谦译,中国政法大学出版社1994年版,第190页。
③ 郑成良:《法律之内的正义》,法律出版社2002年版,第125页。
④ 参见郑成良《法律之内的正义》,法律出版社2002年版,第146页。

(四)轻视程序扩张权力

法律程序主要体现为按一定的顺序、方式和步骤来作出法律决定的过程,它包括立法、执法、司法等几种主要类型,其中最重要最典型的是司法程序。良好的程序的功用主要体现为:(1)程序能提供完善的利益表达机制,具有很浓的民主色彩。它能使冲突、对立的双方通过和平的方式进行交涉,充分陈述事实真相和提出期望的主张,"任何一方的诉词都要被听取"。① 这不仅为裁判者提供了较清晰的图案,也为公众的监督增加了透明度。有人说程序是个聚合器和过滤装置,值得玩味。(2)程序能保障法律在实施中的中立性,给人以正义感。"中立性"的基本含义是在纷争和对立的各方之间不倾向于任何一方的立场和态度,它蕴含着理性、公允性、客观性和无私性。完备的程序就像一套起防护作用的甲胄,保护着法律的超然态度而免受特权的介入和干扰,限制恣意的发生,保证决定的客观正确和结果的公正合理。诉讼程序一般都规定"任何人不能审理自己或与自己有利害关系的案件"。② (3)程序推动着法律的运行,具有较深厚的法治意蕴。法律不是静止不动的社会现象,而是依照自身运动规律在社会中周而复始运行的。法律在运行中存在,在运行中发展,在运行中演化。法律在每一个环节的运行和在环节间的过渡都是由程序来完成的。所以,美国著名法哲学家富勒曾说过,如果一个法律制度严重偏离程序正义的要求,不管它关于实体正义的标准是什么,它都不配被称为法律。③ (4)程序有着重要的创制功能,具有母体性。在法律体系的运行中,程序处于枢纽位置。程序不仅是运用实体法的基本渠道,而且许多法律制度来源于程序活动。"从历史上看,法律首先是从程序法发展起来的,后来才有实体法。从逻辑上说,实体法是作为下位阶梯的法,而实现实体法的诉讼法则属于上位阶梯的法"。④ 程序不仅决定实体权利的有无,而且可以使实体权利发生质变,所以谷口安平先生称:"程序是实体之母或程序法

---

① 戴维·M.沃克:《牛津法律大词典》"自然正义"词条,光明日报出版社1988年版,第628页。
② 戴维·M.沃克:《牛津法律大词典》"自然正义"词条,光明日报出版社1988年版,第628页。
③ [美]E.博登海默:《法理学——法律哲学与法律方法》,邓正来译,中国政法大学出版社1999年版,第189—190页。
④ 潘念之:《法学总论》,知识出版社1981年版,第26页。

是实体法之母。"①实质正义和形式正义都是我们所欲求的,但要记住,实质正义和形式正义都是在一定的程序中得以实现的。② 也正是在这种意义上对程序的尊重是衡量法角色合格与否的标尺。

上述执行案中,程序的不良好暴露无遗:程序缺乏体系化、程序比较粗糙、程序缺乏可利用性和缺乏必要的保障。法官们对程序是漠视的,更谈不上有对程序的尊重之意。基层法院领导说,财产保全房管部门不知道只是瑕疵;中院分管执行的副院长也说是瑕疵;中院执行庭的副庭长说这是实体保全。他们的话不仅前后有矛盾,而且显示出程序在他们心中分量是多么的轻。在他们的心中,程序的缺失只是瑕疵,其目的是为扩张他们的权力找个借口,以达到背后的实体上的不正义,即他们并不是"在实体正义和程序正义之间选择实体本位的立场,以保证司法过程生产出的产品是正义的结果,更不是为了获得实体的正义而放弃了与之相冲突的程序正义,而是以放弃程序正义为代价的"。③

(五)缺乏司法危机感

司法机关作为国家机关的一个重要组成部分是服务于人民的,那么司法服务的特点是什么呢?无论是司法独立、司法公正还是形式理性的弘扬,程序正义的优先都是基于一个同样的目的,那就是努力保证"司法产品"的质量——结果正义。司法以忠诚法律为第一义务,"那种与法律的权力相区别的司法的权力是根本不存在的。法院只是法律的工具,毫无自己的意志可言"。④ 也正是为了保障结果正义,裁判者应深知自己生产的产品质量的重要性。因为"一次不公的判断比多次不平的举动为祸尤烈。因为这些不平的举动不过弄脏了水流,而不公的判断则把水源败坏了"。⑤ 司法的使命应该是:(1)宣布法律精神。向社会宣示法律,弘扬法律精神,实现正义,这是司法

---

① [日]谷口安平:《程序的正义与诉讼》,王亚新译,中国政法大学出版社1996年版,第8页。
② 参见[美]罗尔斯《正义论》,何怀宏等译,中国社会科学出版社1988年版,第221—225页。
③ 参见郑成良《法律之内的正义》,法律出版社2002年版,第177页。
④ 此为马歇尔的话。转引自哈耶克《自由秩序原理》,邓正来译,三联书店1997年版,第194页。
⑤ [英]培根:《培根论说文集》,水天同译,商务印书馆1983年版,第193页

责无旁贷的责任。只有通过司法的运作,才能使纸面上的法变成活生生的法,将其原则和精神贯彻到人们的日常生活当中去,并渗透进人们的一切思想行为方式当中,成为人们一切思想行动的指南。(2)维护社会秩序和安全。社会始终存在冲突,只有把冲突抑制在一定范围之内社会才能进步和发展,"法律是一种可预见的秩序。就人类而言,法律所提供的正是这种服务,但这也是法律所承受的负担及所隐含的危险。法律提供保护以对抗专断,它给人们以一种安全感和可靠感,并使人们不至于在未来处于不祥的黑暗之中"。①在现代社会,完成司法使命,实现结果正义,司法者应深刻地警醒,防止自己权力的滥用。公共权力应具备足够的力量为私人权利提供救济,并确立一系列的原则和制度来保障这种救济的文明性。否则权力就会滥用,并对处于弱势的公民造成权利侵害。

本执行案中,裁判缺乏危机感,不因司法产品质量的低劣而有丝毫的担忧。法官的权力太大太多,而且不受制约,似乎有什么东西助长了法官肆无忌惮的腐败歪风。法官在诉讼程序上除了享有法律规定的一些职权外,还可以不断扩充自己的权限范围。法官可以不看当事人及其代理人提出的证据和理由,可以不顾事实,为了自己亲近和偏爱的当事人的利益,做出违反事实和法律的判决和裁定,而且还可以堂而皇之地美其名曰是"为了法官的形象",如一位法院负责人说"法院副院长家的妹妹的财产被执行了太没面子了"。法院滥用司法权,对当事人的权利进行干预,直接侵害了当事人的权利。如此等等,都使法官容易滋长权力至上的心理,对不受约束甚至还有一定法律依托的权力加以滥用,并在特定情况下引申成为进行腐败的工具。

三、处方:法官人格的重塑

(一)内部疗法的提出

依据上面的分析,司法腐败的典型特征为:法律帝国的首府——法院和法律帝国的王公大臣——法官其角色是背离的,他们不仅是裁判员,而且是运动员。面对角色背离的病者,治疗是相当困难的。当下我们提出的种种司

---

① [英]哈耶克:《自由秩序原理》,邓正来译,三联书店1997年版,第374页。

法改革的观点和采取的措施只能说是外部疗法,如审级的改革、合议庭和法官独立性的改革、审委会的改革、法院与行政区划不同步的改革、法官资格取得的改革、庭审方式的改革、待遇的改革、服饰的改革等等,这些都具有合理性。笔者认为,在外部疗法的同时,必须要加强内部疗法,因为我们面对的不是一般的病人,而是角色背离的病人,要扭正角色,必须要双管齐下,加大药剂量才能有成效。这个内部疗法就是法官人格的重塑。

(二)法官人格的重要性

被誉为欧洲法社会学之父的埃利希曾说:"除了法官的人格外,没有其他东西可以保证实现正义。"① 法官的人格可以外化为法律行为,而实现正义则是法官最主要的责任,法官的人格与正义的实现是如此的紧密相关。在我们这个时代,"内圣外王"似的修养的重要性千万不能忽视,法官人格的重塑迫在眉睫。

法官人格包括:(1)对当事人意志和人格的尊重,承认当事人的程序主体地位。程序主体的一个重要特征就是内在自由和外在自由的统一,或者说意志自由和行为自由的统一。通过司法程序使当事人的精神净化,而不应在他们的尊严之上再施暴行。承认当事人地位平等,保证当事人具有影响诉讼过程和结果的充分参与机会。(2)正义的化身。如果用最为广泛和最为一般的术语来谈论正义,人们可能会说,正义所关注的是如何使一个群体的秩序或社会的制度适合于实现其基本目的的任务——满足个人的合理需要和需求,并与此同时促进生产进步和社会内聚性的程度——这是维持文明社会生活方式所必需的——就是正义的目标。② 正义的观念与公正的司法联系密切,justice,既有公正、正义之义,又有司法、审判、法官头衔的含义。公正的裁判实际上是向社会成员昭示着一种正义的行为规则,对社会成员的行为起着一种导向作用。社会成员正是从公正的裁判中吸取公正的意识、获取公正的力量,进而对良好的社会风气的形成产生重大影响。司法机关的严格执法和公正裁判,向社会传递一种法律至高无上以及遵纪守法的观念,使民众真正相信法律、信仰法律并自觉遵守法律,这样才能形成良好的社会秩序。"法不是

---

① 转引自[美]卡多佐《司法过程的性质》,苏力译,商务印书馆1998年版,第6页。
② [美]E.博登海默:《法理学——法律哲学与法律方法》,邓正来译,中国政法大学出版社1999年版,第202页。

靠国家来加以维持的……大凡市民社会的法主体没有作为法主体的个人守法精神是不能维持的。"①

(三)对个体权利原则的认同

法官人格不是先天的。社会环境、伦理观念和文化教育对法官人格的塑造和文化品性的形成起着非常重要的作用,其中法学教育肩负着责无旁贷的重任。那么对法官的现代人格起决定作用的教育内容是什么呢?在我看来就是对个体权利原则的认同并形成一种文化形式。

个体权利原则主张从个体角度来看待个体与集体、个人与社会的关系,强调的是人的尊严、个体的自主性、个人的隐私、抽象的个人。其内核是本体的个人主义,认为社会是个人的简单结合,个人先于社会,个人是本源,社会和国家是个人为了保障自己的权利和利益组成的人为机构,除了个人目的外,社会和国家没有任何其他目的。自由社会应以个体权利原则为基础,细说起来包括以下一些内容:(1)个体权利的概念促使自由社会的诞生,对个体权利的破坏,也是损坏自由的开始。②(2)除了个体成员的权利之外,团体没有其他的权利。在自由社会中,任何团体的"权利"是从其成员的权利中引申出来的,使个体自愿地选择和契约式地同意,也是个体在进行特殊活动时的权利运用。每一个法定组织在进行活动时是以每一个参与者的自由组织和自由交易为基础的。③ 国家像其他的团体一样,是个体的组合,除了每个公民的权利之外,不可能有其他的权利。自由的国家是认同、尊重和保护每个公民权利的国家。(3)强调对政治权力的严格限制。自由国家的公民也许不同意某种特定的法律程序或实现他们权利的方法,但是一致同意所实现的基本权利——个体权利原则。把个体权利置于公共权威之上,政治权力的范围受到严格的限制。④ (4)道德的和文明的社会的基本原则是个体的权利,承认个体的权利意味着承认并接受人类为了更好地生存而由其本性所需要的

---

① [日]川岛武宜:《现代化与法》,王志安译,中国政法大学出版社1994年版,第19页。
② [美]爱因·兰德:《新个体主义伦理观》,秦裕译,三联书店1995年版,第90页。
③ [美]爱因·兰德:《新个体主义伦理观》,秦裕译,三联书店1995年版,第100—101页。
④ [美]爱因·兰德:《新个体主义伦理观》,秦裕译,三联书店1995年版,第103页。

条件。① (5)对个体权利的保护是政府存在的最基本理由。个体在法律上具有做他所意愿的任何行动(只要他不去伤害其他人的权利),而政府官员是受其职能的法规所限制的。除了在法律上禁止的行为之外,个体可以做任何他想做的事。而对政府官员来说,除了法律允许的之外,他不能做其他任何的事。保护个体权利是政府唯一合适的目的。所有的法律都必须基于个体权利之上,并且是为了保护个体权利。② (6)每一个生命体的存在是他目的的本身,而不是其他目的或他人利益的手段,正如生命是以其自身为目的的一样。人必须为了自己的缘故而生存下去,既不能为他人而牺牲自己,也不能为了自己而牺牲他人。为自己而生存意味着达到他自己的幸福,这是人类最高的道德目的。③ (7)利他主义的道德传统具有一定的弱点。这种弱点可能如爱因·兰德所分析的那样:因为利他主义所考虑的价值不是自己如何真实地生活,而是如何牺牲这种生活,他缺乏对他人的尊重,因为他把人们看成是一群命中注定的乞讨者,需要别人的帮助。同时它也是一种对存在的悲观主义和梦魇主义的态度,因为它把世界看成是充满敌意的宇宙,到处是灾难、不幸,人们不得不首先考虑生命。④ (8)个体权利原则若得不到尊重,会在政府中出现道德与政治的颠倒。政府不再是人们权利的保护者,而是最危险的侵犯者;不再是自由的保护者,而是建立一种奴役的体制;不再是使人们免受武力,而是首先使用武力,并在任何方式和问题中以它愿意的方式做某种强迫;不再是人们相互关系中基于客观准则的服务者,而是一种极端的和隐蔽的用偶然和恐惧来控制的机构,它没有客观的法律,而是由盲目的官僚机构所作的任意决断来解释法律;不再保护人们免受奇想的伤害,而是傲慢地把权力基于无限制的奇想之中。在这里,我们很快地发现了这样的政府可以做它想要做的任何事情,而公民只有得到同意才可以去做。这是人类历史的最黑暗的时代,由野蛮的力量所控制。

个体权利原则内化为人的文化品性和社会的主导文化形式,成为法律制

---

① [美]爱因·兰德:《新个体主义伦理观》,秦裕译,三联书店1995年版,第108页。
② [美]爱因·兰德:《新个体主义伦理观》,秦裕译,三联书店1995年版,第110—111页。
③ [美]爱因·兰德:《新个体主义伦理观》,秦裕译,三联书店1995年版,第23页。
④ [美]爱因·兰德:《新个体主义伦理观》,秦裕译,三联书店1995年版,译者的话第5页。

度即我们生存所必需的游戏规则的精神内核时,它标志着:(1)对人类理性化生活方式合理性的高度总结——人类社会的理想制度模式是使人成为真正的人,并使每个个体都获得充分发展的机会;(2)符合人类社会生存和发展的最大利益——人类社会的理性制度模式能最大限度地实现每个人的理性要求,这是人们认同制度的心理动力;(3)反映了人类认识活动的美的特征——人类社会的理想制度模式是所有法律规范基于一个终极原则而建立起来的充满逻辑的整体。由此可知,对个体权利原则的认同和内化,对法官人格的形成具有不可替代的作用。行笔至此,我不得不深思,中国文化传统中起支撑作用的伦理观是集体主义伦理观,它类似于利他主义的伦理观。托克威尔曾说,一些旅行家告诉他中国无公共的品德,[①]我对此持保留的赞同:中国肯定缺乏个体主义伦理观,缺乏对个体权利原则的认同,缺乏以个体权利为原则的基础。症结已经确定,处方已经开好,这就是罗陀斯岛,就在这里跳舞吧!

(作者单位:安徽大学法学院,原文载张文显主编《法学理论前沿论坛》,科学出版社2005年版,收录本书时题目与内容有所变动)

---

① [法]托克维尔:《论美国的民主》(上),董果良译,商务印书馆1988年版,第101页。

论实质法律推理在司法过程中的运用
——从许霆案谈起

强昌文　黄祖旺

打工仔许霆在广州一家商业银行的 ATM 机上取款,取款机恰巧出现了故障,他每取 100 块钱,银行卡中的金额只扣除 1 元,在诱惑面前,许霆取了 17 余万元。案件发生后,许霆一审被判无期徒刑,上诉后发回重审获刑五年,终审维持了重审判决,至此案件尘埃落定。

该案对中国法治建设具有重要的意义,"它推动了中国司法和法治与公众的互动,得到了一个普遍可以接受的结果,推动了主要是刑法学某些方面的研究发展……"①就法律推理的运用方面,本案法官就先后运用了多种推理形式,一审主要是以演绎推理的形式做出判决,重审和二审中法官在形式推理的基础上,则更多地运用了辩证推理等实质推理形式。

从形式上和最一般的情况来看,司法判决的做出需要遵循三段论的要求,而奉行形式推理的规律,这是形式法治的要求。同时,在具体的司法审判过程中,司法判决仅仅依照形式推理的形式显然不符合司法的本质和现实的要求,因为司法是一项具有实践理性的活动,具有很强的实践性,这和自然科学研究乃至立法活动都有本质的区别。同时,在司法过程中,过于强调形式法律推理的适用,将会使司法活动脱离丰富多彩的现实生活及其对司法活动一定灵活性的需要,司法的死板和僵化,必将损害社会公平,这就需要强化实质法律推理在司法中的运用。

实质法律推理是广义上法律推理的一种重要形式。与"形式推理"相对,所谓"实质法律推理",一般来说,就是通过对法律的适度解释、合理的司法自由裁量权的运用,来实现对案件结果的观照和得到一个更加公正合理的判决

---

① 苏力:《法条主义、民意与难办案件》,《中外法学》2009 年第 1 期。

结果。

一、实质法律推理的特点概述

形式法律推理能够实现法律的可预测性、普遍性以及同样情况同样对待的要求,因此,在任何重视法治的国度里,形式法律推理都备受推崇。我国对形式法律推理的重视随着民主和法治的建设而日益加深。对法官而言,形式法律推理即使不是司法过程中唯一的方法,也是占主导地位的方法,"形式主义法律观认为法律是一套规则或原则,并且认为法律推理是精密科学探究的一个分支,认为法律推理是获得无可置疑的确定性的一个来源"。[①] 但实践中,形式法律推理无法满足社会现实的多样性对法律灵活性的需求,"应用法律不(仅)是一个将事实与规范对接的法律推论活动,毋宁说,它(还)是一个续造既有法律或发现新法律的过程,这样一来,从规范到事实中,仅凭演绎推理是不够的,还要有归纳、设证、类比等概括形式"。[②] 法律的僵化、法官行为的死板、法律的社会效果不甚理想,这些弊端直指形式法律推理的缺陷,实质法律推理的发挥作用之处,正是形式法律推理的缺陷所在。

(一)形式法律推理的优点

形式法律推理从前提到结论具有明显的因果关系,其单线的逻辑思维使人们对结论的把握具有一目了然性,其结论也具有很大的确定性。如在传统的三段论中说道,大前提是"人都有一死",小前提是"苏格拉底是人",结论是"苏格拉底会死"。只要认为人的生老病死是自然规律并且没有人对此有任何质疑,只要承认苏格拉底是人是事实,那么,苏格拉底不论早死还是晚死,但一定会死就是必然的。即使大、小前提并非同时为真,对结论来说都具有确定性。

形式法律推理不仅使法律产品的产生客观上具有确定性,而且当事人在案件发生之前或之后都能预测到可能的结果发生。只要法律本身是理性制

[①] 蔡宏伟:《"许霆案"与中国法律的形式主义困境——兼论波斯纳的法律活动理论》,《法制与社会发展》2008年第5期。

[②] 戚渊、郑永流、舒国滢、朱庆育:《法律论证与法律方法》,山东人民出版社2005年版,第31页。

定的,并且相对稳定,不是表现为君主的命令等非理性的形式,案件的结果实际上都已经为法律所预留,法官的使命只是将这种可能的结果转变为具体的存在。

实质法律推理则不然。实质法律推理是"根据一系列'法律内'或'法律外'的因素综合案件事实进行实质内容上的价值判断,也就是说,实质法律推理主要涉及对法律规定和案件事实本身实质内容的评价和价值判断"。① 在考虑个案特殊性的前提下,有时要变通甚至放弃当前部分法律的适用。在这种情况下,司法活动就破坏了法律的稳定性和一般性所能形成的结论的确定性价值,这就使得个案的判决结果具有很大的不确定性。而这正是实质法律推理备受人们诟病之所在。人们质疑实质法律推理,因为,它造成了法律的明确性所应该具有的法律适用结果的明确性的价值因子不复存在了,"先进的法律制度往往倾向于限制价值论推理(axiological reasoning)在司法过程中的适用范围,因为以主观的司法价值偏爱为基础的判决,通常要比以正式或非正式的社会规范为基础的判决表现出更大程度的不确定性和不可预见性"。② 从表面上看来,司法活动表现了法官的任性、司法的随意性,有时也使人们将之归结为司法腐败而进行批评,严重的情况是,本来由法律的稳定性带来的安全感也消失了。在河南张金柱被判处死刑、黑社会头目刘涌被判处死刑等一些"不杀不足以平民愤"的案件中,民愤在某种程度上直接导致了被告人的死亡。这些情况说明,民愤取代法律在司法过程中被法官在"实质"推理中使用,让法律的理性精神和司法的理性活动遭到了破坏,法律的判决在强大的社会压力面前不再具有确定性。当然,有时民众对判决的作用力朝向相反的方向有利于被告,比如许霆就因为重审法院在原审判决受到批评的情况下,努力改变法院的被动局面,没有这种批评在前,重审法院不大可能会想到用折中的方法来实现对许霆量刑减轻的目标。在疑难案件面前,法官为了追求案件的公正处理,必须进行价值判断、法规解释及变通,进行实质法律推理。不管实质法律推理对当事人的作用是好还是坏,有一点可以确定的是,它使判决结果不再具有完全的确定性、必然性。美国批判法学家昂格尔在比较形式法律推理和目的型法律推理时就指出:"在法律推理的结论上,前

---

① 陈锐:《法律推理论》,山东人民出版社2006年版,第26页。
② [美]E.博登海默:《法理学——法律哲学与法律方法》,邓正来译,中国政法大学出版社2004年版,第528页。

者具有确定性,有利于维护法治价值;后者具有不确定性,会使法治价值受到削弱。"①

(二)形式法律推理运用中的缺陷

在司法实践中,仅仅进行形式法律推理又是远远不够的,"你们迟早会发现,在一个甚至比案件还要复杂多样的世界中,单从规则出发的推理常常是不可靠的"。② 这在于,司法是一项实践活动,法律本身的缺陷、事实认定的困难、社会的复杂性、疑难案件的增多,都使得法官无法用形式法律推理来解决现实中的问题,确保司法结论的正确性。或者以此来解决问题将会出现新的问题,如公平、正义、和谐等价值的损害,"规则不确定的一面以及推理结论的真理性与逻辑方法之间的或然关系,大大削弱了逻辑在法律推理中的基础地位"。③

1. 法律的缺陷不能为形式法律推理提供可靠的前提

法条是抽象的、静止的,一经制定就以制度形态存在,"规则通过规定在一般情况下人们应该或不应该做什么来指导人们的行为"。④ 在卡尔·恩吉施看来,法律的抽象性只能导致抽象的法律后果,无法解决实践中的问题,他说,"法律规范的抽象事实构成,首先只是提供了条件和情景,据此,一般上,法律结果,即应然,便发生"。但如此"就会产生实践性的法律问题"。具体的法律结果常常是非常不具体地被规定,更多的是:"它只存在于授权法和指令中,在一定的活动余地(Spielraum)中,去形成合适的判决。"⑤社会是不断发展变化的,即使制定再完备的法律,最终法条都会出现滞后、不完善等缺陷,"人类立法者根本不可能有关于未来可能发生的各种情况的所有结合方式的

---

① 张保生:《法律推理的理论和方法》,中国政法大学出版社2000年版,第58页。
② [美]史蒂文·J.伯顿:《法律和法律推理导论》,张志铭、解兴权译,中国政法大学出版社1998年版,第23页。
③ 张保生:《法律推理的理论和方法》,中国政法大学出版社2000年版,第237页。
④ [美]史蒂文·J.伯顿:《法律和法律推理导论》,张志铭、解兴权译,中国政法大学出版社1998年版,第17页。
⑤ [德]卡尔·恩吉施:《法律思维导论》,郑永流译,法律出版社2004年版,第40—42页。

知识"。① 如以前企业不存在破产的时候,国家的破产法就没有出现;智力成果的保护还不多的时候,知识产权法就很不完善。而当出现这样的问题时,就面临着"法律空白"的尴尬,"社会关系的迅速变化也使得立法机关难以通过制定法律的方式作出及时有效的回应,许多规则只能通过法院在司法过程中逐步地加以发现、提炼和具体化"。② 因此,"法官针对每个案件的具体情况做出合乎情理的处理,可能有也可能没有一般的规则"。③

另外,作为制度的法律,在其语言表述方面,不仅用语的模糊性造成法律理解的困难,而且,一些有歧义的表述也使得法官难以做出唯一的确定性解释,在一些法律有冲突或法律空白的场合,将直接导致法官在适用法律过程中的不知所措。这些法条的问题在现实中往往都是由司法推理进行"补位","由其结构使然,法律推理将赋予含混以意义,并且不断地测试社会是否已发现了新的区别或相似之处"。④

2. 对案件事实的认定受到法官认识能力和理解能力等方面的主客观限制

案件发生后,当事人向法院提起诉讼,至此,法官才接触案件,法官无法亲身经历案件的发生,法官要准确再现案件发生的过程,显然首先要受到人类认识能力的客观限制。哲学上一般认为,根据人的思维至上性特征,人是具有认识客观事物的能力的,但是,这是一个过程,或长或短。但就一个特定的时空条件来说,人的认识事物的能力却受到诸多限制,表现为思维的非至上性。实际上,案件事实的不易把握赋予了法官更大的权力,美国现实主义法学的代表人物杰罗米·弗兰克就认为:法官那不可预测的独特个性,使任何提出相互冲突证据的诉讼变成了一件高度主观的事情。⑤ 从微观方面来看,每天都发生许许多多的案件有待法官去处理,而法官人数、审案条件、技术程度等法律资源都非常有限,法官不可能为了一个案件事实的完全再现而

---

① [英]哈特:《法律的概念》,张文显、郑成良、杜景义、宋金娜译,中国大百科全书出版社1996年版,第128页。
② 贺卫方:《运送正义的方式》,上海三联书店2002年版,第187页。
③ 苏力:《法治及其本土资源》,中国政法大学出版社2004年修订版,第197页。
④ [美]艾德华·H. 列维:《法律推理引论》,庄重译,中国政法大学出版社2002年版,第192页。
⑤ [美]E. 博登海默:《法理学——法律哲学与法律方法》,邓正来译,中国政法大学出版社2004年版,第167页。

无期限地拖延办案,待真正事实出现或新的技术研发出来,再将案件处理,这不可能也不现实,即使将来能还原案件事实,比现在更准确地认定事实,但当事人的权利没有及时得到保护,甚至已是物是人非,事实真相对当事人来讲已经没有什么现实意义了,法谚"迟来的正义非正义"即是这个道理。另一方面,法律出于及时保护当事人权利的时效性要求,规定了案件的审理期限,这乃是一个强制性规定,从法律实证意义上来看,也排除了法官"不懂本案,过一百年再审"的可能,法官必须在期限内完成本案,又要尽可能地查清事实,并且要保证案件在现有条件下不是错案,这就需要法官具有很强的寻找和发现事实的能力。这是一个法律事实,可能与客观事实不同甚至截然相反,法律事实本身意味着它的变动性,依赖法官对证据的认定和对证据认定事实的不同理解,法律事实的相对性使得不同法官对同样一件案件可能会有完全不同的判断。"不同的法官或律师因个人方面多种因素的不同,或者出自不同的考虑,即使对于同一案件也会侧重于'选择'不同方面的事实,更何况对案件事实的认定还要依赖于证据证明,特别是在使用间接证据证明案件事实时,还免不了要运用各种推理,其推理形式也不是像逻辑学家要求的那样严格,更不能简单地用相关的推理规则作为判定它是否有效的标准"。① 因此,"对案件事实的认定绝非简单的断定,而是包含着解释和评价的,需要有认定的理由或根据。"②尤其在疑难案件中,对案件事实的筛选也比较复杂,当案件事实也面临着冲突的时候,就面临着判断事实的重要程度的问题,如救护车为了能将处于危急当中的病人送往医院而闯了红灯,对其是处罚还是不处罚,这就涉及选择的问题,伯顿教授认为,"你们要以促进法律的目的(不论其好坏)、实现它的原则和政策的方式来判断其重要程度"。③

3. 法官对法律既有解释的必要,又存有解释的矛盾

法律是对案件做出判决的前提,即使没有明确的法律存在,由于法官不能拒绝审判,因此也需要法官对现存法律做出一个解释,从而"创造"出一个法律规定,明确将法律缺位的利益授予何方,以此来解决本案问题。那么,法

---

① 雍琦:《关于法律逻辑性质及其走向的思考》,《现代法学》1997年第5期。
② 解兴权:《通向正义之路——法律推理的方法论研究》,中国政法大学出版社2000年版,第90页。
③ [美]史蒂文·J.伯顿:《法律和法律推理导论》,张志铭、解兴权译,中国政法大学出版社1998年版,第127页。

官怎么进行法律解释,是探求立法精神和本意,还是从实践出发进行有利于本案解决的解释?从前者来看,立法本意即立法者如果面临这个问题会怎样立法,如果能发现这个本意固然是好的办法,但这个本意是否存在,值得怀疑。因为在现代民主国家,立法机关一般都是代议机构,而不是某一个个体,代议机构的意思本来就是许多人的妥协和折衷,如此,法官如何能发现这个推定的本意?实际上,法官这个群体不是国家的法定立法机关,同时法官甚至不是由人民选举而产生,他们大多产生于任命,法官既立法又审案的双重身份是否合理,值得商榷。因此,形式法律推理的要求使得法官无法通过法律解释来适用法律,解决纠纷。

4. 完全按照形式法律推理将可能重蹈机械主义的覆辙

机械主义的表现,正如孟德斯鸠所说:"国家的法官不过是法律的代言人,不过是一些呆板的人物,既不能缓和法律的威力,也不能缓和法律的严峻。"[1]司法活动的主体主要是法官,法官不但是法律的践行者,而且也是具有主动性和创造性的主体。在司法过程中,完全从本本上摘抄法律,并且只在现象层面理解当前事实,这从根本上是对法官主观能动性的漠视。因为这样就使得法官缺少了对法律的价值判断和筛选的过程,由此堵塞了通往把握法律精神实质的道路。实际上,有时经过法官解释并进而适用的法律才能作为审判具体案件的大前提。同时,粗浅地理解案件事实,也是无视现实中事实灵活性的表现,不能做到对事实进行反思后把握。它的危害在于,不仅使得本应认定的事实和应当适用的法律与当前确认的事实和选择的法律存在背离,并导致实际的判决结果与本应的判决结论背道而驰,而且,从法律发展的角度来看,形式法律推理造就了法官"千篇一律"的思维习惯,"如果不论大事小事,都一味追求整齐划一的秩序和统一的规则,而丝毫容不得半点混乱和'越轨',则将自己套上一个规则框框,形式逻辑箱"。[2] 这样,作为法律重要实践的司法实践就不仅不能为法律在现实中的创造性发展有所助益,而且也不能基于法官在司法过程中对法律的批判性适用,为立法工作提供素材,"任何时候,当一个法律的有效性令人怀疑时,一个人必须假设该法律是有效

---

[1] [法]孟德斯鸠:《论法的精神》(上),张雁深译,商务印书馆1995年版,第163页。
[2] 王滨:《超越逻辑:创造性解决问题》,上海科学普及出版社2000年版,第114—115页。

的,并据此来行为,那么,我们所具有根据道德理由来改变法律的主要渠道就堵死了,而且,随着时间的推移,我们所遵循的法律将必然成为不那么公平和公正的,而我们公民的自由必然会消失"。① 对法官而言,形式法律推理不允许法官对法律做出有别于法律文本的"个人想法",这就从根本上制约了法官创造性、积极性的发挥,破坏了法律的生机与活力,由此也无法对法律现实的多样性做出回应,造成法律对社会纠纷和冲突的无能为力。日本学者棚濑孝雄认为:"决定者的裁量余地被限制,决定内容被事先存在的规范所规制,就意味着减少了根据具体情况灵活机动地解决纠纷的可能性。由此这种类型的纠纷解决会引起植根于人们朴素的正义感中的不满乃至对正当性的否定。"②

在另一方面,形式法律推理要求对法律按其表面意思不折不扣地运用。从语言学的意义上来说,一种用语存在于一个特殊的语境,随着语境的变迁,虽然语言的表面意思不变,但本质的意思已随着语境的变迁而变化。即使法律用语所体现的意思没有改变,但此时和彼时的社会环境不同,也会造成某一用语的变化。如,对"金融机构"的理解,如果在金融机构对国家的发展具有极其重要作用的时期,或者,当侵害金融机构的案件经常发生,并且后果严重,以至危害到了国家金融秩序的稳定乃至社会的稳定时,国家对金融机构的保护就会更加重视,保护措施力度更强,法律对侵害金融机构的行为处罚就更严厉,但如果当前金融秩序稳定,多个金融机构相互并存,共同竞争,金融机构已经成为市场经济社会中的一个普通市场主体时,人们只是把它作为参与市场活动的一个普通角色,根据市场主体平等原则,当初将金融机构作为"重点保护单位"的依据也就不复存在了,"商业银行在民事法律上不过是一个与客户处于平等地位的经济活动主体,金融机构的财物与公民个人的财物在财物的存在形式与财物的价值内容上本身具有同一性"。③ 台湾学者杨仁寿说:"法学之主要任务,厥为透过法律的适用,以实现法律目的或社会统制目的,倘过分强调法律之逻辑一贯性,以追求法律解释的客观性,无视法律

---

① [美]罗纳德·德沃金:《认真对待权利》,信春鹰、吴玉章译,中国大百科全书出版社1998年版,第280页。
② [日]棚濑孝雄:《纠纷的解决与审判制度》,王亚新译,中国政法大学出版社2004年版,第17—18页。
③ 杨兴培:《"许霆案"的技术分析及其法理思考》,《法学》2008年第3期。

目的或社会统制目的,将此项主要任务置之脑后,必将重蹈十九世纪概念法学之覆辙,变成'机械法学'。"①

在"许霆案"的原审判决中,法官严格依据刑法所规定的相应罪名的最低量刑做出了无期徒刑的判决,贯彻形式法律推理的要求。然而,判决做出后,却引起了轩然大波。本来,这是一个有法律规定的案件,法官也是依法司法,没有徇私舞弊,并且是按法定最低刑量刑,公众也并未对法官的公正性提出质疑,但却认为即使是最低量刑也仍然是量刑太重,由此反映了法律面对现实的严重局限性,"在现实的司法实务中,单纯用法律本身的逻辑,不能解释和处理法律在处理现实案件时可能遇到的种种疑难问题,在出现法律冲突时,光靠法规自身也难以完成现实的法律适用,必须借助法背后的价值等要素加以处理"。② 在法律未变的情况下,许霆案的判决从无期徒刑到五年有期徒刑,法院在认定相同罪名的情况下做出了量刑极为悬殊的两份判决,这之间可谓走了很长的一段路,经历了受责难、被动和无奈选择。对整个司法机关来说,这条路走得是如此尴尬和被动,在外力的作用下自己否定自己,而这,正体现了形式法律推理的困惑。

(三)实质法律推理的优点及特征

形式法律推理不能作为司法活动中唯一的推理方法,形式法律推理的缺陷之处,正是实质法律推理发挥作用的舞台,"但当依据条文的字句所做的形式逻辑推论的结果与法律体系的最终理想和目标相矛盾时,法官就不能将形式逻辑推导出来的结果宣称为审判的结论"。③ 在解兴权博士看来,法律推理不同于形式逻辑推理而具有独特性,主要表现在,法律推理的大小前提需要法官、当事人建构,法律的任务不仅在于维护秩序,而且要关注真理、公平、公正、合理等。有限的时间限制致使法律推理过程中不可能追求绝对真理等,由此决定了"人类必须探求新的、更为务实的、有效的法律推理方式,那就

---

① 杨仁寿:《法学方法论》,中国政法大学出版社1999年版,第36—37页。
② 赵星:《逻辑司法推理的有限性》,《求索》2007年第9期。
③ [日]川岛武宜:《现代化与法》,王志安、梁涛、申政武、李旺译,中国政法大学出版社1994年版,第245页。

是辩证的法律推理形式"。① 许霆案的重审判决和再审判决一定程度上说明了实质法律推理在司法过程中的作用。

1. 实质法律推理回应了民意的合理诉求

"许霆案"的判决做出之后,舆论的指责声一片,有专家学者发表的意见、有法院系统领导对案件的看法、有普通民众参与所形成的合成意见等,这就迫使法官在重审判决中必须考虑更多的情况,如再次做出这样的判决,公众必定仍然会不满意。在这种情况下,如原审法院所遭遇的那样,其判决并没有什么违法问题,但却引起了一个更大的问题,那就是判决得不到认可,这样的判决在舆论的压力之下也很难得到上级法院的认可(实际上,法院系统的高层发表了意见,这在做出重审判决时不可能不考虑),原审判决被撤销就说明了这点。民众参与公共生活并表达意见由来已久,但只有在现代社会民意传输条件发达的历史条件下,民意影响司法才成为现实,有学者就认为:"'民愤'作为一种追求道义报应的集体呼声,已然成为国家制定刑事政策的重要考量因素。"②民众以个人名义发表自己对案件的看法,具有个体性、随意性且不具有稳定性,一般仅限于在一个相对狭小的熟人社会交流。而且,人人处于一个与外界相对隔离的区域,信息闭塞且法律意识淡薄,也无法获得发表意见的素材,鲜有参与表达的自觉意识。而在现代社会,一起有较大影响的案件发生后,各大媒体争相报道,追求卖点,普通民众通过各种新闻报道及街头巷尾的议论均能获得案件信息,并参与到对案件的议论中去,能够并愿意发表意见,在大的范围内具备将这些个别意见糅合的条件,这样就形成了民意,"民意并不是社会个体观念的简单叠加,而是摒弃民众的个人偏见及游离在民意中心思想外的各种观点后确立的共同核心思想"。③ 许霆一案是民众参与比较突出的案件,不少网站、机构还举办了问卷调查,为公众参与提供渠道。网站上的信息显示,2008年5月10日12时,通过Google搜索引擎搜索主题词"许霆",显示约有146万项符合主题词的查询结果,搜索主题词"许

---

① 解兴权:《通向正义之路——法律推理的方法论研究》,中国政法大学出版社2000年版,第148—150页。

② 刘万奇、杜江平:《民众情绪与司法理性——试论"民愤"影响刑事司法的合理限度》,《中国人民公安大学学报》2008年第4期。

③ 周德金:《裁判合理性:法律公众认同的基础——许霆盗窃金融机构案引发的思考》,《法治研究》2008年第7期。

霆案"时,约有 298 万项查询结果,搜索主题词"许霆案件"时,约有 156 万项查询结果,搜索主题词"许霆事件"时,约有 481 万项符合搜索要求的查询结果。在通过 Baidu 搜索引擎的搜索中,共找到符合搜索项目"许霆"、"许霆案"、"许霆案件"、"许霆事件"的结果分别是 1890 万、233 万、91.6 万、1450 万项,媒体报道和公众参与度非常高,作为"把社会压力理解为认识的来源和自我矫正的机会"的回应型的法①来说,不可能对民意不做出任何反应。虽然在另一层意思上说,判决是否可以依据民意或考虑民意,这本身是一个很有争议的问题。如果过多地考虑民意,那现存法律的权威性和有效性必然会受损,司法的理性精神和稳定性特征也会受到一定的破坏,苏力教授就认为:"司法执法机关的活动还是应与社会舆论保持一种恰当的距离,一种若即若离的关系;不能过多强调社会舆论对审判机关的司法活动的监督。"②但民意已经存在并且强大,民意对司法的影响也已存在,法官在当前的条件下对此也不能熟视无睹,民意实际发挥着影响司法判决的强大的隐形力量。就民意影响司法的方面,苏力教授认为:"从现实性来看,吸纳民意未必贬损司法独立,相反可能是司法独立的保证和司法权威的培育,至少在中国目前如此。"③不管民意在司法过程中扮演何种角色,毕竟,考虑民意也是法律追求社会效果、谋求实质公平所作的一次尝试,且民意的现实影响力不可小觑。

2. 实质法律推理契合了正义的要求

在"许霆案件"中,许霆的行为即使构成盗窃金融机构的罪名,但与一般的进入金融场所盗窃金融资金相比具有特殊性。首先他是临时起意,起初并没有盗窃金融机构的动机,并非是其长期预谋后作案的,这显示了他的主观恶性不大;其次,这个"金融机构"(ATM 机)具有特殊性,它是敞开式的,盗窃这样的金融机构不具有一般盗窃金融机构的潜在危害性,因为他不具有接触金融机构内所有资金的可能性,至多只有 ATM 机内所放置的现金;再次,从根本上说,该案件的发生在一定程度上是由于 ATM 机出现故障所致,这是金融机构方面的原因。试想,如果 ATM 机运行良好,许霆也只会是取了指定数目的钱后就离开 ATM 机,就不会发生后来发生的数次取钱行为。虽

---

① [美]P.诺内特、P.塞尔兹尼克:《转变中的法律与社会:迈向回应型法》,张志铭译,中国政法大学出版社 2004 年修订版,第 85 页。
② 苏力:《法治及其本土资源》,中国政法大学出版社 2004 年修订版,第 159 页。
③ 苏力:《法条主义、民意与难办案件》,《中外法学》2009 年第 1 期。

然说许霆是在自己独立的意志支配下独立实施了这一行为，自己应对该后果承担责任，但毫无疑问的事实是，ATM机出现故障也是该案发生的一个重要诱因，在诱惑面前，我们也必须承认人性自私的合理性，法律也不可能以高尚的道德作为法律的底线；最后，在许霆案发生后，银行方面也依据相关规定从ATM机制造商那里获得了赔偿，损失得到了弥补，许霆的行为最终也并没有给作为受害方的银行带来经济损失，许霆行为的物质性危害结果较小。在该案件种种特殊性面前，许霆的行为是否应该受到刑法规定的无期徒刑以上的刑罚？刑法为该案预留的可能结果是否做到了罪责刑的统一？显然，从许霆的主观恶性、社会危害性等方面综合考虑，许霆虽然可能构成犯罪并受罚，但罚至无期徒刑却明显远远超出了一般人的预期，至少使公众的公平信念发生了动摇。从最一般的情况来看，司法活动依据制定出来的法律来进行能体现司法活动的理性，如果司法活动抛开理性，单纯以民意或者其他某一方面的因素作为决定性的依据，那只能说明司法的不理性和随意性，并给公众留下抨击司法的口实。当然，如果司法活动在充分考虑现有法律的基础上，综合考虑具体案件的特殊情况，再从各种情况出发，动用自由裁量权，或将一般性法律具体化，或在法律规则允许的范围内合理变更规则的适用，如许霆案中重审法院动用了无法定减轻处罚情节而在法定刑以下量刑并报最高法院核准的特殊规定，从而将案件的特殊性与法律的一般性进行了很好的结合，这即是对实质法律推理在司法中的重视和运用。朱永红教授甚至认为，"没有法官自由裁量就没有法律推理，法官自由裁量是法律推理运行的必要基础和先行条件"。[①]

3. 实质法律推理是弥补形式法律推理缺陷的必要

形式法律推理不能对社会现实的多样性进行回应，推理过程具有僵化性，在保证社会正义，维护社会和谐方面具有很大的局限性，一个案件无论经过几次审理或者只是一次审理，只要有实质法律推理的运用，就会体现实质法律推理对形式法律推理的纠偏。对法官个人来说，适用形式法律推理可以规避可能给自身带来的各种风险。在案件的法律适用上，法官会首先考虑运用形式法律推理。一个案件要经过起诉、调查、辩论等各种程序，法官会参与到其中大部分程序中去，在案件不断明朗清晰的过程中，会形成对案件的看

[①] 朱永红：《法律推理视角中的法官自由裁量》，《河北法学》2007年第10期。

法,甚至有时也会超越法官的理性而以个人的喜怒哀乐诉诸对案件的判断。对事实的深度认识必然会造就法官对事实的独特认定,当从这种事实出发所形成的可能处理结论与法律对该事实的处理不能对应时,法官就会自觉地相应背离形式法律推理,对事实进行价值判断,选择适当的法律。当判决符合公平正义的精神,取得了良好的社会效果,形式法律推理就是有实效的。而如果判决破坏了公正、秩序等价值,并不被大多数人所接受,形式法律推理就是有缺陷的,后法院就会对此进行充分考虑,并以此为出发点,自觉地对形式法律推理的缺陷之处进行纠正。因此,罗尔斯说:"总之,我们可以说,形式正义所主张的力量和对制度的服从,明显要依赖于制度的实质正义和变革它们的可能性。"①这种情况中,两个判决之间具有一定的时间间隔,后法院有超然于原审法院及其判决和公众舆论之外来审视同样的案件,与原审法院相比,具有更广阔的视角。它不仅能够更加审慎地看待案件,而且能根据其他方面反馈的信息发现原审判决的不足之处,因此,具有得天独厚的优势。从这个角度上说,二审判决一般比一审判决更具有合理性,不仅在于二审法官的素质、法律资源的占有,更在于二审法院能够总结一审法院的经验并吸取失败的教训。一审法院所犯的错误,二审法院不可能再犯,这样二审判决就更加具有合理性。许霆案的原审判决,主要存在的问题在于,没有对法律进行批判性反思,没有对案件特殊性进行回应。

二、中国法官在司法实践中运用实质法律推理的现状分析

实质法律推理有悠久的历史。亚里士多德早在他的《工具论》的论题篇中就明确地提出了论辩的论证思想,提出了必然推理和辩证推理或修辞推理的划分,这是实质法律推理的思想源头。首次将辩证推理运用于法律中的是公元前1世纪罗马法学家Q.穆修斯,他是在有关民法的论著中使用的,而最先将辩证推理运用到司法判决中的是中世纪的西欧法学家。② 近现代,为批判分析法学派在法律推理上所表现出来的僵化性,美国社会法学派和现实法学派的代表人物卡多佐、霍姆斯和卢埃林等人都提出了辩证法律推理的思

---

① John Rawls, *A Theory of Justice*, China Social Sciences Publishing House Chengcheng Books Ltd, 1999, p. 59.

② 张保生:《法律推理的理论和方法》,中国政法大学出版社2000年版,第20—24页。

想,尤其是霍姆斯有句名言:"法律的生命始终不是逻辑,而是经验。"新实用主义法学家波斯纳提出了以实践理性为基础的经验推理说,他把形式法律推理和辩证推理结合了起来。麦考密克在肯定演绎推理在司法中的作用的同时,也明确指出其缺陷所在,在此基础上,提出以后果推理或结果论辩为中心的推理方法进行"理性重建"。美国当代法学家博登海默也指出,当有两个或两个以上可能存在的前提和基本原则进行选择成了必要时,那就必须通过对话、辩论、批判性探究以及为维护一种观点而反对一种观点的方法来发现最佳的答案,①此即博氏提出的辩证推理。

在中国,《墨辩》中就有"辩"的思想。但总的来说,中国传统思维"往往表现为求简洁而少推理,尚灵感而非逻辑,重直觉而轻论证"。② 而在现代中国,我们一方面认识到形式法律推理在建设法治国家的进程中的意义,但另一方面,现实的法律实践又对形式法律推理提出了挑战。尤其是在一些疑难案件上,公众对依据形式法律推理得出的结果不断提出质疑,而司法机关依据民意、民愤断案又备受法律界人士的诟病,这些都对司法的公正性和公信力提出了挑战。尤其是在中国法治建设尚不完善的情况下,法律还没有被"乡民"普遍地接受,费孝通先生不无感慨地说:"如果在这些方面(社会结构、思想观念等,引者注)不加以改革,单把法律和法庭推行下乡,结果法治秩序的好处未得,而破坏礼治秩序的弊端却已先发生了。"③随着中国法治建设的进程加快推进,法律推理作为方法论和法律适用的方法,在理论和实践上都得到了重视。法治即规则治理,它包括法律的制定和法律的适用,这同时也是形式法律推理的重要内容。形式法律推理要求严守和不折不扣地执行规则,裁判者要严格依据规则断案,追求形式正义,"在非法治社会,法律的制定与适用,或者依靠统治者的个人权威和魅力,或者依靠传统社会的道德和习俗,而不需要追求合理性特别是形式合理性的法律推理"。④ 因此在资本主义社会法治建立之初,形式理性、程序至上就成为其法治理论和建设的主要内容。中国的法治建设对形式法律推理也非常重视,司法过程中随处可见形

---

① [美]E.博登海默:《法理学——法律哲学与法律方法》,邓正来译,中国政法大学出版社 2004 年版,第 519 页。
② 谢如程:《论法治的实践理性》,中国法制出版社 2004 年版,第 231 页。
③ 费孝通:《乡土中国》,北京出版社 2005 年版,第 84 页。
④ 张骐:《法律推理与法律制度》,山东人民出版社 2003 年版,第 21 页。

式法律推理的痕迹。那么,是不是在司法实践中,实质法律推理尚处于一片空白呢?经过对中国目前司法运作过程的考察,笔者认为实质法律推理已经存在,并且正在发挥着重要的作用。

(一)我国法官运用实质法律推理概览

1. 判决书的制作风格

正如麦考密克所说,大多数大陆法系国家"法庭自己只宣告唯一的恰当判决,并且无论如何这个判决都对法官内部的分歧守口如瓶,这也是共同遵守的规则"。"(法官)在紧闭的房门后进行秘密讨论,将司法辩论限定在单一的正确或错误立场之内,所以,法院最终呈现的判决更多的是有助于增进对法律的相对确定性的信心,而不是揭示法律的相对不确定性。"[1]中国法官制作的判决书是以法院的名义做出的,并署上独任法官或合议庭成员的姓名。判决书的内容,无论是在事实认定,还是在判决理由的表述上,都是以"本院"的整体名义完成的,判决结果也是"本院"做出的。这样的判决书形式给人的感觉是,整个案件是由具有独立意思的法院审理并做出唯一的处理结果。从个体思维一致性的角度出发,至少从"本院"的角度看,判决结果是确定性的,一个法院对同一起案件在一份判决书上是不大可能提出相反的理由并进行自我争论的。而实际上,一起案件在做出最终判决之前,对外程序止于法庭辩论结束或当事人最后陈述,在此之后,除简单案件进行独任制审理外,法律还规定了不对外公开的合议庭成员对案件的评议,并遵循"少数服从多数"的评议规则,多数人的意见即是法院整体的意见。除了一些案件,合议庭成员意见一致外,大部分案件,由于各个法官知识、经验、阅历等不同,他们往往对事实的认定、判决的理由乃至判决的结果都会有不同看法,这样,每个法官对其参与的案件都必将有不同的意见,而将他们的不同意见放在合议庭的评议上,就形成了冲突和独立。同时,由于评议过程的秘密性,以及判决需要以法院整体的名义做出,这就决定了参与案件审理的法官,其个人认为案件的处理结果及其理由不可能出现在判决书上,"这样的判决书一般都写得过于简单,鲜见把法律条文和案件事实加以结合分析,缺乏法律理由的说明和列举,

---

[1] [英]尼尔·麦考密克:《法律推理与法律理论》,姜峰译,法律出版社2005年版,第8—9页。

判决结论缺乏充分的论证"。① 然而,"在法律领域中,给出判决的理由受到推崇,这也是应该的。没有判决理由,就无法保证判决不具有任意性或不公平性,人们也就无法计划自己的事情了"。② 这样的判决,一方面可以逃避监督,但同时,因为判决缺乏说理的过程,也就不能为其判决结果提供一个正当和合理的基础,无法说服当事人令其服判,而"通过法律推理,对判决结果给予具有说服力的理由,是法治型法律制度的一种强制性的要求"。③ "在判决书中说明理由是法官的义务。这有利于在制度上反对专断判决,保证做出深思熟虑的判决。"④虽然法官在做出这样的判决时,不排除其是在依据法律并考虑案件各方面的合理因素进行实质法律推理做出的,但法官未将这一思维过程从内心表现出来,因而使得人们对其判决的正当性提出质疑。对此,埃尔曼指出:"实际上,他们的简洁性和形式主义的风格意在隐藏一种恐惧,即害怕过于详尽可能有碍于审慎周到和严守秘密,而审慎周到和严守秘密正是专家权力的要素。"⑤因此,有学者指出:"我国的法治建设刚刚起步,无论是普通公民还是法官,法律思维的素质都不能说很高,所以,应当要求主审法官在案件判决时加强对法律原理和判决理由的阐述,使其对当事人具有较强说服力……"⑥在许霆案中,不管各行各业的人士对案件发表怎样的看法,审理案件的法官都表达着同一的意见,即体现在判决书上的理由及判决结果。但同时我们发现,无论是我们在上述的问卷调查中所得来的法官群体的意见,还是个别法院系统的高层领导通过媒体发表的意见,都说明了法官对该案件的看法并非都是完全一致的,也充分反映了我们的判决书"表里不一"的可能。

2. 最高人民法院在实质法律推理运用中的作用

虽然党和国家提出到2010年形成有中国特色的法律体系的目标,但法

---

① 解兴权:《通向正义之路——法律推理的方法论研究》,中国政法大学出版社2000年版,第2页。
② [美]凯斯·孙斯坦:《法律推理与政治冲突》,金朝武、胡爱平、高建勋译,法律出版社2004年版,第164页。
③ 张保生:《法律推理的理论和方法》,中国政法大学出版社2000年版,第91—92页。
④ 张骐:《法律推理与法律制度》,山东人民出版社2003年版,第100页。
⑤ [美]H.W.埃尔曼:《比较法律文化》,贺卫方、高鸿钧译,清华大学出版社2002年版,第198页。
⑥ 张保生:《法律推理的理论和方法》,中国政法大学出版社2000年版,第380页。

律的改进和完善永远是一个过程。尤其是当前社会处于转型之中,急剧变化的社会现实对法律提出了更高的要求,法律缺位的现象比较严重,表现在法律不能满足现实的需要,司法机关断案有时会出现无法可依的尴尬局面。为此,最高司法机关每年以"司法解释"的名义,颁布大量的规范性文件,一定程度上缓解了法律紧张的状况。由于最高人民法院的司法解释权来自于全国人大常委会的授权,而解释本身也表现为法律的形式,且在司法实践中被各人民法院普遍适用,因此,一般认为,司法解释是国家法律的组成部分,是一种"准法律"的形式,在司法推理过程中将之作为"大前提"。与立法机关制定法律不同,最高人民法院的司法解释一般产生于审判实践的个案当中,对个案进行抽象后上升为普遍性的规定,从而对将来的案件发挥类似法律的规范和调整作用。有时为了审判实践的需要,司法机关所作的司法解释不仅限制或突破了现有法律的规定,造成法律实质上的修改,而且甚至对某个法律的空白地带进行立法,从这个角度出发,笔者赞成张琪教授的观点,他认为,"在我国的法律实践中,最高司法机关根据法律精神进行司法解释,是法律适用过程中辩证推理的重要方式"。[①] 这在于,立法机关针对一般情况制定一般法律,但法律随着时过境迁而表现出滞后性,或法律与现实相冲突而有失公平性时,在法律重新制定或修改之前,确保法律正义性的任务就制度性地落到了人民法院的身上,而最高人民法院的司法解释即是实现这一任务的重要形式。由于司法解释的主体是司法机关,它产生于具体案件解释的必要,又是为了将来案件的正确审理,因此,最高人民法院的司法解释,名为法律"补缺",实际上是最高人民法院参与案件进行的实质法律推理。在许霆案的审理中,最高人民法院并没有针对该案作出司法解释,该案的原审判决表明,当前的刑法规定无法对许霆案的特殊性进行回应,表现了该案的特殊性(情节轻)和刑法规定严厉的冲突,原审判决结果即是这一矛盾的展现。为了缓和这一冲突,虽然在重审过程中,法律和司法解释仍然没有出台,但最高人民法院以参与个案审理的方式变通了法律规定,从而使判决结果更加公平。一般说来,最高人民法院并不直接参与案件的审理,麦德福(Micheal Dorf)教授认为:"在大多数情况下,最高法院都是以隐含的方式来满足公众意见,而不是

[①] 张骐:《法律推理与法律制度》,山东人民出版社2003年版,第52页。

明显地接受公众意见来行事。"① 这首先在于法律为最高人民法院参与个案审理开了一个缺口，使其介入案件具有法律上的有效性。而具体如何审理，就量刑方面而言，最高人民法院具有很大的自由裁量权，这样的量刑幅度，即是最高人民法院进行实质法律推理的空间范围。就许霆案这样的一个案件来说，审理法院进行实质法律推理但"心有余而力不足"，故而报请最高人民法院，最高人民法院根据立法机关的授权，对案件进行审理，并做出有别于法律的决定。这样通过最高人民法院的具体参与，使得实质法律推理在个案中不仅可行，而且具有现实性。

3. 刑事和解程序在我国司法实践中的运用

我国法律规定了将被告人积极退赃和赔偿受害人损失作为对被告人量刑的重要减轻情节，充分反映了法律追求案件社会效果的努力，避免出现对被告人惩罚的同时却不能对受害人提供保护，以恢复受害人的权利。但实践中，"由于缺乏相应的法律规定，犯罪人对经济赔偿责任的主动承担与履行并不必然导致其刑事责任的从轻、减轻或免除，消极对待经济赔偿责任就成为其必然选择"。② 长期以来，社会上包括司法机关系统内都存在一个认识上的误区，即将定罪量刑作为刑事案件审判的主要任务，对被害人的赔偿仅仅是判决时需要附带解决的问题，这样就将惩罚犯罪作为了刑法的目的。而实际上刑法是通过剥夺犯罪人的自由及要求被告人退赃、赔偿来进一步剥夺犯罪人的经济能力，因此实现刑法的一般预防的目的。不能让犯罪人因犯罪行为获得任何经济利益，"按照犯罪经济学的理论，一个人之所以选择、实施以获得金钱为动机的犯罪，是因为犯罪比任何可选择的其他职业能提供更多的纯利"。③ 这尤其对穷困潦倒、铤而走险的人来说，不能达到惩罚的目的，不利于刑法目的的实现，也不利打击犯罪和保护人民。因此，"先刑后民"的法律规定和实践操作，颠倒了案件的审理顺序，不利于调动被告人赔偿的积极性，不利于确保受害人的损失得到及时、充分的赔偿。说到底，这仍然是法律与权利两者的错位，换言之，是将适用法律还是保障权利作为司法的首位。确保法律不折不扣地执行和及时到位，把权利作为法律适用后的"副产品"，

---

① 强世功：《法律人的城邦》，上海三联书店 2003 年版，第 205 页。
② 黄兆鸣、罗俏兰：《刑事和解的适用成效、困境及出路》，《西南政法大学学报》2009 年第 1 期。
③ 张保生：《法律推理的理论和方法》，中国政法大学出版社 2000 年版，第 266 页。

这是形式法律推理的重要特征,法律与权利的本末倒置,也说明了实质法律推理在刑事案件的运用中不够彻底和完满。就许霆案来说,作为受害人方的银行已经从 ATM 机的制造商处获得赔偿,案件给受害人造成的利益损失已经得到了填补,这样银行要求退赃的呼声并不强烈,导致了法院在推理过程中对这方面因素的考虑就缺乏动因。在案件的重审中,许霆方面主动表达了退赃的愿望,意图非常明显,就是希望通过自己放弃因本案获得的经济上的利益,并让这部分利益恢复到受害人手中,以此让法院在做出判决前将之作为于己有利的因素加以考虑,这实际上是许霆提出了自己有责任并且请求与受害方和解并得到人民法院谅解的出价。这给我们的启示是:表面上是以人民法院为主体而进行的活动,但从当事人自身的角度出发,如果意图使判决朝着有利于自己的方向发展,就必须提出、"创造"一些有利于自己的因素,以便人民法院在进行实质法律推理时加以考虑。在实行辩论制审理方式的庭审程序中,这一点尤其重要,这也说明了,法官进行实质法律推理并不是在办公室"闭门造车"就可以完成的,它需要当事人的积极参与,需要关注法庭审理过程中千变万化的现实情况。实质法律推理只有在司法实践中才具有生命力,其是对司法的实践品格的回应。最近成都中院对孙伟铭以其他方法危害公共安全一案做出审理,并判处其死刑,在该案上诉到四川省高院后,被告人的父亲赔偿了受害人方一百万元损失,并得到了受害人方的谅解书,最终直接导致了四川省高院终审改判孙伟铭无期徒刑。这是法院平衡被告人和受害人之间关系,追求案件审理的社会效果的一次有益尝试。

(二)我国法官运用法律推理的特点

通过对上述我国司法实践中的几个横断面进行实证考察发现,无论是我国判决书的制作、最高司法机关介入普通案件的审理,还是刑事和解程序的运用,都表明在我国的司法现实中存在着错综复杂的法律推理形式。

1.实质法律推理已被运用到司法过程中

在判决书的制作上,从形式上看,判决书是以法院整体的名义做出的,判决理由只能反映多数法官的意见,少数法官的意见并不出现在判决书上,只记录在不公开的评议记录中。同时,判决书的判决理由部分过于简单,一般就寥寥数字,大多用笼统、抽象的语句结合法律规定,缺乏对案件进行系统的分析过程,使当事人对判决书只知其然,不知其所以然。实际上,最终形成的判决结果是在数位法官不同意见的沟通、协调和综合的基础上达成的，表面上铁板一块的判决结果，却是在争论过程中形成的，它表面上是形式法律推理的确定性，实质上却是掩盖实质法律推理在其中的运用。从最高人民法院在司法活动中出台司法解释和参与个案审理来看，立法并不是最高司法机关的职责范围，最高人民法院做出司法解释并不是为了法律体系的完善，它本质上是出自于司法实践的需要。当法律不能满足当前案件的需要，或者法官适用当前法律不能得出一个正义的判决结果时，由最高人民法院根据实际需要，出台司法解释，以公正地解决当前案件，或者避免以后类似案件得不到公正处理，这完全符合实质法律推理的内在规定性。只是与一般的实质法律推理略有不同，它有时并不直接产生一个具体的结果，它创造了这样一个规范性的因素，适用于所有司法机关审理案件的过程中，当它与将来案件相结合时，就必将成为实质法律推理的一个重要因素。在刑事和解上，具体司法实践中，对民事赔偿部分一般与刑事案件一并审理并做出判决，但有时为了防止刑事案件审理的拖延，而对刑事案件先行判决，即"先刑后民"，这样做就无法让民事赔偿作为刑事判决部分的量刑情节。然而，民事赔偿是刑事案件中进行实质法律推理的一个重要的实质性因素，它能体现被告人的主观恶性、悔罪表现，能使受害方的损失得到补偿从而减小案件造成的破坏性结果，"要使惩罚的值能够超过罪过的收益，必须依其就确定性而言的不足程度，相应地在轻重方面予以增加"。① 而以积极退赃、赔偿受害人损失为特征的刑事和解程序有效地克服了上述弊端，同时也是实质法律推理在我国司法过程中运用的一个有力佐证。

2. 我国法官更习惯于运用形式法律推理

我国司法实践中已经存在实质法律推理，但并不等于实质法律推理已经成为我国司法实践的主流形式，实际上，我国法官更习惯于运用形式法律推理。明明存在着合议制度，却人为造就千篇一律的判决书唯一理由和唯一形式，这种制度与实践的冲突，反映了我国法官对形式法律推理的"情有独钟"，思维的"根深蒂固"，乃至"教条"，同时反映了司法领域对法律推理的一个整体态度：形式法律推理才是正统。从法律的角度来说，形式法律推理才具有合法性，即使要求法官独立地审理案件，自由地发表意见，也只有在形式法律

---

① ［英］边沁：《道德与立法原理导论》，时殷弘译，商务印书馆2000年版，第230页。

推理的框架内才具有意义,也才是合法的。法院的整体超越了法官的个人成了"门面",法院的"统一",吸收了法官的个人人格,成就了形式法律推理吸收实质法律推理的现实。为了迎合形式法律推理跃至前台的必要,同时也是调和不同法官不同意见的必要,判决书的制作一般都比较简单,这一方面也反映了调和不同矛盾的艰难和掩饰矛盾的过程。此外,最高人民法院可能动用相应的权力来调和制度和现实的冲突,人民法院也可能运用和解程序,但实际上,这样的司法实践并非普遍,最高人民法院很少使用在法定刑以下判决的核准权,而进行司法解释,与实践中大量的案件相比,也是寥若星辰。通过观察不难发现,最高人民法院行使这些权力的背景都是一些案件的影响力足够大的时候,而并非针对所有案件——这不可能也不现实。同时,最高人民法院制定司法解释,根据相关规定,是各级人民法院审理案件的"法律"依据。实际上这是为各级人民法院创造了法律适用的大前提——这正是形式法律推理所必需,限制了各级人民法院在"法无明文规定"时进行实质法律推理的空间,让他们沿着形式法律推理的大道继续行走,这从根本上体现了形式法律推理的运用。而就刑事和解而言,也是在刑事法律有将被告人的退赃退赔作为对其的法定量刑情节这一规范性表述之前提下,结合案件的实际情况和舆论的压力,而积极促成刑事和解的形成。法律前提和事实前提的结合,这仍然是形式法律推理的应有之义。

3. 我国法官具有将形式法律推理首选适用的心理惯性

面对着一个案件,大陆法系国家的法官倾向于寻找体现在法律文本上的具体法律条文,英美法系国家则更多地分析具体案件的具体事实特征。对我国法官而言,审理案件需要"以法律为依据",制作的判决书要有明确的"依据某某法律第几条之规定"的内容。因此,在整个案件的审理过程中都要以寻找适当的法律为主任,避免出现"适用法律错误"而引起上级法院的监督。实际上,与"认定事实错误"相比,在当前的法律环境之下,"适用法律错误"更能说明一个法官的整体素质,这在于法官本来就应该谙熟法律的社会角色,也在于案件事实的认定更多的是个人的理解,即使上级法院否定下级法院的事实认定,由于事实认定的弹性特征,也并不必然就说明上级法院就是正确的。正所谓"上级法院的正确并非他们是上级法院,而由于他们是上级法院所以他们就是正确的",这实际上是法律的一种推定。由此,从社会更广泛的意义上来说,下级法院的"事实认定错误",一定情况下仍能得到社会的谅解。因此,法律适用的正确性不仅是追求案件审理正确性的前提,也是法官自我保护的必要,这就是法律实证主义的魅力所在。就许霆案来说,一审的审理完全是按形式法律推理的路线来进行的,表现在一审法院对所找到的"正确"法律进行的不折不扣地贯彻执行。即使在当前的社会环境中,这种案件这样的结果可能存在着不公平,但法官们显然没有考虑更多。如果不是后来如潮般的舆论造势,最初的判决也是断然不可能更改的。因为在形式法律推理的框架内,在事实认定一致的基础上,再突破法律明文规定的最低限度的判决将异常艰难。幸好有民意的存在。经过最高人民法院和重审法院的"齐心协力",判决终究还是更改了。实际上,即使如此,这也是在当前刑事法律开了一个制度缺口之后,最高人民法院和重审法院"秀"了一下司法技巧而已,最终还是陷入形式法律推理的泥潭。

(三)形成我国司法领域法律推理现状的原因

可以看出,在我国的司法领域中,虽然有一定的实质法律推理的运用,但毫无疑问,形式法律推理仍占有主导地位,具体到司法实践中又非常复杂。与此相对的是,我国之所以奉形式法律推理为圭臬有着多方面的原因。

1. 大陆法系传统带来的深刻影响

"在制定法国家,法官适用法律,演绎方法是第一选择,只有在法律规范不明确或者出现法律漏洞的情况下,才需要法律解释。"[①]我国具有大陆法系国家的传统,制定法在我国具有很高的地位,甚至在我国广义法律的组成上,制定法占据了绝大部分。这就决定了,法官在受理案件后,无论最终是调解还是诉讼,都会花费很多时间和精力去寻找具体的法律规定,原告诉讼请求有法律依据,判决原告胜诉,被告行为合法则原告败诉。在调解中,也是以法律为依据,向当事人做好说服工作。在我们国家,法律是人民制定的,国家权力机关同时也是立法机关,这就决定了制定法在国家具有优先地位。同时我国法治建设时间不长,法官素质还不是很高,法官的专业化、精英化还没有达到,强调制定法在司法过程中的运用,有利于预防司法腐败,发挥法律在社会中的作用。在这样的传统影响之下,我国历来高度重视法律的制定,以"有法可依"作为法制乃至法治建设的前提,表现在司法过程中,是将法律的适用作

[①] 陈锐:《法律推理论》,山东人民出版社2006年版,第26页。

为首选,摆在了至高无上的地位,由此决定了,"有法必依,执法必严"就是法律对法官的强制性要求。

2. 我国法治建设过程中的推动

我国具有"重刑轻民"的历史传统。在古代,许多民事案件都作为刑事案件处理,而无论是民事案件还是刑事案件,都将当事人的口供作为主要证据使用,由此造成了一些冤假错案。当前,虽然口供不再作为认定案件事实的主要证据,"刑讯逼供"现象也逐渐减少,但不可否认的是,刑讯逼供在现实中一定程度上还是存在的,有的地方还很严重。这不利于对人权的保护,受到了来自各个方面的批评。在建设社会主义市场经济的土壤上,为了响应建立法治社会的时代呼唤,"法律至上、权利本位、程序正义"等在国内开始受到重视,形式法律推理作为法治建设过程中的一个重要方法论,也逐渐成为国内学者研究的焦点,法官一般也将形式法律推理作为司法实践中运用的第一方法,这是法治建设过程中法律地位彰显的表现,同时也体现了法官为法治社会的建立努力的一种自觉意识。通过形式法律推理的普遍适用,法律自身的作用将不断扩大,法律的地位将不断提高,法律的权威将得以树立,"法治是人类为了追求实质正义而建立起来的体现程序正义或形式正义的东西"。①

3. 形式法律推理具有形式合理性

在现代国家,司法过程在任何时候都是需要形式法律推理的,这是司法过程的一个基本方面,否则,司法过程就有可能表现为专断、蛮横、专制的集合,并与民主国家的法治要求背道而驰。即使是在英美法系国家,虽然需要以"遵循先例"为原则,但法官在审理案件时,一般也是从以前的案例中抽象出法律的一般原则和精神作为大前提,再结合本案的事实作为小前提,从而得出判决结果,这个过程也运用了形式法律推理。此外,形式法律推理能够实现人们对法律的预期,从而在这个基础上来安排自己的行为。从司法者的角度来看,形式法律推理也能在一定程度上避免法官"暗箱操作"所导致的司法腐败等。法律规定了一定的框架,在此范围内,法官依法办案,从而避免了司法的随意性,同时提高了法律的可操作性,并且能将体现在法律中的抽象正义具体化为当事人的权利和利益的分配,使法官个人的正义观接受了一般法律的筛选,更能确保社会公平。于此,能强化当事人对判决的接受度,从而

---

① 张保生:《法律推理的理论和方法》,中国政法大学出版社2000年版,第109页。

提高法律的实效性。从价值的角度看,形式法律推理能最大化地实现实证法律范围内的秩序价值。虽然许霆案的原审判决受到了公众的普遍质疑,但毫无疑问,法官必须依法司法是其面对该案时的一个基本制约。法律,即使是非正义的,也不能以个人恣意取而代之,因为前者所反映的是公众的理性。虽然许霆案是如此特殊,刑法规定是如此不合理,量刑是如此之重,但也不构成对相关法律就不予考虑的正当理由,"审判员首先应注意的是只能根据法律、宪令和惯例进行审判,绝不能违法"。① 否则,法官的司法活动不仅违背了司法的精神,而且必将深陷舆论谴责的汪洋大海之中。即使在许霆案的重审中,法官也没有违背形式法律推理的总体要求。在技术操作上,法官一方面修正了推理的大前提,将"盗窃金融机构和有特殊情况可以在法定刑以下判决"结合起来作为一个整体大前提,再将本案的特殊性这一情节加到盗窃金融机构的事实中,这样,大、小前提的结合,技术上就有可能产生一个有别于原审判决的新的结果,这体现了形式法律推理的运用。

4. 法律的理想与法律的现实脱节

在法治的建设过程中,法律是法官的专业,法官垄断着法律的知识,在具体的司法领域中,法官又垄断着法律的话语权,这是法官迈向职业化过程中的必然结果,也有利于树立司法的权威,发挥司法的积极作用。但是,当法律(包括司法)与"本土资源"等现实隔绝起来,即使法律本身畅通无阻,法律的实效也会大打折扣。更多的情况是,当判决做出后,还要接受当事人、舆论的监督等。这种监督,并不以法律为唯一的衡量标准,甚至在非由法律人组成的公众中,主要还不是用法律来评价判决的结果,在他们看来,该判决与类似案件进行比较是否具有公平性,判决结果实质上是否是正义的等。这些评价标准具有多样性,既包括正义、公平等,甚至还包括身临案件的当事人及相关人的情感、冲动和偏见等内容,它们在以法律为唯一依据的形式法律推理之中鲜有涉及,"仅凭理性未必能获得合理性的论证。除了理性之外,智慧(经验)、同情和正义感也是在法律推论中的重要因素"。② 在当前构建社会主义和谐社会的时代背景下,人民法院的司法活动还要以"切实解决纠纷、稳定社

---

① [古罗马]查士丁尼:《法学总论——法学阶梯》,张企泰译,商务印书馆1989年版,第237页。

② 季卫东:《法治秩序的建构》,中国政法大学出版社1999年版,第337页。

会秩序、维护人民群众利益"为宗旨。因此,如果法官意图最大化地取得司法判决的合理性和实效性,就无法将形式法律推理作为司法推理的唯一方法,"在平衡可适用规范的规范性权威与智识的事实性判断时,为了判断如何能增进其利益,法律推理者通常要预测适用与不适用该规范的后果"。① 这说明了,法官习惯于形式法律推理源于对法律理想和法律现实的脱节并注重对前者的追求,也说明了形式法律推理无助于现实纠纷的解决,实质法律推理才能兼顾法律理性和法律现实的统一。

四、实质法律推理在司法过程中的定位

现实司法活动中,法官对实质法律推理一般都心存畏惧,②而实质法律推理对司法过程和结果又尤为重要,因此,必须重视实质法律推理在司法过程中的运用。同时,为了实现司法的合法性和合理性的要求,促进和谐社会目标的实现,应以实质法律推理为中心,构建我国的法律推理体系。

(一)实质法律推理是司法活动中的主要推理方式

形式法律推理在司法活动中具有重要的意义,是我们进行司法活动最一般的思维活动和行动依据,否则司法活动就无从进行,这也是在法律推理中最早取得共识并一直坚守的底线。问题是,我们怎样在法律推理的大背景下把握实质法律推理的应有位置?实际上,从司法的角度来说,实质法律推理是最能体现司法的特色的。换言之,没有实质法律推理的存在和实际运用,就无所谓司法的推理活动。司法的活动让实质法律推理有了发挥作用的空间和在司法领域中存在的必要,离开了实质法律推理,司法的意义荡然无存,同样,离开了司法活动,实质法律推理也只能束之高阁。

从司法活动追求的价值目标来说,合法性和合理性是司法活动价值重要的两个维度。在法治社会中,司法活动须依法律规范进行,制度形态的法律、司法主体的合法行为、法律规范的具体运用,都是司法过程中必要的内容。但这样只是保证国家法律在实际生活中的适用,而不能确保法律适用的效

---

① 解兴权:《通向正义之路——法律推理的方法论研究》,中国政法大学出版社 2000 年版,第 7 页。

② 张静:《法律推理在司法过程中的构建》,《人民法院报》2007 年 2 月 1 日,第 005 版。

果,要使法律具有实效性,使司法活动更具有合理性,则非常复杂。首先,法律制度必须合理,法律的内容要体现科学性,符合客观规律;要体现正当性,符合人类最基本的道德属性;要体现平等性,符合民主的要求。① 良法的出台虽然需借助于立法机关的制定行为,但真正起决定性作用的却往往是司法机关适用法律过程中所总结的经验给立法机关的反馈,这是立法机关检验法律实效最便捷的方式。其次,法官行为要具有合理性。从大的方面说,法官须有高度的责任感和使命感,具有为人民服务的精神;在小的方面,法官必须恪尽职守,客观中立,不徇私枉法,保证公平司法。最后,法律适用的后果要具有合理性。罗尔斯认为,"在其他方面相同的情况下,一种正义观与另一种正义观相比,当它的结果更广泛可取时,那这种正义观就更可取"。② 一般认为,法律判决能够为社会定分止争,维护社会秩序,实现社会正义,法律适用的后果即是合理的。从合理性角度来说,司法活动所追求的合法性即是一种形式合理性,而狭义的合理性表现的是实质合理性,前者是法律规范的运用,后者是法律规范背后价值的尊重,无论是形式合理性还是实质合理性,其检验的标准只存在于司法的运行过程中,司法的实践理性是其本质所在。

司法是处理日常生活中复杂现象的具体活动,它是由具体的人、具体的事件和具体的程序构成。立法活动是针对一般问题而作抽象规定,它从现实中抽象出普遍性的问题,通过立法机关的技术性操作,遵循立法的程序即可制定法律,立法面对的是具体问题抽象化因而不需要像司法那样无处不在。科学研究活动是在前人研究成果的基础上,通过运用数据、公式、定理等或者通过实验室的实验活动,可以成功地获得研究成果,这里不存在着人的利益冲突,只需要处理一些物化的材料。实践中,工厂的生产线只要投入相应的原材料即可得到产品,在生产过程中只需要处理物质性的关系。这些活动与司法活动都有着明显的区别,司法活动面对着的是日常生活中的大部分纠纷。为了协调人的利益冲突而进行,并且司法活动对纠纷的处理,有助于稳定社会秩序,实现社会公平、正义和效率的价值等。这说明了司法活动不仅是一种实践活动,而且是一种特殊的实践活动,是集多种价值于一身的载体。就司法的正义和效率价值而言,有时两者是互补的,但就本身内容来说,两者

---

① 周世中:《法的合理性研究》,山东人民出版社 2004 年版,第 172—194 页。
② John Rawls, *A Theory of Justice*, China Social Sciences Publishing House Chengcheng Books Ltd, 1999, p. 6.

也存在冲突之处。为了追求最终的正义,司法的效率就无法得到保证,而过于追求效率,正义的价值就会打折。因此,协调性也是司法的重要内容,"在法律推理实践中,法官的推理活动常常以平衡权利和利益的方式进行"。① 同时,司法活动组成人员复杂且数量众多,有法官、检察官、当事人、证人等等,而参与的人越多,就越难以保证司法活动的稳定性,利益关系协调起来就越难,自然,司法结论就难以保证确定性。

然而,形式法律推理只注重过程的有效而不保证结果的真实,前提错误而结果正确或者前提正确但结果错误都有可能发生,形式法律推理对此矛盾和冲突无能为力,丰富多彩的社会现实在司法过程中表现为僵化的机械程序,它不进行价值判断,似乎它的目的仅仅是把法律适用了即可,因此,它也不保证解决纠纷的实效性。然而,"实际上是在大多数情况下,他的决定所依据的完全是另一种方式(不依据制定法,引者注),即直觉地、本能地求助于是非感和实践理性,健全的人类理智(gesunder Menschenverstand)"。② 司法活动是动态的复杂过程,它需要价值评判,从而认定事实,选择相应的法律,在此基础上通过司法人员主观能动性的发挥,做出判决结果,司法审判过程中的具体内容要反映到判决中去,否则司法审判的作用形同虚设,"在司法推理中,法律推理主体对客体的能动作用表现为法官认定事实和适用法律的能力,律师引导法官认定事实和适用法律以及预测法官判决的能力"。③ 形式法律推理将司法过程简单化、机械化,因此很难适应司法活动的要求。

另一方面,审判人员也不能为了追求所谓的绝对社会效果,而放弃法律和法庭,和当事人打成一片,以情理、伦理而少用或不用法理断案,这样也不符合司法理性的要求。抗战时期风行的"马锡五审判方式"是在当时特殊的年代,法律和司法人员都匮乏和法律纠纷不多的情况下产生的,有一定的合理性。在今天如果用这样的方式来审理案件,显然是不现实的,不利于纠纷的解决。同时,在人治思想指导下的"审判","判决"的理由来自于专制的权力,背离了司法的本质所在,无所谓法律推理的运用。只有实质法律推理,在尊重法律的前提下,以解决纠纷为目的,符合司法活动对法律推理的要求,是司法活动中应当运用的重要的推理方式。

---

① 张保生:《法律推理的理论和方法》,中国政法大学出版社2000年版,第115页。
② [德]卡尔·恩吉施:《法律思维导论》,郑永流译,法律出版社2004年版,第51页。
③ 张保生:《法律推理的理论和方法》,中国政法大学出版社2000年版,第230页。

当然,在现代社会,司法是在实践理性的指导下所为的,虽然结论是出于法官之手,司法面临的具体复杂情况并不能保证其严守在法律预设的理性之内,但是,司法实践理性的活动特征,决定了在一定程度上对形式法律理性的反叛并不能将其当然地认定为非理性。司法过程中,每个人以各自不同的角色参与其间,通过当事人的举证、辩论等程序的操作,法官依据法律,以道德原则和价值判决进行实质法律推理,使判决取得法律和社会的双重效果,从而使判决结果具有合法性、正当性和合理性。

(二)实质法律推理在司法过程中的运用

在具体的司法过程中,无论是从横向还是纵向上看,法官进行实质法律推理都是复杂的。首先法官必须在自己的理论知识,独特的实践经验(培训和亲身实践的经验),自身角色的理解和法官的职业道德等组成"信念之网"的前提下独立地断案。"在面对疑难案件的事实以前,法官就拥有一张法律的信念之网。"[①]实际上,在一定区域内,法官具有类似的知识储备和实践经验,能够确保实质法律推理的结果的相似性,"如果你们注意与普通老百姓相比,法律职业具有相对的同质性,你们就会理解实践中这一广泛的意见一致"。[②] 作为一个职业群体的整体而言,从社会学的意义上说,法官是以法官名称命名的一个社会分子,它是以"不告不理,居中断案,最后做出判决"这样的社会角色参与到司法过程中去。因此,法官在司法过程中具有很大的作用,法官的职业化水平、整体素质等,都会不同程度上影响司法的过程和结果。在伯顿教授看来,"对不同官员(即法官,引者注)在类似情况下所做出的判决的比较可以表明,官员的个性、政治因素或各种偏见对判决的影响比法律要大"。[③] "如今,人们普遍承认,法官的人格和信仰对于法律的实现有重大影响。它们不仅影响法官对法律规则进行解释,而且影响对当事人提出的

---

① [美]史蒂文·J.伯顿:《法律和法律推理导论》,张志铭、解兴权译,中国政法大学出版社1998年版,第152页。
② [美]史蒂文·J.伯顿:《法律和法律推理导论》,张志铭、解兴权译,中国政法大学出版社1998年版,第112页。
③ [美]史蒂文·J.伯顿:《法律和法律推理导论》,张志铭、解兴权译,中国政法大学出版社1998年版,第4页。

证据如何进行认定。"①

其次,法官必须综合各种推理思维,将各种推理方式运用到一次司法过程中去。形式法律推理在司法过程中具有基础性的意义,尤其在大陆法系国家,法官在司法活动中将首先从制定法出发,充分运用形式法律推理,在此基础上,将此案与之前著名的案件进行比对,尤其是与最高司法机关公布的判决进行比对,进行类比推理,以检验判决结论是否合理。根据案件的具体情况,如果出现了显著不公平的情形,那么就必须充分运用实质法律推理。一般而言,简单案件适用形式法律推理即可,而对于疑难案件,更应注重实质法律推理的运用,"在当代中国主要属于大陆法系的司法体制中,法律人应以一种追求系统性的好结果的实用主义的态度,充分利用各种相关信息,基于社会科学缜密思维,尽可能借助作为整体的司法制度来有效处理难办案件"。②当然,各种法律推理方式并不一定是以一定的顺序进行的,在某些案件具有特殊性的情况下,往往一开始就要运用实质法律推理,或者将各种推理方式一次性地运用于一个过程。在案件比较特殊的情况下,实质法律推理的作用就更大,运用就越多,对判决结果更能产生实质性的影响。实际上,实质法律推理从来不排斥其他推理形式的存在,有时甚至正是由于存在形式法律推理等形式,才保证了实质法律推理不走向极端,保证其取得良好的法律和社会效果。

再次,最具有现实意义的是,法官必须掌握实质法律推理的技巧。当法官面对着一个具体的案件,怎样将案件的具体化和法律的一般性进行结合?两者是具体和一般的关系,还不能直接结合,"案件与规范是方法过程的'原材料',未经加工,它们根本不可能相互归类,因为它们处在不同层面的范畴中"。③ 虽然通过形式法律推理的大小前提,似乎就得出了一个结论。其实,在将大小前提结合时,表面上没有看出有什么中间环节,但思维却经历了一次复杂的过程。那就是,具体的杂乱的事实背后反映出一个稳定的一般性质是什么,只有抓住事物的性质,才能把握事物的本质,以此才能将法律与事实

---

① [英]彼得·斯坦、约翰·香德:《西方社会的法律价值》,王献平译,中国法制出版社 2004 年版,第 42 页。
② 苏力:《法条主义、民意与难办案件》,《中外法学》2009 年第 1 期。
③ [德]阿图尔·考夫曼、温弗里德·哈斯默尔:《当代法哲学和法律理论导论》,郑永流译,法律出版社 2002 年版,第 184 页。

进行对比后适用。因为法律体现的只是事实的性质,而不是具体的繁乱的事实,总结出事实的一般性质后才能保证正确地适用。"规范属于抽象性——普遍性上定义之应然,具有未终了的诸多事实的案件,则属于杂乱无章的无定形之实然。"① 从另一个思维过程来看,在一个具体的案件中,无限放大法律的外延,是不是可以包括一个个案的事实? 如果是肯定的,那法律的适用也是正确的,这两个思维过程,前者是事实抽象化等置于法律的一般,后者是将法律具体化等置于事实的特殊,将客观事实一般化和将规范事实具体化的等置模式的运用,是司法推理过程中思维的必要运用。在一个形式法律推理的具体运用上,法官在"找到"一个法律的具体规定时,需要进一步结合案件具体情况找到法律的外延,同时要对法律进行适度的解释,使该法律毫无疑问地适用本案,"几乎在任何一个案件中都会发现,规则有待于人们做进一步的智力工作,因为规则的表达是不完善的,而且被设计用于不确定的未来"。② 在分析案件事实时,需要"发现"这个事实的本质代表了什么,找到的事实本质是否毫无疑问地对应着相应的法律。如果案件如此特殊,它甚至突破了形式上应当适用的法律规定,如果适用该法律,最终的结论是如此不公平,损害了人们对法律的正义情怀,这种情形下,等置模式尤其复杂。在这个过程中,需要法官以法的精神、道德原则、正义理念等进行价值判断,因为,"法律推理中发挥人之价值判断的作用有利于实现法律的价值和使命,从而缔造一个和平而正义的社会"。③

又次,在我国,追求审判案件的社会效果是司法过程中的一个重要价值维度。一般说来,判决结果让当事人满意,得到社会的承认,判决的社会效果就达到了,苏力教授在考察中国基层司法制度时指出:"在这里法官关注的是解决具体问题,关注的是结果的正当性和形式的合法性,关心的是这一结果与当地社会的天理人情以及与正式法律权力结构体系兼容的正当性。他们具有很强的实用理性倾向。他/她们是以结果导向的,而不是原则导向的;是

---

① [德]阿图尔·考夫曼、温弗里德·哈斯默尔:《当代法哲学和法律理论导论》,郑永流译,法律出版社 2002 年版,第 184 页。

② [美]史蒂文·J.伯顿:《法律和法律推理导论》,张志铭、解兴权译,中国政法大学出版社 1998 年版,第 24 页。

③ 解兴权:《通向正义之路——法律推理的方法论研究》,中国政法大学出版社 2000 年版,第 196 页。

以个案导向的,而不是规则导向的;用韦伯的术语来说,是实质理性的,而不是形式理性的。"① 当法官以社会效果作为办案的指导思想时,就必会将之贯穿在整个审判过程中,甚至可能在事先确定一个可能的结果,然后再用事实和法律对之进行证明,麦考密克也认识到了,"应当在原则上承认,法律上的证明理由就其实质而言是这样的模糊和缺乏确定性,以至于可以为任何一个所意图的判决结果找到理由"。② 如果这样进行法律推理,那将是对推理理由和结果的顺序性的颠覆,然而,这却是现实。在我国,"法律适用和法律推理在基层司法层面上看,是一个司法判断后的产物,而不是相反的"。③ "J. 埃塞尔认为,为发现个案适法的解决方式,法官并非随即求助于法律文字,毋宁已先以其他方式发现解答,法律文字只是解答的适当论据而已。"④ 实际上,是先有结果再对结果进行证明还是根据结果需要选择法律,这很难区分,从社会效果的意义上来说,后者更具有合理性,博登海默认为:"法律中的这种选择逻辑并只限于那种纯粹目的论的、注重结果的推理。在某种程度上讲,这是一种与结果有关的逻辑……"⑤ 在麦考密克看来,后果主义论辩是在对有争议的法律进行选择的过程中适用的,因此是"二次证明"。后果主义的论辩模式关注的是不同判决方式带来的后果如何,关心的是后果的可接受性和不可接受性,其需要在对立的可能裁判方式所造成的后果之间进行权衡。⑥ 麦考密克的后果论辩思想是在不与有效"制度规则"相抵触的前提下所进行的法律选择,因此,他在实质推理方面并没有走得很远。波斯纳更加重视后果论的主张,他说:"通过测试法律解释和法律提议在现实世界中的后果,就能很好地衡量它们的公正性。"⑦ 总而言之,后果论辩是实质法律推理

---

① 苏力:《中国基层司法制度研究》,中国政法大学出版社2002年版,第186页。
② [英]尼尔·麦考密克:《法律推理与法律理论》,姜峰译,法律出版社2005年版,第14页。
③ 苏力:《中国基层司法制度研究》,中国政法大学出版社2002年版,第275页。
④ [德]卡尔·拉伦茨:《法学方法论》,陈爱娥译,商务印书馆2003年版,第4页。
⑤ [美]E. 博登海默:《法理学——法律哲学与法律方法》,邓正来译,中国政法大学出版社2004年版,第518页。
⑥ [英]尼尔·麦考密克:《法律推理与法律理论》,姜峰译,法律出版社2005年版,第99—100页。
⑦ Richard A. Posner, *The problems of Jurisprudence*, Harvard University Press, 1990, p. 467.

的重要内容。

最后，基于程序内容保障的商谈理论的运用，程序在司法过程中具有重要的意义，"只有通过程序，法律才能应付现代社会的变动节奏，法律在回应社会的过程中，法律制度体系所提供的最显著的、最别具一格的产品是程序公正"。① 商谈理论是哈贝马斯为解决法律适用中合法与正当的问题提出的一个重要理论。他指出，"为了实现法律秩序的社会整合功能和法律的合法性主张，法庭判决必须满足判决的自洽性和合理的可接受性这两个条件"。② 运用商谈理论，需要各方当事人共同参与，相互对话，进行论辩，"商谈的法律理论——它把司法判决的合理可接受性不仅同论据的质量相连接，而且同论辩过程的结构相连接——可能还解决不了，但至少是加以认真对待的"。③ 这种论辩过程的结构乃是一种程序性的内涵，建立在程序—共识基础之上，但显然又不同于"走程序"的形式上的意义，它所追求的是实质性的程序参与，"程序权利保证每个法权人对于公平程序的主张，而这种公平程序进一步保证的不是结果的确定性，而是对有关事实问题和法律问题的商谈式澄清"。④ 同时，商谈的理论也不代表恣意或武断的非理性因素，"在运用性商谈中，具体的参与者视角必须同时保持与那些在论证商谈中被认为有效的规范背后的普遍视角结构的联系"。⑤ 通过这样的商谈程序可以证成商谈结果的合理性，"论述的合理性取决于商谈程序是否符合可接受性的某些形式标准和实质标准"。⑥ 且程序的运用具有排除专断的效力，"法律论证的核心任务就是依靠公开性、民主性等程序性价值，将重心置于排除拥有'克里斯玛'

---

① 强昌文：《法律至上、程序中心与自由本位——现代化法律的三维透视》，《法制与社会发展》1999 年第 5 期。

② [德]哈贝马斯：《在事实与规范之间：关于法治和民主法治国的商谈理论》，童世骏译，三联书店 2003 年版，第 245 页。

③ [德]哈贝马斯：《在事实与规范之间：关于法治和民主法治国的商谈理论》，童世骏译，三联书店 2003 年版，第 277 页。

④ [德]哈贝马斯：《在事实与规范之间：关于法治和民主法治国的商谈理论》，童世骏译，三联书店 2003 年版，第 271 页。

⑤ [德]哈贝马斯：《在事实与规范之间：关于法治和民主法治国的商谈理论》，童世骏译，三联书店 2003 年版，第 281 页。

⑥ 晋松：《法律论证与司法裁判的正当性追求——转型中国语境下的司法裁判困境及其反思》，《西南政法大学学报》2009 年第 2 期。

魅力的英雄人物的决断"。①

许霆案件中,在原审和重审审理过程中,都包含着复杂的法律推理。原审法官主要运用了形式法律推理,他们将许霆在 ATM 取款机出错的情况下恶意地取款定性为盗窃金融机构,从而根据刑法规定的盗窃金融机构的处罚规定进行了相应处罚。同时,法官对许霆在该刑罚量刑幅度内选择了最低刑,表明了法官对许霆案件的特殊性进行了关注,似乎也表明了法官试图努力向实质法律推理方法迈进的过程中,却在形式法律推理的框架内止了步,所谓心有余而力不足。与许霆类似的案件在宁波、云南等地都发生过,其中云南的"许霆"因此被判无期徒刑,这个判决无疑是对该案的类比参照②,并且至关重要的是,案犯郭安山以比其显著较轻的情节被判处了有期徒刑。这些"先例"都对许霆案的判决产生了重要的影响,"所有法官,包括那些国家最高法院的法官在内,都通过遵循某些直接引起他们预感的先例来做出自己的判决。"③ 重审法院与原审法院一样,也首先运用到了形式法律推理,在他们看来,法律是他们进行司法活动的前提和底线,形式法律推理是他们在司法过程中应当运用的基本方法。因此,不违反法律并且运用形式法律推理但谋求一个更加合理的结果无疑就是重审法官的最佳选择,"司法判决的可接受性研究,不仅要关注司法过程中的法律内部论证,包括形式推理和法律之内的平等、自由、中立等价值的权衡,而且还要对司法过程之外关于特殊正义的价值判断有所关注"。④ 与原审相比可以看出,重审法院虽然没有摆脱形式法律推理的严格限制,但在实质法律推理的运用上显然已经走得更远,考虑到了民意,更加慎重地考虑到了案件本身的特殊情况,从而使案件的判决结果突破了法定最低刑。受判决结果合理性的诱导,发现更加合适的判决理由,反映了重审法院的思路,"特定的理由已经预先确定,而特殊的规则的建

---

① 贾敬华:《法律论证的效能:排除专断而非达成共识》,《环球法律评论》2008 年第 6 期。

② 2009 年 11 月 24 日,云南版许霆被云南高院重审,从无期徒刑改判为八年六个月,并于 2010 年 1 月 16 日出狱,显然,此案的重审启动和改判受到了许霆案的影响。参见《云南版许霆案当事人出狱回家,坚持自己有错无罪》,http://news.sina.com.cn/c/sd/2010-01-26/042219545320.shtml. 2010 年 3 月 25 日访问。

③ [美]H. W. 埃尔曼:《比较法律文化》,贺卫方、高鸿钧译,清华大学出版社 2002 年版,第 179 页。

④ 杨力:《司法特殊正义及其运作机制研究》,《法学家》2008 年第 4 期。

立或引申要服从一种打算建议使用而被假定为具有强制性的技术"。① 在等置模式的运用上,法官将 ATM 机认定为金融机构,将许霆恶意取款认定为盗窃,将他的行为认定为盗窃金融机构,危害了金融秩序,以此等置到了刑法的相关规定,在基础上,结合案件的特殊情况,又对许霆进行"法外开恩",追求更加合理的结果。

(三)法律推理体系的重新构建

形式法律推理在我国有悠久的历史传统,在当前的法律语境中,也是法官们运用的主要方法。首先,法官是国家的司法人员,以实施国家法律为重要任务。以司法机关在国家法律体制中的地位来说,他们负有保证国家制定的法律及时、正确实施的义务。尤其是我国,立法机关和司法机关的职权定位比较明确,司法不能篡夺立法权,司法机关必须在法律范围内活动,这样司法活动才是合法的,司法结果才是有效和得到国家承认的,"从社会分工来讲,司法的任务就是在立法机关确定了基本的实质公正之后,严格依法办事(包括实体法和程序法),在实现形式公正的过程中实现实质公正"。② 其次,从法官自身来说,如果制度赋予了法官在法律之内和之外选择的权力,法官会怎样去选择?一般说来,法官的基本倾向是保守的,这既是人的趋利避害的表现,也是把规则作为一种传统接受符合心理的惯性,而不是随心所欲地做出决定。显然在法律之外做出选择不仅需要勇气,而且必须要有充足的理由,且经得起考验,尤其是一旦对此判断错误,将会受到公众的批评和承担失职的责任,仕途将会受到影响。而如果不分情况一律在法律框架内断案,不管案件的结果会怎样,从法律上来说至少不是错案,如果即使有什么错误,那也是立法上有问题,需要立法机关去完善,因此,选择形式法律推理也是法官趋利避害的一种"合理"选择。当然,法官职业的存在并非只是为了法官自身的利益,法官活动的动机并不应该是使自身利益最大化,因为这样就难以保证当事人利益最大化和司法的社会目的的实现,"推理主体对规则的忠诚如果过于僵化、被动,就会变成规则的奴隶,其客观后果是造成法官的责任淡化,宁可遵守规则而做出错误的判决,也不违反规则而根据情况变化使用自

---

① [美]本杰明·内森·卡多佐:《法律的生长》,刘培峰、刘晓军译,贵州人民出版社2004年版,第37页。

② 张骐:《法律推理与法律制度》,山东人民出版社2003年版,第16—17页。

由裁量权做出正确判决"。① 但是,在当前的条件下,规避风险仍然会被大多数法官考虑。再次,在我国,法官职(专)业化仍然有较长的路要走,司法行政化的现象非常普遍,无论是法官的产生、法官的地位还是司法职权的运行、法院的财务体制等各方面都还是行政化的。与此相匹配的是,法官自身也没有将自己定位为独立法官的自觉意识,整个社会也就没有形成职业法官的土壤,当法官作为行政官员时,就很难想象法官不将执行法律和有关行政命令作为其主要任务,"行政机关"的天职就是服从和执行。

必须说明的是,作为一个完整的司法活动,形式和实质法律推理都不可或缺,"通常所谓的法律推理的形式推理与实质推理二分法是不确切的"。② "法官在做出判决过程中应该不断地通过解释在结论的平衡性与法律适用的严肃性之间进行反馈,尽可能地获得符合实际并对双方当事者都有说服力的解决已成为一般认识。"③形式法律推理是司法活动的依附,从而避免司法的擅断和维护司法过程的秩序,而实质法律推理则更多地回应了司法实践中的多样性的要求,尤其是在法律存在缺陷和一些疑难案件的情况下,通过谋求司法产品合理性的同时,最大化地实现法律的公正价值。因此,从价值的角度来看,秩序和公正一定程度上要求和统领了形式和实质这两种推理形式的存在,"如果我们不是完全无视道德与社会方面的考虑,也不是错误地把逻辑认为是'机械式'(clock-work)的推理行为,那么我们就一定能得出结论,逻辑和经验在行使司法职能过程中与其说是敌人,毋宁说是盟友"。④ 两种推理形式共存于司法过程中,那么,如何将两种推理形式共同适用于同一个司法过程?也就是说,两者如何和谐共处。这实际上关系到如何对两者进行合理定位的问题。"从两种推理在适用法律中的作用看,分析推理是辩证推理的基础,辩证推理是分析推理的升华。"⑤ "科学的法律推理应是形式论证

---

① 张保生:《法律推理的理论和方法》,中国政法大学出版社 2000 年版,第 233 页。
② 张骐:《法律推理与法律制度》,山东人民出版社 2003 年版,第 59 页。
③ [日]棚濑孝雄:《纠纷的解决与审判制度》,王亚新译,中国政法大学出版社 2004 年版,第 130 页。
④ [美]E.博登海默:《法理学——法律哲学与法律方法》,邓正来译,中国政法大学出版社 2004 年版,第 518 页。
⑤ 郝建设:《当代西方法学家法律推理思想述论》,《中山大学学报》2003 年增刊,第 43 卷。

和实质论证的共振。"① 解兴权博士提出了法律推理的和谐论模式,在他看来,"法律推理的和谐论模式把法律推理的确定性、客观性建立在法律共同体间的广泛的理性接受和认可上,而不是把它们建立在抽象的普遍的法则上"。② 应该说,该模式的提出,也是解决规范和事实在实践中张力的有益尝试。形式法律推理是将事实涵摄到一定的法律之下,进而自然地得出结论,至于法律的缺陷存在与否,事实的准确认定情况,以及法律和事实是否能在实践中真实对接,对判决结果的真实性和合理性,明显缺乏反思和批判,"所谓推理的逻辑性,不等同于推理结论的真实性,而是指推理形式的有效性(亦称正确性),或者说,就是推理的前提与结论之间联系的有效性(或必然性),亦即结论的真实性要能由它的前提的真实性给予说明"。③ 实际上,形式法律推理仅仅是搭建了一个框架并仅依据这个框架进行活动,至于这个框架内的元素,其质量如何,其充分性怎样及价值评价,则是实质法律推理的考量范围。

因此,必须将实质法律推理置于法律推理中一个尤其重要的位置。实践中,人们对司法活动责难的一个主要原因就在于法官对实质法律推理的重视和运用不够。主要表现在法官对事实认定、法律选择的理由缺乏详细的论述,判决理由过于简单。当审判活动不能对当事人起到释疑的作用时,当然也就缺乏了说服力,当事人也就不可能心甘情愿地接受这样的结果并自觉执行。虽然判决使得纠纷在形式上得到了解决,但矛盾依然存在,"在法律裁判活动中,法律和其他推理者往往除了形式推理的外表之外,更多地要考虑到判决将涉及的当事人以及社会对该裁决的作用与反作用,等等因素……"④而形式法律推理由于具有传统上的优势及其形式确定性的特点,以及受程序中心主义的边际效益带来的影响,使更多的人尤其是法官过于注重形式法律推理。形式法律推理的缺陷和司法活动中对其过于重视是司法过程中的一个非常不合理的现象,因此,在将形式法律推理和实质法律推理相结合共同

---

① 张继成:《法律推理模式的理性构建》,《中山大学学报》2003年增刊,第43卷。
② 解兴权:《通向正义之路——法律推理的方法论研究》,中国政法大学出版社2000年版,第254—255页。
③ 雍琦主编:《法律适用中的逻辑》,中国政法大学出版社2002年版,第268页。
④ 解兴权:《通向正义之路——法律推理的方法论研究》,中国政法大学出版社2000年版,第91—92页。

运用于司法过程中,当前更应重视实质法律推理在实践中的运用。

结 论

从司法追求的最基本的目标来看,形式司法活动要求的是合法性,即通过依法司法来保证司法的有效性。但在现代社会,单纯追求司法活动的合法性已经不能适应社会发展的要求,司法承载多种价值于一身,在社会生活中需要发挥更大的作用,在当前的历史条件下,司法机关如何寻找自己的所在已经成为一个重大的命题。可以预计,传统司法的弊端,在新的历史时期将不断凸显,以此所形成的判决,将不断受到挑战,通过现代通讯技术传播、媒体的报道,司法机关也将备受"煎熬"。司法的本质即在实践理性的指导下活动,司法的内在规定性即要求有一种有别于形式法律推理的方法。而实质法律推理最符合司法的要求,在我国社会主义法治的建设过程中,实质法律推理必将发挥重要的作用。

党中央提出构建社会主义和谐社会的要求,使得社会各界都参与到和谐社会的建设当中,法官作为解决社会纷争的一个重要角色,在维护社会稳定、构建社会和谐方面责无旁贷。因为,"社会和谐的程度,端看其纠纷解决的成效如何。纠纷越多的社会,纠纷越难以解决的社会,纠纷越易于被恶化的社会,其社会和谐程度越低。反之,纠纷越少或者纠纷解决得越顺畅的社会,其和谐程度越高"。[①] 在举国上下建设和谐社会的过程中,法官将承担重要的社会责任。同时,"科学发展观"已成为当前社会发展的指导思想,科学发展观将人的地位和价值提高到极其重要的程度,由此决定了传统的司法机关以自己为本位的司法方式将被逐渐淘汰,形式法律推理的过度适用已不能满足社会发展对司法活动的新的要求,司法必将面临一系列的改革。其中,实质法律推理将取代形式法律推理而成为司法过程中运用的主要方法。

(作者单位:强昌文,安徽大学法学院;黄祖旺,安徽省池州市人民检察院)

[①] 范忠信:《纠纷解决是和谐社会的第一要义——关于全方位解纷模式的初步思考》,《湖北大学学报》(哲社版)2008年第6期。

后 记

2009年"法理学"作为省级精品课程立项后,我们就开始筹划《法理学》教材的编写,拟参加撰稿人员主要来自安徽大学、安徽师范大学、合肥工业大学、安徽财经大学、安庆师范学院、阜阳师范学院、合肥师范学院。我们进行了教材撰写分工和体例的设计,很多拟参加教材撰写的老师热情很高,特别是安徽财经大学的石旭斋教授、阜阳师范学院的李齐全教授、合肥师范学院的吕明博士、安庆师范学院的徐钝老师、安徽大学的杨成炬博士和陈晓峰博士,他们不仅为教材编写前期设计等工作贡献了自己的智慧,而且在撰写过程中表现了极其负责任的态度。我在澳大利亚访问期间(2009年9月—2010年8月)陆续收到他们发来的稿件,很是感动。他们这种高度的责任感和良好的合作意识鼓舞着我,使我下决心把教材编写好。但由于客观原因,《法理学》教材未能出版,在此我要向这些老师表示由衷的谢意、敬意和歉意!

为了把"法理学"精品课程建设好,从澳大利亚回国后,我提议从社会热点或重要案例的法理分析入手,撰写一本富有特色的法理学辅助性教材。由于时间仓促,重新撰写肯定来不及,经过我们法理学教研室的同仁讨论,决定从已经发表的符合条件的论文中筛选,并得到北京大学朱苏力教授、吉林大学姚建宗教授、中国社会科学院法学所陈甦研究员、安徽大学程雁雷教授的支持。现收入本书的11篇论文只有2篇是未发表过的,其余9篇分别发表在《中外法学》、《法学》、《吉林大学社会科学学报》、《人民法院报》、《中国社会科学院研究生院学报》、《法制与社会发展》、《河北法学》以及科学出版社的《法学理论前沿论坛》等,所以在本书出版之际,还要向这些刊物和出版社的相关责任编辑表示感谢!

  本书的出版还要感谢安徽大学出版社的副总编朱丽琴女士,由于她的精心策划,本书才得以顺利出版。

安徽大学法学院 强昌文

2011 年 12 月于翡翠花园